LEAVING CERTIFICATE FRENCH ORAL AND AURAL PREPARATION

# ACCENT FRANÇAIS

CIAN HOGAN

HIGHER & ORDINARY LEVEL

FOLENS

| | |
|---|---|
| **Edited by:** | Aisling Hanrahan, Finola Mc Laughlin |
| **Design and Layout:** | Karen Hoey |
| **Cover Design:** | Liz White Designs |

*À Helen*

**Remerciements**

Je remercie tout particulièrement Finola Mc Laughlin, Margaret Burns, Ciara McNee, Aisling Hanrahan, Karen Hoey, Valérie Tison and Niamh O'Sullivan et toute l'équipe éditoriale de Folens avec laquelle j'ai eu grand plaisir à travailler.

Je tiens aussi à remercier vivement Tara Hogan, Serge Berot, Grace O'Neill, Laurence Penny et Carole Oiknine pour leurs précieux conseils et leur disponibilité, ainsi que Rachel Mitchell pour ses remarques. Je remercie aussi Monsieur Diarmuid Ó'Mathuna de Rochestown College, Cork.

Un grand merci aux relecteurs pour leur regard critique, ainsi qu'à Roger O'Mahony pour son inspiration ! Ces remerciements s'adressent également aux élèves de l'Eurocampus. Vos suggestions et vos idées sur la vie des jeunes m'ont été très utiles !

© 2011 Cian Hogan

Folens Publishers, Hibernian Industrial Estate, Greenhills Road, Tallaght, Dublin 24

ISBN 978-1-84741-997-2

The publishers wish to thank the following for permission to reproduce pictorial matter: Corbis, Dreamstime, iStock, Thinkstock, Dara Munnis (The Coronas) and Niamh Sauter-Cooke (school timetable).

All rights reserved. No part of this publication may be reproduced or transmitted in any form or by any means (stencilling, photocopying, etc.) for whatever purpose, even purely educational, without written permission from the publisher.

The publisher reserves the right to change, without notice at any time, the specification of this product, whether by change of materials, colours, bindings, format, text revision or any other characteristic.

# CONTENTS

| | | |
|---|---|---|
| | About this book | iv |
| **Unité 1** | Les examens | 1 |
| **Unité 2** | Ma famille et moi | 11 |
| **Unité 3** | Ma maison et mon quartier | 23 |
| **Unité 4** | Au quotidien | 36 |
| **Unité 5** | Mon week-end | 47 |
| **Unité 6** | La vie scolaire | 57 |
| **Unité 7** | Mes passe-temps | 71 |
| **Unité 8** | Les grandes vacances et la France | 91 |
| **Unité 9** | La vie des jeunes (1) | 103 |
| **Unité 10** | L'Irlande : la situation actuelle (1) | 117 |
| **Unité 11** | L'environnement | 128 |
| **Unité 12** | L'Irlande : la situation actuelle (2) | 143 |
| **Unité 13** | La vie des jeunes (2) | 157 |
| **Unité 14** | Trial Leaving Certificate listening comprehensions | 176 |
| **Unité 15** | Le document | 196 |
| **Unité 16** | Transcripts | 202 |
| | Verbs | 215 |

# About This Book

*Accent Français* is designed to prepare you for the oral and aural examinations and to act as a complement to the teaching of French.

Like the aural and oral sections of the examination itself, *Accent Français* is not level-differentiated. However, the book has been structured in such a way that it suits students preparing for both Ordinary and Higher Level examinations:

- *Unités 2–8* in the first section of the book will suit students preparing for the Ordinary Level examination.
- *Unités 9–15*, which concentrate on more abstract topics, will suit the Higher Level student. Higher Level students must be aware that they may not be required to talk about such topics in the oral examination. However, the vocabulary covered in this section of the book may prove very useful in preparing students for the demands of the listening comprehension, as well as for the written paper.

In addition to this, *Accent Français*:

- offers invaluable tips and advice, based on the Chief Examiner's reports.
- covers the most commonly asked topics in the Leaving Cert French Oral Examination.
- builds students' confidence in spoken French, and offers effective preparation techniques for the oral exam.
- enables vocabulary-building through a variety of useful expressions for different topics.
- provides teachers and students with the type of French that is currently spoken in France, with authentic examples of idiomatic language.
- gives pointers on using a well-chosen document during an oral exam.

All the recordings on the accompanying *Accent Français* CDs are made by native speakers. A combination of native French adults and teenagers has been used to add authenticity to the material offered.

## Structure of each Unité

Each *Unité* is divided into two distinct sections, *Parcours Oral* and *Parcours Audio*.

Each *Unité* contains the following:

- *Vocabulaire de Base* or a list of the simpler vocabulary to be encountered in that *Unité (Unités 2–8)*.
- *Parcours Oral* where two students, Ciarán and Tara, provide their opinions on a given topic.
- An *À vous de jouer !* section which provides ideas for role-playing conversations in French.
- Exam-focused questions based on the theme of the *Unité*.
- *Boîte à Mots* containing extra vocabulary designed to allow students to express themselves more fully.
- A *Grammaire* section that targets areas useful to nuanced oral expression.
- The *C'est une langue vivante !* section with interesting and lively uses of modern, idiomatic French.
- A Pronunciation Section that targets the most common areas of difficulty encountered by students in the oral examination.
- Key Oral Examination Skills, including advice provided by students who have already sat the Leaving Certificate exam and have achieved high grades.
- A Sample Conversation between a student and a teacher in an examination-style situation.
- A *Parcours Audio* section with a Leaving Cert-style listening comprehension exercise, based on the theme of that *Unité*. The book also contains 3 fully playable Leaving Certificate style aural exams.

The teacher's CDs for *Accent Français* contain fully playable recordings of these mini examinations, including section breaks. This material is also on the student's CDs, or is available for download from Folens.ie. The transcripts to these recordings can be found at the back of the book. In addition, *Accent Français* offers a vast number of exercises that target all of the competencies necessary for effective language-learning.

The range of activities, from role-play to listening comprehension, is in keeping with Department of Education and Skills guidelines for effective language acquisition.

Cian Hogan, June 2011

# UNITÉ 1

## LES EXAMENS

# THE ORAL EXAMINATION

The oral examination consists of a conversation of approximately twelve minutes' duration. During this conversation you will be given the opportunity to show your ability in spoken French. You will also have the opportunity to bring in a document of your choice. According to the Chief Examiner's Report of 2006, this document can be a photograph or picture, a newspaper or magazine article, a literary text or a project. All candidates, both Higher and Ordinary Level, are marked out of 100 marks, which are allocated as follows:

| | |
|---|---|
| Pronunciation | 20 marks |
| Vocabulary | 20 marks |
| Structures | 30 marks |
| Communication | 30 marks |

The oral examination accounts for 25% of the marks available at Higher Level and 20% of the marks available at Ordinary Level. The examination is conducted in the same way for both Higher and Ordinary Level candidates. The marks are adjusted at a later stage for those candidates who decide to opt for the Ordinary Level paper.

## Pronunciation 20 marks

Despite the fact that pronunciation accounts for 20% of the available marks, many students have great difficulty with making correct French sounds. In many cases, students focus more on learning vocabulary than on getting the correct sound. However, if you don't allow correct pronunciation to become the main focus of your preparation for the oral examination, a great deal of your effort will have been pointless. If your accent is off and you fail to recognise key sounds, you cannot hope to understand the questions being put to you. If you can't pronounce a word correctly, you will not be understood.

The Chief Examiner lists the following as the most likely to pose problems for students. Listen to your CD to hear how these words should sound when spoken correctly.

1. Not distinguishing the difference between *je / j'ai* and *il / elle*.
2. Pronouncing the last consonant, e.g. **ans, dans, et, pied, temps, beaucoup**.
3. Pronouncing the *-ent* ending of the third person plural, e.g. **ils donnent, ils voient**.
4. Always pronouncing adjectives as though in the feminine form, e.g. **content**.
5. Confusion of *aîné / âne; collège / collage; deux / douze; cours / courses*.
6. Mispronunciation of school subjects, e.g. **français, chimie, biologie**.
7. *Soleil, pareil,* pronounced incorrectly so they sound like **travail**.
8. Not making correct liaison, e.g. **mes amis**.
9. Mispronunciation of common words: **sœur, piscine, banlieue, famille**.
10. No effort to pronounce the French [r].
11. Failure to distinguish between the [u] and [y] sounds, e.g. **vous / vu**, etc.

Listen carefully to the sound file. Take note of the correct pronunciation of each sound. If necessary repeat this several times until you are happy that you can pronounce these sounds correctly. As you work through this book each one of these common errors is dealt with comprehensively. Pay particular attention to these sounds and practise them as often as possible. Follow the student tips on good pronunciation that occur regularly throughout the book and never ever learn a new word by heart unless you know how to say it correctly.

A good place to start when trying to improve your accent is the alphabet. The following is a quick guide for pronouncing the letters in the French alphabet. As you read this, you should listen carefully to the accompanying sound file. Play the file as many times as it takes for you to become comfortable with these sounds. You should then look out for these sounds in words.

| | | |
|---|---|---|
| **a** = ah | **j** = zhee | **r** = air |
| **b** = bay | **k** = kah | **s** = s (the same as in English) |
| **c** = say | **l** = l (the same as in English) | **t** = tay |
| **d** = day | **m** = m (the same as in English) | **u** = ew |
| **e** = euh | **n** = n (the same as in English) | **v** = vay |
| **f** = f (the same as in English) | **o** = o (roughly the same as in English) | **w** = doobleuh vay |
| | | **x** = eeks |
| **g** = zhay | **p** = pay | **y** = eegrek |
| **h** = ash | **q** = kew | **z** = zed (very like English) |
| **i** = ee | | |

**Remember, these letters can be pronounced differently when they come into contact with other letters and syllables.**

# A simple guide to pronouncing French

## The top six areas of difficulty

As you can see from the excerpt from the Chief Examiner's Report of 2006, certain sounds cause English speakers a great deal of difficulty. The following are the top six areas of difficulty for English speakers learning French.

**h** The letter 'h' is normally completely silent in French. For example, the words **homme** and **hôpital** are pronounced as if the words are missing their 'h'.

**a** is pronounced like 'a' in the English word *sat*. For example, **balle** (bahl), **salade** (sah-lad).

The letters e, é, è and ê are all pronounced differently.

**e** without any accent is more or less like the 'e+r' sound in the English words *sister* or *me*rchant. For example, **Renault** (reuh-no), **regard** (reuh-gar), **chemise** (sheuh-meez).

**é** called / euh / accent aigu, sounds most like the 'ay' sound in *say*, *hay* or *may*. In order to pronounce this word correctly move your lips towards your ears and make the same sound as *may*, without the 'm' or *hay*, without the 'h'. Now try these words: **donné, regardé, joué**.

**è** called *euh / accent grave*, is pronounced like the English 'e' sound found in words such as *men* or *ben*. For example: **crème** (krem), **mètre** (metr). Another way to think of this sound is once again to pronounce the English word *hay* but with your mouth in a wider, more circular position.

**ê** called *e accent circonflexe*, is pronounced in the same way as 'è'. For example, **même**.

**ou** sounds like 'oo' in the English words *loot* or *hoot*. For example, the words **route** (root), **coup** (koo).

**u** is very difficult to pronounce in French because there is no equivalent sound in English. It is almost like a double 'e' sound but with your lips rounded very tightly. For example, **avenue** (av-nuue), **excuser** (ex-kuue-zay).

## The difference between 'un' and 'une'

**un** The 'n' in the masculine indefinite article **un** is perhaps the most common example of a French 'nasal' sound. In nasal sounds, the final 'n' is not pronounced as it would be in English. Instead, rather than pronounce the 'n' fully, try to force the sound through your nose. One way of practising this sound is to pinch your nose while pronouncing words that end in 'n'. Once you hear what this sounds like, try to copy the sound without pinching your nose. **Un stylo, un ami, un garçon.**

**une** The feminine indefinite article starts with the 'u' sound and the 'n' is always fully pronounced. Nasal sounds are very hard to explain and equally difficult to reproduce. However, it is very important that you master these nasal sounds.

The following is a list of letter combinations that lead to nasal sounds.

| LETTER COMBINATIONS | PRONUNCIATION HINTS | TYPICAL WORDS |
| --- | --- | --- |
| an, am, en, em | *Try to pronounce words that contain these letter combinations as though your nose is blocked and the 'n' is not pronounced.* | enfant, embêtant, ambulance, montant, tant, dans, antique, piquant |
| ain, aim, in, im, ein, eim, un, ym | *Don't pronounce the 'n' and try to pretend your tongue is being pushed down to your lower teeth.* | pain, main, faim, vin, fin, instant, impossible, timbre, rein, peintre, Reims, un, cymbale |
| oin, on, om | *Again do not pronounce the 'n' and try to force the sound through your nose.* | bon, monde, besoin, soin, foin, montagne, surnom, ombre |
| ien, éen | *Again do not pronounce the 'n' and try to force the sound through your nose.* | chien, (le) mien, (le) tien, (le) sien, gardien, londonien, parisien, canadien, européen, coréen |

## Liaisons

A liaison in spoken French occurs when a sound joins two letters from different words together.
A liaison normally occurs when a word that finishes with a consonant comes before a word starting with a vowel or sometimes a 'h'. This will cause two things to happen:

1. The final consonant letter of the first word will be pronounced and may sound different from the original sound. For example, 'x' and 's' when pronounced will sound more like an English 'z'. An 'f' when pronounced will sound more like an English 'v' and a 'd' when pronounced will sound very like an English 't'.

2. The two words will now be pronounced as if a new separate word has been formed.

Look at these examples of liaisons.

*Les amis* will sound like *'Lay-zah-mee'*. *J'ai deux amis* will sound like *'Jay-deuh-zah-mee'*. *Quand il faut* will sound like *'Quan-til-foh'*.

When a word ends in *'rd'* and *'rt'* the liaison occurs with the *'r'* sound rather than the *'d'* or the *'t'*. *Un regard extraordinaire* will sound like *'Un regar extraordinair'*.

The word *et* never has a liaison even if it comes before a vowel.

The letters *s, t, d, e* are silent in French when they come at the end of a word.

But remember, you must not pronounce the *nt* in a verb ending in *ent.* For example, *donnent* is pronounced the same as *donne.*

## Vocabulary 20 marks

According to the Chief Examiner, the most common vocabulary errors in the oral examination are:

1. School subjects often not known, with the English word being used instead, or else confused with Irish, e.g. *fraincis* instead of *français*.

2. The use of *collège* instead of *faculté / université.*

3. Using *facilités* rather than *équipement / services.*

4. Confusion between certain words, e.g.

    *copains / copines ; voyager / travailler ; aîné / année ; quatre / quatorze ;*

    *sujet / matière ; ménage / mange ; boisson / besoin ; équipe / équipement.*

5. Misunderstanding the words *prochain* and *dernier*, or *hier soir / demain soir,* leading to answers being given in the incorrect tense.

Take time to look at these mistakes. A minimal amount of preparation should help you to avoid making them.

# Structures 30 marks

According to the Chief Examiner, the most common structural errors are:

1. Echoing the question form used by the examiner, e.g. **Est-ce que vous regardez ...? Oui, je ...**
2. Confusion between *j'ai / je suis* and *c'est / il y a*.
3. Expressions of quantity, e.g. **beaucoup ~~des~~ amis, trop ~~des~~ devoirs.**
4. Use of *être* instead of *avoir* for age, e.g. **je ~~suis~~ dix-huit ans.**
5. Agreement of adjectives, e.g. **~~ma grand~~ frère.**
6. Use of the auxiliary *avoir* instead of *être* in the passé compose, e.g. **J'~~ai~~ allé.**
7. Absence or misuse of the definite or indefinite articles, e.g. **J'aime ~~école~~.**
8. Incorrect use of possessive adjectives, e.g. **~~ma~~ frère.**
9. Difficulty with prepositions, e.g. **~~au le~~ cinéma, ~~à le~~ weekend.**
10. *J'étudie* pronounced as *~~j'étude~~*.
11. Incorrect preposition before a place-name, e.g. **~~en~~ Paris.**

# Communication 30 marks

According to the Chief Examiner, several factors influence the marks that candidates achieve under the heading of communication.

- A high mark in communication depends on the student's ability to converse with the examiner in an authentic manner. This involves listening, understanding and responding to the questions asked in a manner that is as spontaneous, flowing and comprehensible to a monolingual French speaker (someone who speaks only French) as possible.

- The Chief Examiner also stresses that in order to communicate clearly, students must have a good standard of pronunciation. Reciting large chunks of learnt-off material is of very limited use. It goes without saying that students will learn sentences and vocabulary in advance of the examination but trying to force large paragraphs of learnt-off material into the conversation will simply not work.

- It is important to plan your strategy for your conversation. Everything you say may lead to supplementary questions. For instance, if your name is unusual, you may be asked what it means, or if your birthday falls on or about the date of the oral examination, you may be asked what you did or what you are going to do to celebrate it. This extends to what you are wearing. For example, if you are wearing a *Fáinne*, you should expect a question on its significance or indeed, on the Irish language.

- In general, the well-prepared student will be attentive to such things and will anticipate potential questions. A good idea is to talk to friends and family about your strategy for the oral examination and to ask them what questions they would ask you, based on what you plan to say.

- Finally, remember that the examiner is only too willing to allow you to direct the flow of the conversation, as long as you don't go into a monologue.

# THE LISTENING COMPREHENSION EXAMINATION

For the past number of years a baffling yet undeniable trend has begun to emerge in the French examination. Students have repeatedly underperformed in the listening comprehension section.

## Before the examination

Try to be proactive when you do a listening comprehension exercise. If, for instance, you notice that you keep getting numbers wrong, then you must work on your numbers. Or if you feel that you find it difficult to recognise descriptions of people, then you need to work on adjectives associated with describing people. You must ensure that at least 20% of your study time is given over to your preparation for the aural examination. Most students feel that there is little or nothing they can do to improve in this section of the examination. Nothing could be further from the truth. Each time you practise you will improve. Furthermore, don't confine your preparation to listening comprehension exercises. In many respects it has never been easier for students to prepare for the examination. Podcasts from all the major French news organisations can be easily downloaded. By no means exclusive, the following is a list of some useful online resources:

http://www.kidon.com/media-link/fr.php
This is a very useful site that provides a one-stop shop for all the major French media outlets.

http://itunes.apple.com/ie/app/tv5monde/id378282309?mt=8
This iTunes link provides a round-up of the best of TV5 from the previous week.

http://bonpatron.com/
This is an interesting site that offers an online correction of French through French. While any computer-based correction engine is always going to be limited, this one seems to offer genuinely useful help for students.

http://www.laits.utexas.edu/fi/
This excellent site is maintained by the University of Austin in Texas. It is one of the best, containing a great deal of material including a very useful verb checker.

http://www.hku.hk/french/resources.htm
This is another really useful website produced by HKU's (The University of Hong Kong) teaching team. It features pages of phonetic, grammar, vocabulary and situational dialogues augmented with audio files. It also contains some very interesting video material in French.

http://www.bbc.co.uk/languages/french/
This site is from the BBC. It contains some excellent language resources.

http://www.rfi.fr/lffr/statiques/accueil_apprendre.asp
*Le journal en français facile (iTunes Podcast)*

http://www.youtube.com/7jours
*7 jours sur la planète, sous titré*

http://www.tv5.org/cms/info/p-1914-7_jours_sur_la_planete.htm
*7 jours sur la planète*

http://www.franceinfo.fr/junior
*France Info Junior (iTunes Podcast)*

http://jt.france2.fr
*Le Plus de France Info (iTunes Podcast)*
*Le Journal de France 2*

http://www.tsr.ch/info/videos/journal-19h30/
*Le Journal de la TSR*

http://www.rtbf.be/info/
*Le Journal de RTBF*

http://news.fr.msn.com/m6-actualite/
*Actualités de M6*

http://www.tsr.ch/emissions/geopolitis/
*Geopolitis (iTunes Podcast)*

http://www.tv5.org/TV5Site/lf/merci_professeur.php
*Merci Professeur*

http://www.adibou.com/clip.html
*Adibou Aventures*

http://c-est-pas-sorcier.france3.fr/
*C'est pas sorcier*

http://www.france5.fr/c-dans-l-air/
*C dans l'air*

http://www.tv5.org/cms/chaine-francophone/Revoir-nos-emissions/Kiosque/p-10745-Accueil.htm
*Kiosque*

http://www.lefigaro.fr
*Le Figaro*

http://www2.research.att.com/~ttsweb/tts/demo.php
*Text to speech - pronunciation*

# During the examination

- Note how many times the CD is going to play. After the first playing write 1, then 2 after the second and so on. In this way you will always know how many more times the CD will play.

- Write out as much of the answer as possible before the CD plays for a given section. For example if the question asks, 'What was the girl doing on the day of the accident?', you should write, **She was.** This will allow you prepare mentally for the question. Furthermore, the brain does not like blanks so on a subconscious level you will be searching for the correct answer.

- Listen for the idea/concept rather than the just key words alone.

- Wait until after the second or third hearing before writing the final answer. Rather than answering after the first hearing, keep an open mind for as long as possible in order to identify more detail and nuance which may come from later hearings.

- Do not use pencil! It tends to fade and it is very difficult to read on pink paper.

- Try not to cross out lots of material, as it leads to very untidy work which is often difficult to read.

- Never leave a blank.

# UNITÉ 2

## MA FAMILLE ET MOI

Après avoir terminé ce chapitre, vous devriez pouvoir :

- parler de vous
- parler un tout petit peu de vos passe-temps
- décrire votre famille
- parler de vos parents
- comprendre les questions susceptibles de vous être posées
- suivre les conversations du Parcours Audio

### Vocabulaire de base de l'unité 2

| | |
|---|---|
| Je m'appelle … | My name is… |
| Je suis né(e) en … | I was born in… |
| mille neuf cent quatre-vingt treize | 1993 |
| Nous habitons à … | We are living in… |
| Mon frère est l'aîné. | My brother is the eldest. |
| On s'entend très bien. | We get on very well. |
| On est très proches. | We are very close. |
| Ma sœur Rachel a quatorze ans. | My sister Rachel is fourteen. |
| Elle est trop gâtée et têtue. | She is too spoilt and stubborn. |
| Moi, je suis très sportif. | I am very sporty. |
| En hiver, je fais du hurling. | In winter I play hurling. |
| Depuis peu, j'ai une page personnelle sur Twitter. | Since a short while ago, I have a personal page on Twitter. |
| J'adore sortir avec mes amis. | I love going out with my friends. |

## PARCOURS ORAL

**CIARÁN**

### 1.4 Je me présente !

Je m'appelle Ciarán. J'ai dix-sept ans mais **j'en aurai 18 le 19 avril**. Je suis né le 19 avril mille neuf cent quatre-vingt-treize. **Nous sommes cinq dans ma famille :** mon père, ma mère, ma sœur, mon frère et, bien entendu, moi-même. Mon frère est l'aîné et ma sœur est la cadette. **Moi, je suis le benjamin.**

Mon frère s'appelle Seán. Il a vingt ans. On s'entend très bien et on est très proches. Il s'intéresse à tout ce que je fais et souvent il m'aide avec mes devoirs. En ce moment, Seán est à la fac de médecine de Cork. **Il travaille d'arrache-pied.**

Ma sœur Rachel a quatorze ans. Je dois admettre qu'**elle est assez difficile à vivre !** Elle est trop gâtée et très têtue. J'ai l'impression que mes parents ne veulent pas la voir grandir !

Mon père est avocat et ma mère travaille à temps partiel comme prof. Je m'entends relativement bien avec mes parents. **En ce qui concerne l'école,** ma mère est parfois stricte. Mon père travaille trop à mon avis. Il se rend vraiment tôt à son bureau ! **Il ramène souvent du boulot à la maison.** Mais à part ça, **il est facile à vivre.**

5. Nous habitons à Douglas en banlieue de Cork. J'adore l'endroit où j'habite. Il y a tellement de choses à faire. En plus, ce n'est pas loin du centre-ville. Nous habitons un lotissement et je connais tous mes voisins.

Moi, je suis très sportif. **Le sport, c'est ma passion !** En hiver, je pratique le hurling. J'en fais depuis cinq ans et je suis membre d'une équipe pour laquelle je joue régulièrement. J'aime aussi faire des jeux sur mon ordinateur. **Je *surfe* également sur Internet** chaque soir dans ma chambre. J'aime consulter des sites Internet intéressants. **Je *tchate*\* aussi avec mes amis sur MSN.** Depuis peu, j'ai une page personnelle sur Twitter et Facebook. Je les mets à jour une fois par semaine.

Le week-end j'adore sortir avec mes amis. Nous allons en ville pour danser et nous amuser en boîte. Souvent, le dimanche on va au cinéma à Douglas.

*\*tchater = bavarder / discuter / parler. Tchater is normally only used when talking on the internet.*

### Quelques expressions intéressantes utilisées par Ciarán

| | |
|---|---|
| J'en aurai 18 le 19 avril. | I will be 18 on the 19th of April. |
| Nous sommes cinq dans ma famille. | There are five people in my family. |
| Moi, je suis le benjamin. | I am the youngest son. |
| Il travaille d'arrache-pied. | He works very hard. |
| Elle est assez difficile à vivre ! | She is difficult to get on with! |
| En ce qui concerne l'école | As far as school is concerned |
| Il ramène souvent du boulot à la maison. | He often brings work home. |
| Il est facile à vivre. | He is easy to get on with. |
| Le sport, c'est ma passion ! | Sport is my passion! |
| Je *surfe* également sur Internet. | I surf the internet. |
| Je *tchate* aussi avec mes amis sur MSN. | I chat with my friends on MSN. |

## Me voilà !

**TARA**

Je m'appelle Tara. J'ai dix-huit ans. Je suis née le vingt-quatre février mille neuf cent quatre-vingt-treize. Malheureusement, cette année **mon anniversaire est tombé en plein milieu des examens blancs.** Alors, **je n'ai pas fait grand-chose** pour le fêter.

Nous sommes quatre dans ma famille : mon frère, mes parents et moi. Mon frère s'appelle Shane. Il a vingt-trois ans donc il est l'aîné. Shane travaille comme électricien. Je m'entends très bien avec lui et je dois dire qu'il me gâte. **Je lui fais confiance** et quand j'ai un problème je sais qu'il est toujours là pour m'écouter. On a les mêmes goûts et les mêmes centres d'intérêts. **Par exemple, nous aimons tous les deux les mêmes musiques :** le rock et la musique moderne.

Nous habitons à Galway, en banlieue, à Salthill précisément. J'aime mon quartier car **j'ai pas mal d'amis qui habitent dans le coin.** En plus, j'habite une maison assez spacieuse avec un jardin privé. C'est très agréable l'été.

Mon père s'appelle David. Il est dentiste. Il a son propre cabinet près de Shop Street. Ma mère est infirmière et elle travaille à University College Hospital, un très grand hôpital. **Je dirais que mes parents sont plutôt stricts quand il s'agit de mes études.** Mais ça c'est normal je crois.

Pendant le week-end, j'aime rencontrer mes amis. Je ne suis pas trop sportive mais je fais quand même du jogging et je vais au gymnase de temps en temps. Par contre, je ne suis membre d'aucun club en particulier.

### Quelques expressions intéressantes utilisées par Tara

| | |
|---|---|
| Mon anniversaire est tombé en plein milieu des examens blancs. | My birthday fell right in the middle of the mocks. |
| Je n'ai pas fait grand-chose. | I didn't do a lot. |
| Je lui fais confiance. | I trust him. |
| Par exemple, nous aimons tous les deux les mêmes musiques. | For example, both of us like the same music. |
| J'ai pas mal d'amis qui habitent dans le coin. | I have a lot of friends living in the area. |
| Je dirais que mes parents sont plutôt stricts quand il s'agit de mes études. | I would say that my parents are strict where my studies are concerned. |

## À vous de jouer !

Maintenant présentez-vous à vos camarades de classe.
- Physique
- Caractère
- Votre quartier
- Votre maison

# Questions

## Questions spécifiques

1. Comment vous appelez-vous ?
2. Quel âge avez-vous ?
3. Combien êtes-vous dans votre famille ?
4. Quel âge a votre frère ?
5. Quel âge a votre sœur ?
6. Quel âge a-t-il / a-t-elle ?
7. Vous habitez où ?
8. Décrivez-moi votre quartier.
9. Décrivez votre maison.
10. Est-ce que vous aimez votre quartier ?
11. Que font vos parents dans la vie ?
12. Que fait votre mère / père dans la vie ?
13. Vous avez de bons rapports / Vous vous entendez bien avec vos parents ?
14. Vous avez de bons rapports / Vous vous entendez bien avec vos sœurs / frères ?

## Questions plus générales

15. Parlez-moi un peu de vous.
16. Parlez-moi un peu de votre famille.

# LA BOÎTE À MOTS !

## Pour vous aider à vous décrire et à décrire votre famille

### Phrases utiles

| CARACTÈRE | | |
|---|---|---|
| Mes amis disent que je suis … | sociable – outgoing | sociable |
| | comique – funny | comique |
| On dit que je suis … | timide – shy | timide |
| | raisonnable – reasonable | raisonnable |
| Il faut dire que je suis plutôt … | sensible – sensitive | sensible |
| | calme – calm | calme |
| Moi je dois admettre que je suis … | honnête – honest | honnête |
| | sympa – nice | sympa |
| Je suis quand même … | amusant – funny | amusante |
| | conciliant – accommodating | conciliante |
| | fainéant – lazy | fainéante |
| | marrant – funny | marrante |
| | intelligent – intelligent | intelligente |
| | ouvert – open | ouverte |
| | patient – patient | patiente |
| | courageux – brave | courageuse |
| | généreux – generous | généreuse |
| | jaloux – jealous | jalouse |
| | paresseux – lazy | paresseuse |
| | sérieux – serious | sérieuse |
| | travailleur – hard working | travailleuse |
| | spirituel – witty | spirituelle |

## PHYSIQUE

| Mon frère est / ma sœur est … | | |
|---|---|---|
| | (très / assez / plutôt) grand | (très / assez / plutôt) grande |
| | relativement petit | petite |
| | vraiment gros | grosse |
| | tellement mince | mince |

## CHEVEUX

| Il / Elle a les cheveux … | |
|---|---|
| | blonds |
| | bruns |
| | roux |
| | longs |
| | courts |
| | raides / frisés |

## YEUX

| Il / Elle a les yeux … | |
|---|---|
| | bleus |
| | verts |
| | gris |
| | marron |

# Occupations

| | | | |
|---|---|---|---|
| acteur / actrice | actor / actress | ingénieur | engineer |
| agriculteur / agricultrice | farmer | journaliste | journalist |
| architecte | architect | mécanicien / mécanicienne | mechanic |
| artiste | artist | médecin | doctor |
| avocat / avocate | lawyer | menuisier / menuisière | joiner |
| boucher / bouchère | butcher | peintre | painter |
| boulanger / boulangère | baker | pharmacien / pharmacienne | pharmacist |
| cadre | executive | photographe | photographer |
| charpentier | carpenter | plombier / plombière | plumber |
| chauffeur | driver | policier / femme policier | policeman |
| chef | chef | pompier / femme pompier | fireman |
| chirurgien / chirurgienne | surgeon | professeur | teacher |
| comptable | accountant | programmeur | programmer |
| cuisinier / cuisinière | cook | psychiatre | psychiatrist |
| dentiste | dentist | psychologue | psychologist |
| écrivain | writer | réalisateur / réalisatrice | director |
| électricien / électricienne | electrician | réceptionniste | receptionist |
| employé / employée | employee | scientifique | scientist |
| étudiant / étudiante | student | secrétaire | secretary |
| femme cadre | female executive | serveur | waiter |

| | | | |
|---|---|---|---|
| femme d'affaires | businesswoman | serveuse | waitress |
| fonctionnaire | civil servant | technicien / technicienne | technician |
| gérant / gérante | manager | traiteur | caterer |
| homme d'affaires | businessman | vendeur | salesman |
| infirmier / infirmière | nurse | vendeuse | saleswoman |
| instituteur / instit. | primary school teacher (m) | vétérinaire | vet |
| institutrice / instit. | primary school teacher (f) | | |
| informaticien / informaticienne | computer analyst | | |

## Les membres de ma famille

| | | |
|---|---|---|
| Le / mon / ton / son / notre / votre / leur | père | father (the / my / your / his-her / our / your / their) |
| La / ma / ta / sa / notre / votre / leur | mère | mother (the / my / your / his-her / our / your / their) |
| L' / mon / ton / son / notre / votre / leur | oncle | uncle (the / my / your / his-her / our / your / their) |
| Les / mes / tes / ses / nos / vos / leurs | parents | parents (the / my / your / his-her / our / your / their) |

| | | | |
|---|---|---|---|
| le / mon / ton / son / notre / votre / leur | frère | brother (the / my / your / his-her / our / your / their) | |
| le fils | son | le neveu | nephew |
| le cousin | cousin (m) | le beau-père | father-in-law / stepfather |
| le grand-père | grandfather | le demi-frère | half-brother |
| le petit-fils | grandson | le beau-frère | brother-in-law (my...) |
| le mari | husband | | |

| | | | |
|---|---|---|---|
| la / ma / ta / sa / notre / votre / leur | sœur | sister (the / my / your / his-her / our / your / their) | |
| la fille | daughter | la tante | aunt |
| la cousine | cousin (f) | la nièce | niece |
| la grand-mère | grandmother | la belle-mère | mother-in-law / stepmother |
| la petite-fille | granddaughter | la demi-sœur | half-sister |
| la femme | wife | la belle-sœur | sister-in-law |

| | | | |
|---|---|---|---|
| les / mes / tes / ses / nos / vos / leurs | enfants | children (the / my / your / his-her / our / your / their) | |
| les grands-parents | grandparents | Je suis fils unique | I am an only child (boy) |
| les petits-enfants | grandchildren | Je suis fille unique | I am an only child (girl) |

## Phrases utiles

| | |
|---|---|
| Moi je suis l'aîné(e). | I am the eldest |
| Moi je suis le cadet / la cadette. | I am the youngest. |
| Moi je suis le second / la seconde. | I am the second. |
| Moi je suis le petit dernier / la petite dernière. | I am the youngest / the baby. |

# Pour décrire votre famille en détail
## Expressions utiles – Je me présente

### LES / MES PARENTS

| | |
|---|---|
| Moi je m'entends très bien avec mes parents. | I get on really well with my parents. |
| Je peux leur parler ouvertement. | I can speak to them openly. |
| Ils sont toujours prêts à m'écouter. | They are always ready to listen to me. |
| Ils s'intéressent à moi. | They are interested in me. |
| Je les respecte. | I respect them. |
| Je fais un tas de choses avec mes parents. | I do a lot of things with my parents. |
| Ils me font confiance. | They trust me. |
| Ils savent que cette année est très difficile. | They know that this year is very difficult. |
| En ce qui concerne l'école ils sont plutôt cool. | As far as school is concerned they are relaxed. |
| Ils comprennent que je travaille d'arrache-pied cette année. | They understand that I am working flat out this year. |
| Je sais bien qu'ils seront toujours là pour me donner un coup de main. | I know that they will always be there to give me a helping hand. |
| Mes parents sont très compréhensifs. | My parents are really understanding. |
| Je sais que mes parents seront toujours là pour m'encourager. | I know that my parents will always be there to encourage me. |
| Ils me laissent sortir pour voir mes amis mais ils peuvent être stricts quand il s'agit d'aller en ville. | They let me go out to see my friends but they can be strict when it concerns going to town. |
| Mes parents sont un peu vieux jeu. | My parents are a little old-fashioned. |
| On dit que je ressemble beaucoup à mon père. | I am told that I look a lot like my father. |
| Il a un esprit ouvert et il est très bavard. | He is open-minded and he is chatty. |
| Mon père travaille comme un forcené. | My father works like a maniac. |
| Mon père est comptable. | My father is an accountant. |
| À mon avis mon père ramène trop de boulot à la maison. | In my opinion my father brings too much work home. |
| Je ne m'entends pas très bien avec mon père. | I don't get on too well with my father. |
| Il m'est impossible de lui parler. | It is impossible for me to speak to him / her. |
| Mon père est très / trop strict. | My father is very / too strict. |
| Il / Elle ne comprend pas que je dois sortir avec mes amis. | He / She does not understand that I have to go out with my friends. |
| Ma mère est médecin. | My mother is a doctor. |
| Ma mère est submergée de travail. Elle en fait trop à mon avis. | My mother is up to her neck in work. She works too hard, in my opinion. |
| Ma mère est assez têtue et je dois admettre que je lui ressemble beaucoup. | My mum is rather stubborn and I have to admit that I am a lot like her. |
| J'adore ma mère, on est très complices. | I love my mum, we get on really well. |
| Je pense qu'elle s'inquiète trop. | I think that she worries too much. |
| Je pense qu'elle est trop stricte et qu'elle me reproche beaucoup de *trucs*. | I think that she is too strict and that she gives out to me about too many things. |

## MES FRÈRES ET SŒURS

| | |
|---|---|
| Je m'entends assez bien avec mon frère mais quand même il a souvent des sautes d'humeur ! | I get on well with my brother but all the same he is often moody! |
| Quand je lui *pique* ses disques / ses vêtements il me crie dessus. | When I nick his CDs / his clothes he shouts at me. |
| Ma sœur est très sympa et compréhensive. | My sister is very kind and understanding. |
| Elle fait de son mieux pour m'aider avec mes devoirs. | She does her best to help me with my homework. |
| On sort souvent ensemble. | We often go out together. |
| On a les mêmes centres d'intérêts. | We have the same interests. |
| Il /Elle est à l'étranger en ce moment et il / elle me manque beaucoup. | He / She is abroad at the moment and I miss him / her a lot. |
| Malheureusement, je ne m'entends pas du tout avec mon frère / ma sœur. | Unfortunately, I do not get on with my brother / sister at all. |
| Il / Elle fouille dans toutes mes affaires dès que je ne suis pas dans ma chambre. | He / She is always going through my things as soon as I am not in my room. |
| Mon petit frère / ma petite sœur m'embête. | My little brother / my little sister annoys me. |
| Je pense qu'il / elle est gâté(e). | I think that he / she is spoilt. |
| Il / Elle ne me comprend pas. | He / She does not understand me. |
| Il / Elle est toujours en train de me suivre / derrière mon dos. | He / She is always following me around. |
| Il / Elle m'énerve. | He / She gets on my nerves. |
| Il / Elle me rend folle. | He / She drives me (female) crazy. |
| Il / Elle me rend fou. | He / She drives me (male) crazy. |
| Nous avons des personnalités si différentes. | We have such different personalities. |
| Ma sœur aînée / Mon frère aîné est très raisonnable et plutôt bavard(e). | My older sister / My older brother is sensible and quite chatty. |
| Il est paresseux / Elle est paresseuse mais très doué(e). | He / She is lazy but very gifted. |
| Mon frère a 12 ans mais je pense qu'il fait plus jeune que son âge. | My brother is 12 but he acts younger than his age. |
| Mon frère cadet est plus sociable et amusant. | My younger brother is more sociable and funny. |
| Mais il / elle a son caractère quand même. | He / She has his / her moments all the same. |
| Il / Elle a le sens de l'humour / un bon sens de l'humour. | He has a good sense of humour. |

# GRAMMAIRE

## Le pronom personnel on

> Dans la langue familière, **on** = nous

e.g. : **On** habite à Douglas = **Nous** habitons à Douglas.

> On = les gens en général

**On** doit faire les devoirs = **les étudiants** doivent faire les devoirs
En Irlande, **on** joue au football gaélique et au hurling = **les Irlandais** jouent au football gaélique
En France, **on** mange beaucoup de fromage = **les Français** mangent beaucoup de fromage

## C'est une langue vivante !

| | |
|---|---|
| Travailler d'arrache-pied | *To work very hard* |
| Que dalle | this is a very common French expression meaning *nothing at all* or *zilch* |

En ce moment je travaille d'arrache-pied ! En fait, je fais que dalle en dehors de mes études !

## Attention à la prononciation !
## Trois erreurs très courantes

**1.** Les chiffres sont assez difficiles à prononcer en français.
Try not to confuse:

- **six** with **seize**
- **trois** with **treize**
- **deux** with **douze**
- **une** with **un**
- **première** with **premier**

Be careful with the liaisons that exist between numbers and words! You should practise saying numbers when they are placed before vowels.

Listen to the difference between:

| | |
|---|---|
| Il a deux ans and deux. | Huit jours and il a huit ans. |
| Elle a trois ans and Elle a trois poupées. | Dix jours and Il a dix ans. |

**2.** As a general rule you do not pronounce the final consonant of a word in French.
Try to pronounce these words correctly.

| ans | dans | quand | finit | grand |
|---|---|---|---|---|
| et | pied | temps | beaucoup | très |

**3.**
> Try not to confuse j'ai and je.

e.g: **je** fais and **j'ai** fait

# Key Oral Examination Skills

Many students feel that the oral examination is something that is largely out of their control. Nothing could be further from the truth. Before any oral examination it is vital that you plan your conversation. Everything that you say may lead to a supplementary question from the examiner so try to map out the conversation on a piece of paper. Remember, every oral examination that you sit will deal primarily with you and your life. So before you even start to learn vocabulary do the following:

1. Make a list of the points that you are going to make about yourself.
2. Ask yourself what supplementary questions could arise from what you have said.
3. Develop strategies for coping with supplementary questions. It can be very useful to have a number of small key phrases that provide you with breathing space as you think about your answer. These include:
   - Ben (pronounced **bain**)
   - Alors je n'y ai jamais pensé / réfléchi …
   - C'est une question fort / assez / très difficile …
   - Je ne sais pas / Je n'en sais rien …

## My Examination Technique

Breanne Clarke sat the Leaving Certificate in 2010 and achieved an A2 in French. Her top three tips for the Oral are:

1. Prepare a large bank of material on each major topic (school, home, your area, hobbies, etc.) and then take the time you need to learn it perfectly.
2. Record yourself speaking about each major topic to perfect your accent. If possible, try to practise with a friend.
3. Prepare a document that is original. Try to pick something that is of interest to you and that will also hold the examiner's attention.

## Jeu de rôle

### C'est en forgeant qu'on devient forgeron !

Vous êtes le / la prof. Votre voisin joue l'étudiant. Écrivez ensemble les questions et les réponses de votre jeu de rôle. Après cinq minutes, échangez les rôles.

# Sample Conversation

Now listen to this sample conversation during which a student answers questions about his family. You should pay particular attention to the intonation and rhythm of his speech as well as how the examiner asks questions.

| | |
|---|---|
| **Examiner:** | Bonjour, asseyez-vous. |
| *Student:* | Bonjour, Madame. |
| **Examiner:** | Comment vous appelez-vous ? |
| *Student:* | Je m'appelle Seán. |
| **Examiner:** | Alors parlez-moi un peu de vous même, Seán. |
| *Student:* | J'ai 18 ans. Je viens de fêter mon anniversaire il y a un mois. J'habite à Sligo. Nous sommes quatre dans ma famille : c'est-à-dire mon père, ma mère, ma sœur et moi-même. |
| **Examiner:** | Est-ce que vous êtes l'aîné, Seán ? |
| *Student:* | Non je suis le cadet, ma sœur Maire a trois ans de plus que moi. |
| **Examiner:** | Est-ce que vous aimez être le cadet ? |
| *Student:* | Eh oui je dois dire que j'aime ça ! Tout le monde me gâte et j'ai l'impression que mes parents sont plus stricts envers ma sœur. |
| **Examiner:** | Et que font vos parents dans la vie ? |
| *Student:* | Mon père est gendarme. Il travaille au centre-ville. À mon avis, il travaille trop, il ramène trop de boulot à la maison. Il a toujours des dossiers à remplir. Ma mère est instit. Elle travaille dans une école qui n'est pas trop loin d'ici. |
| **Examiner:** | Est-ce que vous vous entendez bien avec vos parents ? |
| *Student:* | Oui, je m'entends très bien avec mes parents. C'est sûr ils peuvent être stricts, en ce qui concerne l'école mais ça c'est normal à mon avis. Mes parents sont compréhensifs, ils ne sont pas vieux jeu. Je dirais qu'ils sont plutôt *cools* (fam.) ! |
| **Examiner:** | Et est-ce que vous vous entendez bien avec votre sœur ? |
| *Student:* | Oh oui je m'entends très bien avec elle. Elle est sociable et très amusante. Bien qu'elle soit plus âgée que moi, je pense qu'elle fait plus jeune que son âge. Bien sûr elle a son caractère quand même mais c'est tout le monde pareil, n'est-ce pas ? |
| **Examiner:** | Seán, pourriez-vous me parler de vous-même ? |
| *Student:* | De caractère je suis plutôt travailleur, raisonnable et ouvert. Mes amis disent que je suis très comique, c'est peut-être parce que j'aime bien faire des blagues et raconter des histoires drôles. Je ne suis pas trop sportif mais j'adore garder la forme, alors je fais attention à ce que je mange et je vais à l'école à pied la plupart du temps. |

**Maintenant, écrivez :**
- Décrivez quelqu'un que vous connaissez bien devant votre classe.
- Décrivez une personne célèbre ou non que vous admirez.

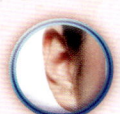

# PARCOURS AUDIO

## Et maintenant, j'écoute !

Pour voir le texte de ces dialogues, allez page 203.

You will now hear three people, Lucie, Raymond and Cécile, talking about their family. You will hear the material **three** times: first right through, then in **three segments** with pauses and finally right through again.

1. (i) Why was Lucie's brother furious?
   (ii) What does her father do for a living?
   (iii) Describe Lucie's father.
   (iv) Name one thing that Lucie likes about where she lives.

2. (i) What is Raymond's date of birth?
   (ii) Why was he not able to celebrate his 18th birthday?
   (iii) When is he going to celebrate his birthday?
   (iv) What did Raymond stop doing this year?

3. (i) Name two facilities, in her area, that Cécile mentions.
   (ii) Give one point that Cécile makes about her brother and sister.
   (iii) Why is Cécile stressed at the moment?
   (iv) What does she like to do when she has free time?

# UNITÉ 3

## MA MAISON ET MON QUARTIER

Après avoir terminé ce chapitre, vous devriez pouvoir :

- décrire votre quartier
- décrire votre maison
- expliquer pourquoi vous aimez votre quartier
- dire pourquoi vous n'aimez pas votre quartier
- comprendre les questions susceptibles de vous être posées
- suivre les conversations du Parcours Audio

### Vocabulaire de base de l'unité 3

| | |
|---|---|
| J'habite en banlieue. | I live in the suburbs. |
| J'habite dans la banlieue de ... | I live in the suburbs of… |
| J'habite une assez grande maison. | I live in a rather large house. |
| Il y a quatre chambres. | There are four bedrooms. |
| Pour ceux qui aiment le sport, il y a ... | For those who like sport there is… |
| J'ai ma propre chambre. | I have my own bedroom. |
| J'y habite depuis toujours. | I have always lived there. |
| Mes voisins sont super sympas. | My neighbours are really nice. |
| Le seul inconvénient c'est ... | The only downside is… |
| J'aime l'endroit où j'habite. | I like where I live. |
| On a un tas d'installations sportives. | We have lots of sporting facilities. |
| Je connais pas mal de monde ici. | I know lots of people here. |
| J'habite à la sortie de la ville. | I live outside of the town. |
| J'adore aller à la plage | I love going to the beach. |
| Je suis trop content(e) ici. | I am really happy here. |

## Accent Français

# PARCOURS ORAL

### Ma maison et mon quartier — CIARÁN

Moi, j'habite en banlieue, à Douglas. J'habite une assez grande maison avec un grand jardin. Il y a quatre chambres, un salon et une grande cuisine à l'américaine. J'ai ma propre chambre. Comme je suis très sportif, j'adore le fait d'avoir un très grand jardin. **Je dois dire que j'adore l'endroit où j'habite.** Tout d'abord, j'y habite depuis toujours donc **j'ai plein d'amis dans le coin.** Mes voisins sont super sympas. Ils ont deux enfants qui ont le même âge que moi et **on s'entend vraiment bien. Dans le voisinage, il y a pleins de *trucs* à faire.** Pour ceux qui aiment le sport (comme moi) il y a un grand gymnase et une piscine municipale. **Douglas est un quartier vivant, commerçant et bien desservi** par les transports en commun. **Il y a un tas de** magasins et de restos. Ici, on peut faire beaucoup d'activités et puis ça reste à des prix abordables quoi ! Par exemple, il y a deux grands centres commerciaux et un grand cinéma avec quatre salles. Souvent, le week-end, je rejoins mes amis à Douglas Court et on fait les magasins ensemble. Il y a un bon café à Douglas Court où on va pour bavarder et blaguer. **Le soir on va au cinéma ou bien on va dans un pub sympa du coin.**

À Douglas on a vraiment tout à proximité, même la campagne et la plage. **J'ai vraiment pris mes repères à Douglas et je m'y sens en sécurité. Je crois que ça me ferait vraiment quelque chose si je devais quitter ce quartier.**

Heureusement, il n'y a pas trop d'inconvénients à Douglas. On n'a pas trop de problèmes sociaux ici. Le seul inconvénient c'est qu'**il peut y avoir** beaucoup de circulation aux heures de pointe. Les voitures sont vraiment pare-chocs contre pare-chocs !

*trucs = choses

### Quelques expressions intéressantes utilisées par Ciarán

| | |
|---|---|
| Je dois dire que j'adore l'endroit où j'habite. | I have to say that I love where I am living. |
| J'ai plein d'amis dans le coin. | I have loads of friends in the area. |
| On s'entend vraiment bien. | We get on really well. |
| Dans le voisinage, il y a pleins de *trucs* à faire. | There are loads of things to do in the neighbourhood. |
| Douglas est un quartier vivant, commerçant et bien desservi par les transports en commun. | Douglas is a lively commercial area that is well served by public transport. |
| Il y a un tas de … | There is a lot of… |
| Le soir on va au cinéma ou bien on va dans un pub sympa du coin. | In the evenings we go to the cinema or we go to a nice pub in the area. |
| J'ai vraiment pris mes repères à Douglas et je m'y sens en sécurité. | I really know my way around Douglas and I feel safe here. |
| Je crois que ça me ferait vraiment quelque chose si je devais quitter ce quartier. | I believe that it would really upset me if I had to leave this area. |
| Il peut y avoir … | There can / may be… |

## J'aime là où j'habite

**TARA**

**1 / 16** Moi, je suis très casanière et j'aime bien l'endroit où j'habite. **Il y a une vraie mixité dans le quartier** qui est tellement enrichissante.

Je connais pas mal de monde ici et j'aime voir tous mes amis. Comme tout le monde le sait, **Galway est une ville qui bouge beaucoup. Il y a toujours quelque chose de différent à faire.** On a un tas d'installations sportives et culturelles ici. Galway est renommée pour ses festivals. Tous les mois, il y a quelque chose d'intéressant à voir. J'habite à la sortie de la ville, à Salthill. Salthill est une très belle banlieue au bord de la mer. C'est très bien desservi. Il y a beaucoup de magasins qui restent ouverts très tard le soir. Mais ce que j'adore dans mon quartier c'est le fait qu'il est au bord de la mer. C'est super ! Quand il fait beau, j'adore aller à la plage avec mon chien. Cela me fait du bien de me promener comme ça, soleil ou pas, le long de la plage. **Ces balades me permettent de faire le vide.** Quand le soleil brille ici, c'est trop beau. Quand je vois ce beau ciel bleu et la mer … je craque.

**17** On a emménagé à Salthill il y a deux ans et j'avoue que je suis super contente ici. J'habite une maison mitoyenne dans un lotissement. C'est très sympa comme maison. Il y a cinq pièces : une petite cuisine, un salon et trois chambres. Depuis que mon frère a déménagé l'année dernière, j'ai pris sa chambre qui est très grande. Mes voisins sont très aimables et mes parents s'entendent bien avec eux. **Le seul inconvénient c'est que le jardin est vraiment trop petit.** On n'a pas assez d'espace pour s'y détendre. Mais comme je disais, en général, je suis très contente à Salthill. Moi, j'ai un tas d'amis dans le coin et je les vois tous les week-ends. Heureusement, Galway est une ville universitaire alors je n'aurai pas besoin de déménager l'année prochaine. Honnêtement, je pense que je ne pourrais pas quitter cette ville. Je suis trop contente ici.

### Quelques expressions intéressantes utilisées par Tara

| | |
|---|---|
| Moi, je suis très casanière. | I'm a real home bird. |
| Il y a une vraie mixité dans le quartier. | There is a real mix of people in the area. |
| Galway est une ville qui bouge beaucoup. | Galway is a very lively town. |
| Il y a toujours quelque chose de différent à faire. | There is always something different to do. |
| Ces balades me permettent de faire le vide. | These walks allow me to switch off. |
| Le seul inconvénient c'est que le jardin est vraiment trop petit. | The only drawback is that the garden is really too small. |

## À vous de jouer !

Maintenant décrivez votre maison et votre quartier pour vos camarades de classe.

○ Maison  ○ Quartier

## Questions

### Questions spécifiques

1. Où habitez-vous ?
2. Pourriez-vous me décrire votre quartier ?
3. Décrivez-moi votre maison.
4. Combien de chambres y a-t-il dans votre maison ?
5. Est-ce que vous avez votre propre chambre ?
6. Est-ce que vous aimez votre maison ?
7. Est-ce que vous aimez votre quartier ?
8. Est-ce que vous êtes content(e) ici ?
9. Est-ce qu'il y a beaucoup de choses à faire pour les jeunes dans votre quartier ?
10. Est-ce que votre quartier est bien desservi ?
11. Est-ce qu'il y a des choses que vous aimeriez changer dans votre quartier ?
12. Est-ce qu'il y a des choses que vous n'aimez pas dans votre quartier ?
13. Habitez-vous depuis longtemps dans ce quartier ?
14. Est-ce qu'il y a beaucoup de problèmes sociaux dans ce quartier ?

### Questions plus générales

15. Parlez-moi un peu de votre quartier.
16. Parlez-moi un peu de votre maison.

## LA BOÎTE À MOTS !

### Pour décrire votre maison

| | |
|---|---|
| un appartement | an apartment |
| un(e) HLM | a council flat |
| une maison individuelle | a detached house |
| une maison mitoyenne | a semi-detached house (can also describe a town house) |
| une maison jumelle | a semi-detached house |
| un pavillon | a bungalow |
| chez moi | my place |
| une pièce | a room |
| une chambre | a bedroom |
| une cuisine | a kitchen |
| une salle de séjour | a living room |
| un salon | a living room |
| une salle de bains | a bathroom |
| une porte | a door |
| une porte d'entrée | a front door |
| un couloir | a corridor |
| un escalier | stairs |
| un porche | a porch |
| un balcon | a balcony |
| un jardin | a garden |
| un sous-sol | a basement |
| à l'étage / en haut | upstairs |

| | |
|---|---|
| au rez-de-chaussée / en bas | downstairs |
| une salle à manger | a dining room |
| une cheminée | a fireplace / a chimney |
| un immeuble | a building |

## Quelques verbes utiles

| | |
|---|---|
| construire | to build |
| faire agrandir la maison | to extend the house |
| faire construire une maison | to have a house built |
| acheter | to buy |
| vendre | to sell |
| posséder / être propriétaire | to own / to be the owner |
| louer / être locataire | to rent |
| emménager | to move in |
| déménager | to move out |
| peindre et tapisser | to do up (paint and wallpaper) |
| démolir | to demolish |
| réparer | to fix |
| abattre | to knock down |
| rénover | to renovate |

## Pour décrire votre quartier

| | | | |
|---|---|---|---|
| une ville | a town | la place principale | the main square |
| une grande ville | a big town | les quais | the quays |
| un village | a village | une route | a road |
| un patelin | a small village | une rue | a street |
| une ville dortoir | a dormitory town | la rue principale | the main street |
| un endroit | a place | une ruelle | a small street |
| un arrondissement | an area of a big town | une rue piétonne | a pedestrian street |
| la banlieue | the suburbs | un jardin public | a public garden |
| la banlieue lointaine | the far out suburbs | une gare / une gare routière | a train station / a bus station |
| les faubourgs | the outskirts | un stade | a stadium |
| la sortie de la ville | the edge of the town | un(e) citadin(e) | a city dweller |
| le voisinage | the neighbourhood | un(e) banlieusard(e) | a suburbanite |
| un SDF (Sans Domicile Fixe) / un sans-abri | a homeless person | un(e) habitant(e) | an inhabitant |

| | | | |
|---|---|---|---|
| un quartier | an area | un(e) *clochard(e)* (fam.) | a beggar |
| une agglomération | a built up area | les aménagements | the facilities |
| une zone industrielle | an industrial estate | la vie en plein air | open air life |
| la rive droite | the right bank | la vie urbaine | urban life |
| la rive gauche | the left bank | la vie rurale | rural life |
| une vieille ville / la vieille ville | an old town / the historic part of town | un centre commercial | a shopping centre |
| le centre-ville | the centre of town | une grande surface / un supermarché | a supermarket |
| les environs | the surrounding areas | dans le coin | in the area |
| une impasse | a cul-de-sac | les lotissements fantômes | ghost estates |

## Quelques verbes / expressions utiles

| | |
|---|---|
| faire la navette | to commute |
| pousser comme des champignons | to mushroom, to grow quickly |

## Pour décrire votre maison en détail

| | |
|---|---|
| J'habite une maison. | I live in a house. |
| On habite une maison dans un lotissement. | We live in a house in a housing estate. |
| J'habite un bel appartement. | I live in a beautiful apartment. |
| On habite un pavillon. | We live in a bungalow. |
| J'habite en banlieue dans une maison jumelée. | I live in the suburbs in a semi-detached house. |
| J'habite une maison individuelle à la campagne. | I live in a house on its own grounds in the countryside. |
| J'habite dans une maison jumelée. Ça va, on aime bien les voisins. | I live in a semi-detached house. It's all right, we like the neighbours. |
| On habite un(e) HLM (Habitation à Loyer Modéré) dans une cité en banlieue. | We live in a council flat in a council estate in the suburbs. |

| | |
|---|---|
| On habite une maison mitoyenne moderne. | We live in a modern detached house. |
| J'habite une grande maison. J'ai un grand jardin tout autour de la maison. | I live in a big house. I have a big garden that surrounds the house. |
| Dans le jardin, il y a de nombreuses fleurs et des arbres. J'adore ma maison. | In the garden there are lots of flowers and trees. I love my house. |
| On a récemment emménagé dans une nouvelle maison. | We recently moved into a new house. |
| J'habite une maison spacieuse avec un jardin privé. | I live in a big house with a private garden. |
| Ma maison est proche d'une rivière. | My house is close to a river. |
| J'habite une petite maison dans la banlieue de Dublin. | I live in a small house in the suburbs of Dublin. |
| Ma maison est située dans la banlieue de Limerick. | My house is in the suburbs of Limerick. |
| J'habite près de Cork dans une maison à un étage. | I live close to Cork in a single storey house. |
| Au rez-de-chaussée, il y a un salon et une salle à manger. | On the ground floor there is a living room and a dining room. |
| Il y a quatre chambres, une cuisine et une salle de bains. | There are four bedrooms, a kitchen and a bathroom. |
| J'habite dans un appartement de 90 mètres carrés. | I live in a 90 square metre apartment. |
| Dans mon appartement, il y a un séjour. Il est à gauche de l'entrée. | In my apartment there is a living room. It's on the left by the entrance. |
| C'est un petit séjour, très agréable. | It's a very nice, small living room. |
| En face du séjour, à droite de l'entrée, il y a le salon. | In front of the living room on the right of the entrance is a TV room. |
| Au bout du couloir à gauche, il y a une chambre. | At the end of the corridor on the left there is a bedroom. |
| Je partage ma chambre avec mon frère. | I share my room with my brother. |
| Entre la chambre et le séjour, il y a la cuisine. En face de la cuisine, il y a la salle de bains. | Between the bedroom and the living room there is the kitchen. In front of the kitchen, there is the bathroom. |
| C'est une salle de bains avec douche et baignoire. La toilette est au bout du couloir. | It is a bathroom with a shower and a bath. The toilet is at the bottom of the corridor. |
| Au bout du couloir à droite, il y a une autre chambre. | At the bottom of the corridor on the right there is another bedroom. |

## Pour décrire votre quartier en détail

| | |
|---|---|
| J'adore mon quartier. | I love my area. |
| J'adore l'endroit où j'habite. | I love where I live. |
| Moi, j'habite dans un quartier très sympathique où il y a beaucoup de choses à faire. | I live in an area that is very nice and where there are a lot of things to do. |

## Accent Français

| | |
|---|---|
| C'est un quartier où on peut faire facilement du sport parce qu'il y a un grand gymnase. | It is an area where you can easily do sport because there is a big gym. |
| Nous n'habitons pas loin du centre-ville. | We don't live far from the centre of town. |
| J'aime ma ville car elle est riche en événements culturels et c'est une ville qui bouge pas mal. | I like my town because it is rich in cultural events and it is very lively. |
| La vie nocturne est excellente ici. Il y a des concerts, des théâtres, des festivals et un tas d'autres choses à faire. | The nightlife is excellent here. There are concerts, theatres, festivals and heaps of other things to do. |
| Dans ma ville, il y a aussi un centre culturel où on peut faire de la musique, du théâtre et de la danse. | In my town there is a cultural centre where we can play music, do theatre and dance. |
| Je trouve que mon quartier est très agréable. C'est assez tranquille et il y a un grand jardin public où nous pouvons jouer au foot. | I find that my area is very nice. It is quiet and there is a big public park where we can play football. |
| Il y a pas mal de distractions pour les jeunes. | There are lots of things for young people to do. |
| Il n'y a pas grand-chose pour les jeunes dans mon quartier. Ils devraient faire quelque chose pour nous. | There are not a lot of things for young people to do in my area. They should do something for us. |
| Avant, quand j'étais plus jeune, cette ville était assez petite et tranquille mais maintenant elle est plus grande. Il y a trop de bruit et de circulation. | When I was younger this town was quite small and quiet but now it is bigger. There is too much noise and traffic. |
| Galway est une ville très historique. Je l'aime car toute ma famille y habite. | Galway is a very historic town. I like it because all my family live here. |
| J'adore habiter en ville. On peut faire tout ce qu'on veut. | I love living in town. You can do practically whatever you want. |
| Bien sûr, il y a des inconvénients. | Of course there are the downsides. |
| Il y a trop de pollution, énormément de monde et tellement de circulation, 24 heures sur 24. | There is too much pollution, too many people, too much traffic, 24 hours a day. |
| C'est une ville qui bouge beaucoup, mais quand c'est trop bondé je ne l'aime pas. | It's a very lively town but all the same when it's too packed I do not like it. |
| J'habite dans un tout petit village. | I live in a tiny village. |
| Le soir, c'est un peu mort. À part le cinéma, il n'y a pas grand-chose à faire. | In the evening it's a bit dead. Apart from the cinema there is not a lot to do. |
| Moi, j'habite dans un petit patelin à la campagne. C'est un peu isolé mais je l'adore. | I live in a small village in the countryside. It's a little isolated but I love it. |
| J'habite un petit village depuis toujours. Mes grands-parents y ont vécu toute leur vie d'adultes mariés et mon père et ma mère y sont nés. | I have lived in a small village all my life. My grandparents lived there all their adult married life and my mum and dad were born there. |
| Nous habitons l'ancienne maison de mes grands-parents. | We are living in my grandparents' former house. |

| | |
|---|---|
| Dans mon village, tout le monde se connaît et c'est ce qui fait son charme. | In my village everyone knows one another and that is part of its charm. |
| Mon village ne compte que deux cents habitants. | There are only 200 people living in my village. |
| Je viens d'un village de cent trente habitants et je l'adore. | I come from a village with 130 inhabitants and I love it. |
| J'adore habiter à la campagne. C'est quand même génial, on a plus d'espace pour se défouler. | I love living in the countryside. It's great, we have more space to run around. |
| Bien que mon village soit très petit, ça bouge quand même pas mal. | Even though my village is very small it's lively enough. |
| Et bien, moi j'ai toujours vécu à la campagne. J'aime la nature, le calme, il n'y a rien de plus beau que ça. | Well, I have always lived in the countryside. I love nature, the calm, there is nothing more beautiful than that. |
| La ville c'est trop bruyant, on dirait que les gens sont toujours pressés. | Town is too noisy, you'd think that everyone is constantly rushing. |
| Quand j'étais petit, j'ai passé pas mal de temps à jouer dans la forêt et vraiment j'en garde de supers souvenirs. | In my childhood I spent my time playing in the forest and I have really good memories of it. |
| On a tout l'espace qu'on veut, on a vraiment l'impression d'être libre. | We have all the space we want, you really have a feeling of freedom. |
| Mais globalement c'est plutôt pas mal ici. | But on the whole it's not too bad here. |

## Pour décrire un endroit spécial

| | |
|---|---|
| Il y a un très grand jardin public en face de ma maison. | There is a very big public garden in front of my house. |
| J'adore m'y promener au printemps quand les arbres sont en fleurs, c'est tellement joli. | I love walking there in the spring when trees are in bloom, it's so beautiful. |
| J'aime beaucoup m'y balader en été. Quand il fait chaud, c'est agréable d'être à l'ombre des chênes. | I really like walking there in the summer. When it is hot, it is pleasant to be in the shade of the oak trees. |
| J'adore marcher dans les feuilles mortes en automne. Ça me procure un sentiment de bien-être. Je m'y sens bien ! | I love walking through the dead leaves in autumn. It gives me a feeling of contentment and well-being. I feel great there. |
| Ce que je préfère, c'est m'y rendre en hiver tôt le matin quand il a gelé. C'est un spectacle magnifique ! | What I prefer is going there in winter early in the morning when there has been hard frost. It is a magnificent scene! |
| J'adore sentir l'herbe fraîchement coupée ou bien courir dans les herbes hautes. | I love the smell of freshly cut grass or running through the high grass. |
| J'adore y aller parce que ça m'aide à supporter le stress des examens. | I love going there because it helps me to cope with the pressure of the exams. |

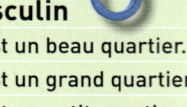

## GRAMMAIRE

### Les adjectifs

Pour mieux qualifier les choses :

| | | |
|---|---|---|
| C'est un quartier ... | ancien(ne) | old |
| C'est une ville ... | moderne | modern |
| C'est une maison ... | riche | wealthy |
| | bourgeois(e) / *bourge* | middle class |
| | multiculturel(le) | multicultural |
| | élégant(e) | elegant |
| | bien desservi(e) | well served |
| | animé(e) | lively |
| | désert(e) | deserted |
| | luxueux(se) | luxurious |
| | spacieux(se) | spacious |
| | peu confortable | uncomfortable |
| | dernier cri | state of the art |
| | à l'américaine | open plan |
| | jumelée | semi-detached |
| | ouvrier (m) / ouvrière (f) | working class |

Mais attention, certains adjectifs se placent devant le nom :

| Masculin | Féminin |
|---|---|
| C'est un beau quartier. | C'est une belle ville. |
| C'est un grand quartier. | C'est une grande ville. |
| C'est un petit quartier. | C'est une petite ville. |
| C'est un vieux quartier. | C'est une vieille ville. |

### C'est une langue vivante !

| | |
|---|---|
| en avoir marre | to be fed up with something |
| J'en ai marre des examens. | I am fed up with the exams. |
| ben (pronounced like 'bain') | well |
| Ben, j'habite ici depuis six ans. | Well, I have been living here for six years. |
| un bout de temps | a good while |
| Ça fait un bout de temps que j'habite ici. | I have been living here for a good while. |
| bof | This word is used in French to express things that are not so good or just 'so-so'. The word is often used while shrugging your shoulders. |
| Bof ... je suis souvent très fatigué(e) cette année. | Well, I am often very tired this year. |
| sinon | This is a frequently used hedging word. Its literal translation is 'if not'. However, this word is frequently used to mean 'well' or 'like'. Such words are very useful as they allow you to think and make your French sound more fluid and natural. |
| Sinon, on peut aller en ville | Well, one can go to town. |

### Attention à la prononciation !

Pronounce **à** or **a** with your mouth wide open as in the words *rather* or *father* in English except with your tongue higher and closer to the front part of your mouth.

You should pronounce **au** like the **o** in the French word '*nos*', or like the English word *oh*.

| On va au restaurant le vendredi. | We go to the restaurant on Fridays. |

Pronouce the **ais** of **vais** just like **ai** part of j'**ai** and just like the **ais** part of **français**. Many students confuse the first part of the verb aller **(je vais)** with the sound of the second part of the verb **(tu vas)**.

| Ce soir je vais au cinéma. |

Don't forget to make the liaison between the **s** in **vais** and the **a** in **au**.

## Key Oral Examination Skills

Perhaps the best way to view the oral examination is as an easy exam that is very difficult to prepare for. In other words, the oral examination is very predictable. The biggest mistake that most students make is that they fail to prepare enough material in time for the examination. You can't rush this and you must take your time. Having accepted that, the oral holds very little surprises. The examiner will not try to surprise you. He or she will react to what you say and ask questions accordingly. Given that this will happen, you should:

1. Try to say things that will lead to material that you have prepared.
2. Never try to say something if you don't know how to say it. Only say what you can say.
3. Try to use linking words that can bring you back to material that you have prepared, such as:

| | |
|---|---|
| comme je le disais, Madame / Monsieur | as I was saying, Madame / Monsieur |
| comme je l'ai déjà dit | as I already said |
| comme je vous l'ai déjà dit | as I already said to you |
| comme je vous le disais tout à l'heure | as I was saying to you earlier |
| comme je viens d'expliquer | as I have just explained |
| ce que je veux dire c'est ... | what I want to say is... |
| ce que j'ai voulu dire c'est que ... | what I wanted to say is that... |
| pour en revenir à ce qu'on disait | to come back to what I was saying |

It can sometimes be very useful to give yourself a second or two to think before you answer. The following is a list of helpful phrases that can be used in most situations as a short filler. These must be practised and, if used, should sound natural and uncontrived.

| | | | |
|---|---|---|---|
| alors | well / so | Alors, Monsieur, c'est une question difficile. | Well, Monsieur, that's a difficult question. |
| donc | so / well / therefore | Donc euh ... je n'y ai jamais réfléchi. | Well eh ... I have never thought about it. |
| ben | em / eh | Alors ... je n'avais jamais pensé à ça. | Well ... I had never thought about that. |
| | | Ah ça c'est une bonne question ! | Ah that is a good question! |

### Jeu de rôle

**C'est en forgeant qu'on devient forgeron !**

Vous êtes le / la prof. Votre voisin joue l'étudiant. Écrivez ensemble les questions et les réponses de votre jeu de rôle. Après cinq minutes, échangez les rôles.

## Accent Français

### My Examination Technique

Hugh Ó Marcaigh sat the Leaving Certificate in 2010 and achieved an A1 in French. His top two tips for the Oral are:

1. Get a podcast! I downloaded 'Learn French By Podcast' from iTunes (for free!) and listened to it going to and from school for a few months running up to the Leaving. As well as helping me to learn vocabulary, it trained my ear to pick up sentences and to get used to hearing conversations. If you listen to this pro-actively it will definitely help.

2. Have a vocabulary notebook. I just threw all the words that kept cropping up into mine and it really paid off. I know that teachers say this all the time, but having a good vocabulary really helps with the listening comprehension section of the examination.

## Sample Conversation

Now listen to this sample conversation during which a student answers questions about his house or area. You should pay particular attention to the intonation and rhythm of his speech as well as how the examiner asks questions.

**Examiner:** Alors, vous habitez où ?

**Student:** J'habite à Thurles.

**Examiner:** Vous habitez une maison ?

**Student:** Oui, j'habite une maison mitoyenne dans le centre-ville.

**Examiner:** Décrivez-moi un peu votre maison, Seán.

**Student:** Alors, il y a cinq pièces dans ma maison. On a trois chambres, une salle à manger, un salon. C'est une maison très confortable, avec un très grand jardin derrière.

**Examiner:** Est-ce que vous avez votre propre chambre ?

**Student:** Non, je partage ma chambre avec mon petit frère. Ça m'embête un peu car il est toujours en train de fouiller dans mes affaires quand je ne suis pas là.

**Examiner:** Qu'est-ce que vous pensez de votre quartier ?

**Student:** Ben, j'adore Thurles même si c'est un peu mort. J'habite ici depuis que je suis né et je connais tout le monde. Mon meilleur ami habite juste à côté de chez nous. Au centre-ville, il y a pas mal de restaurants et de pubs qui sont assez sympas. Le week-end, il y a une boîte que j'aime beaucoup et c'est là qu'on va avec tous mes amis.

**Examiner:** Est-ce qu'il y a beaucoup de choses à faire pour les jeunes ?

*Student:* Bah, pas trop en fait. À part la pratique d'un sport, il n'y a pas grand-chose à faire pour les jeunes. Bien sûr il y a des terrains de sport mais on s'ennuie quand même un peu le week-end. On a un cinéma mais on n'a pas de grand centre commercial comme Dundrum à Dublin ou alors Mahon Point à Cork. Le week-end on sort au centre-ville mais c'est toujours la même chose. J'ai trop hâte d'aller à la fac à Cork l'année prochaine.

*Examiner:* Quel est votre endroit favori à Thurles ?

*Student:* Moi, j'adore aller au jardin public à Templemore qui n'est pas du tout loin d'ici. C'est trop beau avec tous les grands arbres. J'aime beaucoup m'y rendre le dimanche avec mes amis. Quand il fait beau, nous choisissons toujours cet endroit pour faire un pique-nique entre amis. J'apprécie la place centrale de Thurles, surtout les jours de match. Les finales de hurling à Thurles, surtout quand Tipperary joue contre Cork, sont vraiment quelque chose de fabuleux.

*Examiner:* Et y a-t-il beaucoup de problèmes sociaux à Thurles ?

*Student:* Pas vraiment. Bien sûr il y a des problèmes liés à l'alcool. Le week-end, il y a pas mal de bagarres à l'extérieur des pubs. Mais à part ça, il n'y a pas beaucoup de criminalité ou de SDF. Globalement, c'est plutôt pas mal ici !

Maintenant décrivez la maison de votre meilleur(e) ami(e) pour toute la classe.

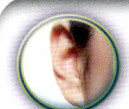

# PARCOURS AUDIO

## Et maintenant, j'écoute !

Pour voir le texte de ces dialogues, allez page 204 !

You will now hear two people, Marie and Luc, talking about their area. You will hear the material **three** times: first right through, then in **three segments** with pauses and finally right through again.

**1.**
   (i) What reason does Luc give for not liking his town?
   (ii) Why does he say that he hates sport?
   (iii) What does he think is missing from his town?

**2.**
   (i) When did Marie move to this town?
   (ii) Give one reason why Marie does not like her new house.
   (iii) What does her sister do to annoy her?
   (iv) What does Marie miss about her old house?

**3.**
   (i) Why did they move house?
   (ii) Where is Luc going on Friday night?

# UNITÉ 4 — AU QUOTIDIEN

Après avoir terminé ce chapitre, vous devriez pouvoir :

- décrire une journée typique en détail
- parler de votre routine matinale
- parler un peu de votre quotidien à l'école
- parler de la fin de votre journée
- comprendre les questions susceptibles de vous être posées
- suivre les conversations du Parcours Audio

## Vocabulaire de base de l'unité 4

|  |  |
|---|---|
| Moi, je me réveille assez tôt le matin. | I get up rather early in the morning. |
| D'habitude / En général, je me lève vers … | Normally, I get up around… |
| Je me douche. | I have a shower. |
| Je m'habille. | I get dressed. |
| Je me maquille. | I put on make up. |
| Je prends le petit-déjeuner avec … | I have my breakfast with… |
| Je vais à mon arrêt de bus. | I go to my bus stop. |
| D'habitude / En général, je vais au lycée à pied. | Normally, I go to school on foot. |
| Mon père m'accompagne en voiture. | My father takes me in the car. |
| La première récré est à … | The first break is at… |
| Les cours finissent à … | Classes finish at… |
| Je rentre chez moi en bus. | I come home by bus. |
| Mes parents rentrent à la maison vers … | My parents come home around… |
| Je finis me devoirs vers … | I finish my homework around… |
| Je regarde un peu la télé. | I watch some television. |

# PARCOURS ORAL

### Une journée typique !

**CIARÁN**

Moi, je me réveille assez tôt le matin. D'habitude, je me lève vers sept heures du matin mais en général je suis plutôt paresseux ! Donc **je suis souvent très pressé**. En fait, fréquemment **ma mère « me passe un savon\* »** car je prends trop de temps à me préparer. Je prends le petit-déjeuner avec ma famille. Normalement, je prends des céréales ou de temps en temps un œuf à la coque avec du pain grillé. Je pars de chez moi vers huit heures et demie. D'habitude, je vais au lycée à pied mais comme mon père ne travaille pas loin de l'école, il m'accompagne en voiture quand il pleut. En général, j'arrive au lycée vers neuf heures moins le quart. Ils font l'appel à neuf heures. **J'évite d'être en retard sinon on a des heures de colle !** Les premiers cours commencent à neuf heures et on en a neuf par jour. Ils durent quarante minutes.

La première récré est de dix heures et demie à onze heures, et on a une pause-déjeuner à treize heures. Les cours finissent à seize heures. **Comme je le disais**, je suis très sportif donc souvent je m'entraîne après les cours. Après l'entraînement, je rentre directement chez moi, mais cette année, à cause du Bac, **je suis complètement submergé** de travail et je n'ai pas beaucoup de temps libre. **Je travaille d'arrache-pied et ce n'est pas marrant !** On mange à dix-huit heures. On aime être à table en famille mais comme mes parents rentrent tard de temps en temps, ce n'est pas toujours possible. Je finis mes devoirs vers vingt-et-une heures. J'essaie de regarder un peu la télé ou bien **discuter sur Facebook avec mes amis**. **Ça me fait du bien de me distraire** un peu avant de me coucher. Les journées sont souvent longues et tellement fatigantes !

\*passer un savon = gronder

### Quelques expressions intéressantes utilisées par Ciarán

| | |
|---|---|
| Je suis souvent très pressé. | I am often in a rush. |
| Ma mère « me passe un savon ». | My mum gives me a ticking off. |
| J'évite d'être en retard sinon on a des heures de colle ! | I avoid being late otherwise there is detention. |
| Comme je le disais ... | As I was saying... |
| Je suis complètement submergé. | I am completely overwhelmed. |
| Je travaille d'arrache-pied et ce n'est pas marrant ! | I am working flat-out and it's not great! |
| discuter sur Facebook avec mes amis | to chat on Facebook with my friends |
| Ça me fait du bien de me distraire. | It does me good to take my mind off things. |

## Accent Français

### Au quotidien

**TARA**

**1 · 26** **Quand il y a école,** je me lève à six heures quarante-cinq. Ensuite, je me douche, je m'habille et je me maquille. Si j'ai le temps, je vais sur l'ordinateur jusqu'à sept heures vingt-cinq. Et là, je me prépare et je vais à mon arrêt de bus. J'y arrive vers sept heures quarante. Le bus passe à huit heures et j'arrive à l'école vers huit heures vingt. **Je retrouve mes amis et on parle un peu de tout et n'importe quoi.** À cette heure-là, **c'est vraiment le bazar dans les couloirs !** Après, je vais voir le tableau des profs absents. À huit heures quarante-cinq, ça sonne. Il y a une petite pause à dix heures et demie et on va au self pour prendre quelque chose à manger. À treize heures, il y a une pause de quarante minutes. **On prend un sandwich au *self*** et on va dehors. On finit les cours à seize heures. À seize heures trente je rentre chez moi en bus, vers seize heures quarante j'arrive chez moi.

**27** **Après être rentrée de l'école, je mange un morceau.** La plupart du temps, je m'installe devant la télé. J'adore regarder mes séries préférées. Après une journée très crevante à l'école cela me permet de me changer les idées. Mes parents rentrent à la maison vers dix-huit heures. D'habitude, on mange en famille. Puis, vers dix-neuf heures je vais dans ma chambre pour réviser. On a trop de devoirs cette année et **honnêtement j'en ai ras-le-bol de passer mon temps à travailler.** L'an prochain je compte aller à la fac pour faire des études en médecine. **Donc, il va me falloir au moins cinq cent cinquante points, ce qui ne va pas être facile ! Au niveau de l'école,** mes parents sont assez stricts. Ils veulent que je fasse de mon mieux pour réussir le Bac. Eh puis bah, **si j'ai le temps, je vais sur *l'ordi* pour *tchater* avec mes amis.** Je me couche vers onze heures. **C'est vrai que les journées sont hyper longues et épuisantes.** Mais en même temps, je ne suis pas la seule à travailler sans arrêt. Tous les autres en font autant que moi.

### Quelques expressions intéressantes utilisées par Tara

| | |
|---|---|
| Quand il y a école … | On school days… |
| Je retrouve mes amis et on parle un peu de tout et n'importe quoi. | I meet my friends and we talk about anything and everything. |
| C'est vraiment le bazar dans les couloirs. | It's really chaos in the corridors. |
| On prend un sandwich au *self*. | We have a sandwich in the canteen. |
| Après être rentrée de l'école, je mange un morceau. | After having come back from school I have a bite to eat. |
| Honnêtement j'en ai ras-le-bol (fam.) de passer mon temps à travailler. | Honestly, I am fed up of spending my time working. |
| Donc, il va me falloir au moins cinq cent cinquante points, ce qui ne va pas être facile ! | So, I am going to have to get at least five hundred points which is not going to be easy. |
| Au niveau de l'école … | As far as school is concerned… |
| Si j'ai le temps, je vais sur *l'ordi* pour *tchater* avec mes amis. | If I have the time I go on the computer to chat with my friends. |
| C'est vrai que les journées sont hyper longues et épuisantes. | It's true that the days are really long and exhausting. |

### Jeu de rôle

**C'est en forgeant qu'on devient forgeron !**
Maintenant décrivez votre journée type à vos camarades de classe.

○ Matin    ○ Après-midi

# Questions

## Questions spécifiques

1. Vous vous levez à quelle heure ?
2. Comment venez-vous à l'école ?
3. Qu'est-ce que vous faites le matin ?
4. Qu'est-ce que vous prenez au petit-déjeuner ?
5. Vous arrivez à l'école à quelle heure ?
6. À quelle heure les cours commencent-ils ?
7. Vous avez combien de cours le matin ?
8. Vous avez combien de cours l'après-midi ?
9. Vous rentrez de l'école vers quelle heure ?
10. Comment rentrez-vous de l'école ?
11. Qu'est-ce que vous faites quand vous rentrez de l'école ?
12. Est-ce que vous dînez en famille ?
13. Combien de temps passez-vous sur vos devoirs le soir ?
14. Est-ce que vous regardez la télévision le soir ?
15. Qu'est-ce que vous faites le soir ?
16. Vous vous couchez à quelle heure ?

## Questions plus générales

17. Parlez-moi un peu de votre journée type.
18. Décrivez-moi un peu une journée typique.

# LA BOÎTE À MOTS !

## Phrases utiles

| | |
|---|---|
| ma routine journalière | my daily routine |
| ma routine quotidienne | my daily routine |

| | | | |
|---|---|---|---|
| après | after | le soir | in the evenings |
| avant | before | presque jamais | almost never |
| l'après-midi | in the afternoon | récemment | recently |
| le matin | in the morning | souvent | often |
| de nouveau | once again | toute la journée | all day long |
| de temps à autre | every now and again | au bout de vingt minutes | after twenty minutes |
| de temps en temps | from time to time | aussitôt que | as soon as |
| depuis | since | le temps passe vite / file | the time flies |
| depuis trois mois | for three months | peu de temps après | a short while after |
| le matin | in the mornings | plus tard que d'habitude | later than usual |

## Quelques verbes et expressions utiles

| | | | |
|---|---|---|---|
| aller | to go | être à l'heure | to be on time |
| aller à pied | to walk | être de bonne heure | to be early |
| arriver à temps | to arrive on time | être en avance | to be early |
| commencer | to begin | être en retard | to be late |
| conduire | to drive | finir | to finish |
| continuer | to continue | partir | to leave |

| | | | |
|---|---|---|---|
| courir | to run | se coucher | to go to sleep |
| durer | to last | se lever | to get up |
| entrer | to enter | se produire | to happen |
| | | venir | to come |

### LE MATIN

| | |
|---|---|
| D'habitude, je me réveille tôt. | Normally I get up early. |
| Je suis un lève-tôt. | I am an early riser. (m) |
| Je suis une lève-tôt. | I am an early riser. (f) |
| être mal réveillé(e) | to be half asleep |
| dormir trop tard | to oversleep |
| faire la grasse matinée | to have a lie in |
| faire sa toilette | to have a wash |
| Je prends mon petit-déjeuner dès que je me suis lavé(e). | I have my breakfast as soon as I am washed. |
| Je prépare mes affaires. | I get ready. |

### À L'ÉCOLE

| | |
|---|---|
| J'ai cours de x heures à x heures de l'après-midi. | I have classes from x o'clock to x o'clock in the afternoon. |

### L'APRÈS-MIDI

| | |
|---|---|
| rentrer à la maison | to go home |
| se reposer | to rest |
| goûter | to have a snack / to taste |
| Le trajet dure presque une heure. | The journey lasts nearly an hour. |

### DE RETOUR À LA MAISON

| | |
|---|---|
| Je me détends enfin une petite heure. | I relax for about an hour. |
| J'écoute de la musique. | I listen to music. |
| Je lis un magazine. | I read a magazine. |
| En général, chez moi, nous dînons vers dix-neuf heures. | In general at home we eat at about 7 pm. |

### LE SOIR

| | |
|---|---|
| Je suis un couche-tard. | I am a night owl. (m) |
| Je suis une couche-tard. | I am a night owl. (f) |
| passer une nuit blanche | to have a sleepless night |

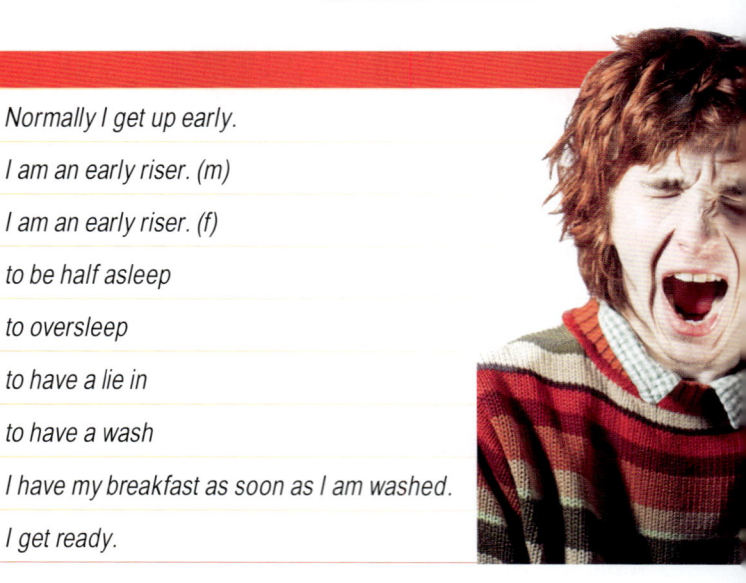

# Savoir parler d'une journée typique en détail

## LE MATIN

| | |
|---|---|
| Je me lève vers … | *I get up around…* |
| Je suis *fainéant(e)* (fam.) / paresseux(euse). | *I am lazy.* |
| Je suis toujours à la bourre. | *I am always rushing.* |
| Je prends toujours un *petit-déj*. | *I always have breakfast.* |
| Je vais à l'école avec mon père. | *I go to school with my father.* |
| Je vais à l'école en bus. | *I go to school by bus.* |
| Je vais à l'école à pied. | *I go to school on foot.* |
| Je vais à l'école à vélo. | *I go to school by bike.* |
| De temps en temps je croise mes amis sur le chemin. | *From time to time I bump into my friends on the way.* |
| De temps en temps je croise mes amis dans le bus. | *From time to time I bump into my friends on the bus.* |

## À L'ÉCOLE

| | |
|---|---|
| Avant les cours je retrouve mes amis. | *I meet my friends before school.* |
| C'est le bazar dans les couloirs. | *It's chaos in the corridors.* |
| Je retrouve mes amis aux casiers. | *I meet my friends at the lockers.* |
| À neuf heures ils font l'appel. | *At nine they call the roll.* |
| Si on est en retard on est collés. | *If you're late you get detention.* |
| On a neuf cours par jour. | *We have nine classes a day.* |
| Les cours finissent à seize heures. | *The classes finish at four.* |
| On finit les cours à seize heures. | *We finish at four.* |
| Comme je n'habite qu'à deux kilomètres du lycée, je rentre chez moi à pied. | *As I only live two kilometres from school I walk home.* |
| Le *bahut* (fam.)* / l'école n'est pas trop loin de chez moi donc je rentre à pied. | *The school is not too far from my place so I walk home.* |

*le *bahut* (fam.) = l'école

## DE RETOUR CHEZ VOUS

| | |
|---|---|
| En rentrant chez moi je vais me changer. Je déteste l'uniforme. | *When I return home I change my clothes. I hate my uniform.* |
| Je mange un morceau. | *I have a bite to eat.* |
| Je prends quelque chose à manger. | *I have something to eat.* |
| Une fois à la maison, je traîne enfin une petite heure devant la télé. | *Once I get home I hang around for an hour or so in front of the TV.* |
| Puis je vais sur Internet pendant une heure. | *Then I go on the net for an hour.* |
| Je regarde un peu la télé. | *I watch a little TV.* |

## Accent Français

| | |
|---|---|
| Je traîne un peu. | I laze about. |
| Je lis un peu avant de commencer mes devoirs. | I read a little before starting my homework. |
| Je téléphone à mes amis. | I telephone my friends. |
| Je m'occupe de mon petit frère. | I take care of my little brother. |
| Je m'occupe de ma petite sœur. | I babysit my little sister. |
| Je vais chercher ma petite sœur à l'école. | I collect my sister from school. |
| J'écoute de la musique sur mon iPod. | I listen to music on my iPod. |
| Je *tchate* avec mes amis sur Facebook. | I chat with my friends on Facebook. |
| Je regarde un peu ma page Facebook. | I look at my Facebook page for a bit. |
| Je vais faire un jogging. | I go jogging. |
| Je fais du / un jogging. | I go jogging. |
| Je vais courir. | I go for a run. |
| Je fais du vélo. | I go cycling. |
| Pour me défouler, je marche un petit peu. | I walk a little to unwind. |

### APRÈS DIX-HUIT HEURES

| | |
|---|---|
| Mes parents rentrent du boulot vers dix-huit heures. | My parents return home from work around six. |
| D'habitude, on essaie de manger ensemble. | Normally, we try to eat together. |
| Ma mère est bonne cuisinière. | My mother is a good cook. |
| Mon père cuisine trop bien. | My father cooks really well. |
| Après le repas je fais la vaisselle avec mon frère. | After the meal, I do the dishes with my brother. |
| Puis, à dix-neuf heures je monte travailler / réviser dans ma chambre. | Then at seven I go upstairs and I work / revise in my bedroom. |
| J'y passe au moins deux heures par soir. | I spend at least two hours there a night. |
| Cette année j'ai énormément de travail. | This year I have so much work. |
| À cause du Bac j'ai beaucoup de boulot à faire. | Because of the Leaving I have a lot of work to do. |
| Il me faudra au moins quatre cents points. | I will need at least 400 points. |
| Avant de me coucher, j'essaie de regarder un peu la télé. | Before going to sleep, I try to watch at a little television. |
| Je me couche vers vingt-deux heures. | I go to sleep around ten. |
| Je suis *crevé(e)* / usé(e) / épuisé(e) / exténué(e). | I am wrecked. |
| Les journées sont super longues et *crevantes* / usantes / épuisantes / exténuantes. | The days are really long and exhausting. |
| Je m'endors presque tout de suite. | I fall asleep almost straight away. |

# GRAMMAIRE

## Les pronoms toniques

En français, on utilise les pronoms toniques pour insister :

**Moi,** je me lève vers 7 heures.

**Toi,** tu travailles dur.

**Lui,** il est assez strict.

**Elle,** elle adore aller au cinéma.

**Nous,** on aime manger en famille.

**Vous,** vous êtes un lève-tôt.

**Eux,** ils sont très compréhensifs.

**Elles,** elles se couchent tard.

## Il y a

> Il y a + un / une / des + nom

> Il n'y a pas de + nom au singulier ou au pluriel

Il y a neuf cours par jour.

Il y a des élèves qui sont très sympas.

Il y a un prof de maths qui est très strict.

Il n'y a pas de bus entre chez moi et l'école.

Il n'y a pas de profs qui nous comprennent.

**MAIS ATTENTION !**

> Devant une voyelle, *de* devient *d'* :
> Il n'y a pas *d'*élèves qui habitent près de chez moi.

## C'est une langue vivante !

| un bout de temps | quite a while |

Je travaille très dur en ce moment, donc ça fait **un bout de temps** que je ne suis pas sorti(e) avec mes amis.

| être débordé(e) de travail | This is a very common French expression meaning that you are overwhelmed with work. |

Le matin, je me lève un peu trop tard donc je suis souvent *à la bourre*. Cette année, à cause des examens, **je suis débordé(e)** de travail.

## Attention à la prononciation !

**The French i, é and e sounds**

These sounds can be very difficult to hear and to pronounce.

The French *i* is very like the English **double e** sound in 'feet'. This sound can be found in a word like **midi**.

The French *é* sound is similar to the English **ay** as in 'hay' or 'yay'. This sound can be found in words like **du thé, opéré, café, l'été**

The French *e* sound is difficult to find in English words. It is rather like the English **o** in the word 'action' (unstressed). This sound is heard in French words like **petit, le monde, devant**.

Listen to these sounds on your CD and try to practise what you hear.

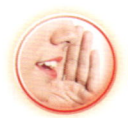

# Key Oral Examination Skills

## My Examination Technique

Megan Lyons sat the Leaving Certificate in 2010 and received an A2 in French. Her top tips for the Oral are:

1. Make a list of all the topics that could possibly come up and then make sure you have at least something small to say about each of them.

2. Learn how to move away from topics you don't have much interest in to ones you've prepared well and have a lot to say about. But make sure you don't dodge any questions completely!

3. Use French filler words, not English ones; don't say 'eh', 'em' or 'like', say 'alors', 'en fait' or 'bah' instead.

## Jeu de rôle

### C'est en forgeant qu'on devient forgeron !

À deux décrivez ce que vous avez fait pendant la journée d'hier. Peut-être pourriez-vous utiliser quelques verbes de la liste suivante. N'oubliez pas le vocabulaire que vous avez appris dans ce chapitre.

- Se réveiller
- Se lever
- Prendre une douche
- Se maquiller
- Prendre le petit-déjeuner
- Se promener
- Aller
- Voir
- Bavarder
- Rentrer
- Étudier
- Bosser
- Travailler
- Manger
- Regarder
- Se coucher

## Sample Conversation

Now listen to this sample conversation during which a student answers questions about his family. You should pay particular attention to the intonation and rhythm of his speech, as well as how the examiner asks questions.

**Examiner:** Bonjour, Liam. Alors parlez-moi un petit peu de votre journée typique.

*Student:* D'habitude, je me réveille assez tôt, normalement vers sept heures du matin. Je prends mon petit-déjeuner dès que j'ai pris ma douche. Le matin, *j'ai la flemme* (fam.)* de me lever quand le réveil sonne donc je traîne au lit. C'est pour ça que je suis tout le temps très pressé.

**Examiner:** Vous quittez la maison à quelle heure ?

*Student:* Moi, je pars de la maison à sept heures quarante-cinq.

**Examiner:** Et comment venez-vous à l'école ?

*Student:* Je me rends à l'école à vélo. Comme je suis souvent en retard je dois me dépêcher. De temps en temps, je croise mes amis sur le chemin.

**Examiner:** Les cours commencent à quelle heure ?

*Student:* J'ai cours de neuf heures trente jusqu'à seize heures. Une fois à la maison, je *traîne** une petite heure devant la télé. De temps en temps, j'écoute de la musique ou je lis un magazine. Souvent, je *surfe* sur Internet ou je *tchate* avec mes amis sur MSN.

**Examiner:** Vous dînez à quelle heure ?

*Student:* En général chez nous, le dîner est vers 19 heures. Mais si mes parents travaillent tard, je prends un goûter devant la télévision.

**Examiner:** Qu'est-ce que vous faites après le repas ?

*Student:* Après ça, je fais mes devoirs. Cette année on a beaucoup de devoirs. Je travaille d'arrache-pied et ce n'est pas marrant. J'aimerais aller à la fac pour faire des études de sciences donc il me faudra 400 points.

**Examiner:** Vous vous couchez à quelle heure ?

*Student:* Moi, je suis un vrai couche-tard donc souvent je me couche vers minuit. Je m'endors dès que je m'allonge sur mon lit.

\* avoir la flemme = detester
\* traîner = attendre / passer

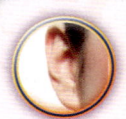

# PARCOURS AUDIO

## Et maintenant, j'écoute !

**Pour voir le texte de ces dialogues, allez page 205 !**

**1** **31–33** You will now hear two young people, Lucie and Rémi, talking about their typical day. You will hear the material **three** times: first right through, then in **three segments** with pauses and finally right through again.

1. (i) What explanation does Lucie offer for being late?
   (ii) At what time does Rémi get up in the morning?

2. (i) Why is it easier for Rémi to get to school early?
   (ii) According to Lucie why are the two teachers absent?

3. Why is Lucie not able to go to the theatre this evening?

# MON WEEK-END

## UNITÉ 5

Après avoir terminé ce chapitre, vous devriez pouvoir :

- parler de votre week-end
- dire ce que vous faites le vendredi après les cours
- décrire ce que vous faites le samedi / le dimanche
- parler un peu de ce que vous faites le samedi soir
- expliquer ce que vous allez faire le week-end prochain
- parler un peu de ce que vous avez fait le week-end dernier
- comprendre les questions susceptibles de vous être posées
- suivre les conversations du Parcours Audio

### Vocabulaire de base de l'unité 5

| | |
|---|---|
| Je joue au hurling avec mon équipe. | I play hurling with my team. |
| Je fais la grasse matinée. | I have a lie in. |
| Après m'être levé(e), ... | After having gotten up,... |
| J'ai un entraînement. | I have training. |
| Je vais en ville pour voir mes copains. | I go to town to see my friends. |
| Nous faisons les magasins ensemble. | We do the shops together. |
| Nous allons au restaurant. | We go to the restaurant. |
| J'adore être avec mes amis. | I love being with my friends. |
| On bavarde, on se raconte des histoires. | We chat, we tell each other stories. |
| J'ai pas mal d'amis. | I have lots of friends. |
| Le soir, ça dépend. | In the evenings, it depends. |
| Je regarde la télé. | I watch television. |
| Je sors en boîte. | I go out to a night club. |
| Le dimanche, je vais à ... | On Sundays, I go to... |
| la bande | the gang (of friends) |

## Accent Français

# PARCOURS ORAL

**CIARÁN**

### 1 — 34 Qu'est-ce que vous faites le week-end ?

**En général, je profite du week-end pour me reposer.** Après une semaine exigeante à l'école, je suis très fatigué. **Le vendredi soir, je rentre de l'école et je m'installe devant la télé.** J'adore ça ! Je joue au hurling avec l'équipe les Nemo Rangers, alors le samedi je ne peux pas faire la grasse matinée car j'ai un entraînement à dix heures du matin. Lorsqu'il n'y a pas de match, je vais en ville pour voir mes copains. Nous faisons les magasins ensemble et après nous allons au restaurant pour prendre un café. J'adore être avec mes amis. On bavarde, on se raconte des histoires sur notre semaine à l'école, on s'amuse. J'ai pas mal d'amis qui ne sont pas dans la même école que moi, alors aller en ville comme ça, **me donne l'occasion de les voir.** 35 Le soir ça dépend. Soit on reste à Douglas, soit on va au centre-ville. Si on reste à Douglas, c'est normalement pour aller au cinéma. Je suis vraiment cinéphile. Si on va au centre-ville, c'est pour aller en boîte de nuit ou aller au pub. Mais je dois dire que **par les temps qui courent,** avec les études et les examens, on ne sort pas fréquemment en boîte. Souvent j'ai un match le dimanche donc il faut pas que je me couche trop tard le samedi soir.

Comme je le disais, le dimanche j'ai souvent un match. Sinon je fais la grasse matinée. L'après-midi, mon père prépare quelque chose à manger pour toute la famille. J'adore ça, car **c'est la seule occasion** qu'on a pour se parler et partager nos histoires de la semaine.

Je passe le reste du dimanche à étudier. **C'est pénible mais c'est bien nécessaire.**

J'essaie de me réserver au moins une heure le dimanche soir pour me défouler. Avant de me coucher je *tchate* avec mes amis sur MSN ou je télécharge mes photos du week-end sur ma page Facebook. Après, je prépare mes affaires pour l'école le lendemain.

### Quelques expressions intéressantes utilisées par Ciarán

| | |
|---|---|
| En général, je profite du week-end pour me reposer. | *In general, I make the most of the weekend to relax.* |
| Le vendredi soir je rentre de l'école et je m'installe devant la télé. | *On Friday evenings I come home from school and I settle down in front of the television.* |
| me donne l'occasion de les voir | *gives me a chance to see them* |
| par les temps qui courent | *nowadays* |
| c'est la seule occasion | *it's the only time / chance* |
| C'est pénible mais c'est bien nécessaire. | *It's a pain but it's really necessary.* |

## Le week-end

**TARA**

**Généralement, le week-end je me défoule.** Je regarde la télé, je rencontre mes amis ou je sors en boîte. Normalement, le vendredi je rentre de l'école vers dix-sept heures. Je regarde la télé ou je surfe sur Internet. **Il y a deux ou trois émissions que j'adore qui passent à la télé chaque vendredi.** Je n'aime pas me lever trop tard donc, le samedi, je ne fais pas la grasse matinée. Après m'être levée, je fais mes devoirs. **En ce moment, à cause des épreuves orales, je travaille vraiment dur.** Le dimanche je vais à la messe avec ma famille et l'après-midi je fais mes devoirs.

Mais ça dépend, on ne fait pas toujours la même chose le week-end. **Par exemple, le week-end dernier je n'ai pas fait grand-chose. Je ne me sentais pas trop dans mon assiette. J'avais mal à la tête et je suis restée coincée à la maison pendant tout le week-end.** Je ne pouvais rien faire, même pas réviser pour mes examens oraux ! **Comme je le disais, je travaille très dur depuis longtemps et je crois que c'est pour ça que je suis un peu patraque.** Mais heureusement, les examens seront finis en fin de semaine. **J'ai hâte d'être au week-end prochain !**

Mon petit copain Keith fêtera ses dix huit ans dans une semaine et une petite fête est déjà prévue dans un hôtel au centre-ville. **Mais lui, il n'en sait rien !** Ça va être une énorme surprise ! Toute la bande sera là et j'ai très envie d'y être. Après la fête, je suis sûre qu'on ira en boîte. Ça va être trop *cool* !

**En fait, à cause des examens, ça fait un petit moment que je ne suis pas sortie.** Alors, je pense que ça va me faire du bien de voir tous mes amis.

### Quelques expressions intéressantes utilisées par Tara

| | |
|---|---|
| Généralement, le week-end je me défoule. | *Generally, I relax at the weekend.* |
| Il y a deux ou trois émissions que j'adore qui passent à la télé chaque vendredi. | *There are two or three programmes that I love that are on the television every Friday.* |
| En ce moment, à cause des épreuves orales, je travaille vraiment dur. | *At the moment because of the oral exams I am working very hard.* |
| Par exemple, le week-end dernier je n'ai pas fait grand-chose. | *For example, last weekend I didn't do much.* |
| Je ne me sentais pas trop dans mon assiette. | *I didn't feel too well.* |
| J'avais mal à la tête et je suis restée coincée à la maison pendant tout le week-end. | *I had a headache and I was stuck in the house all weekend.* |
| Comme je le disais, je travaille très dur depuis longtemps et je crois que c'est pour ça que je suis un peu patraque. | *As I was saying, I have been working hard for a long time and I think that's the reason I am a little run down.* |
| J'ai hâte d'être au week-end prochain ! | *I am dying for it to be next weekend!* |
| Mais lui, il n'en sait rien ! | *But he doesn't know anything!* |
| En fait, à cause des examens ça fait un petit moment que je ne suis pas sortie. | *In fact, because of the exams I haven't been out for a little while.* |

## Questions

1. Qu'est-ce que vous faites normalement le week-end ?
2. Que faites-vous le week-end ?
3. Décrivez-moi un week-end typique chez vous.
4. Parlez-moi un peu d'un week-end typique chez vous.
5. Qu'est-ce que vous avez fait vendredi dernier ?
6. Qu'est-ce que vous avez fait samedi dernier ?
7. Qu'est-ce que vous avez fait dimanche dernier ?
8. Est-ce que vous avez des projets pour ce week-end ?
9. Quels sont vos projets pour ce week-end ?
10. Qu'est-ce que vous aimez faire le week-end ?
11. Que voulez-vous faire le week-end prochain ?
12. Décrivez votre week-end idéal.
13. Est-ce que vous sortez beaucoup le week-end ?

### À vous de jouer !

Maintenant parlez un peu de votre week-end. N'oubliez pas que vous devez être capable de parler au présent, au passé et au futur.

- un week-end typique
- le week-end dernier
- le week-end prochain

# LA BOÎTE À MOTS !

## Quelques verbes utiles

| | | | |
|---|---|---|---|
| bosser | to work | réviser | to revise |
| étudier | to study | s'amuser | to enjoy oneself |
| fêter | to celebrate | s'entraîner | to train |
| jouer | to play | se défouler | to let off steam |
| lire | to read | se lever | to get up |
| parler | to speak | se préparer | to get ready |
| regarder | to look at | sortir | to go out |
| rejoindre / retrouver / rencontrer | to meet | tchater | to chat (on the net) |
| rendre visite à quelqu'un | to pay a visit to someone | téléphoner à quelqu'un | to phone someone |
| rentrer | to come home | voir | to see |
| rester | to stay | nettoyer | to clean |
| revenir | to come back | envoyer un message / sms / texto | to text |

## Quelques mots utiles

| | |
|---|---|
| une boîte de nuit | a nightclub |
| une fête | a party |
| un match | a match |
| un entraînement | a training session |
| un feuilleton télé | a soap opera |
| une série | a television series |
| une émission de télévision | a television programme |
| les examens oraux | the oral exams |
| les épreuves orales | the oral exams |
| un anniversaire | a birthday |
| un(e) ami(e) | a friend (male / female) |
| un(e) camarade de classe | a class mate |
| un(e) petit(e) ami(e) | a boyfriend / girlfriend |
| un copain / une copine | a friend (male / female) |

## Quelques expressions utiles

| | |
|---|---|
| faire une visite à quelqu'un | to visit someone |
| rendre visite à quelqu'un | to visit someone |
| faire la grasse matinée | to have a lie-in |
| être fan de / d' + personne | to be mad about someone (as in a personality) |
| être fana de / d' + activité | to be mad about something |
| faire le vide | to chill out |
| passer la plupart de mon temps à faire quelque chose | to spend most of my time doing something |
| faire du sport | to play sport |
| aller à l'église | to go to church |
| s'occuper de quelqu'un | to mind someone |
| faire du baby-sitting | to babysit |
| travailler d'arrache-pied | to work flat out |

## GRAMMAIRE

### FALLOIR verbe impersonnel

**1. Exprimer le besoin**     **Il faut + nom**

| | |
|---|---|
| Il faut (présent) | un stylo |
| Il me faut (présent) | cinq cents points |
| Il a fallu (passé composé) | une boisson |
| Il va falloir (futur proche) | des bottes |
| Il faudra (futur simple) | une voiture |

**2. Exprimer l'obligation**     **Il faut + verbe à l'infinitif**

Il faut étudier très dur pour aller à la fac.

Il faut comprendre que l'école peut être très difficile pour les élèves.

### C'est une langue vivante !

**mes potes** — *my friends.* This word can be masculine or feminine.
***Mes potes*** sont très importants pour moi, je leur raconte tout !

**bosser** — This is a very common verb meaning *to work hard* or *to cram* in the sense of study.
Chaque week-end je ***bosse*** très dur.

**un bosseur / une bosseuse** — *a very hardworking person*

## Attention à la prononciation !

### Deux erreurs très courantes

According to the Chief Examiner's Report of 2006 one of the most common errors made by students is the 'failure to distinguish between the [u] and [y] sounds e.g. **vous / vu**, etc.'

The 'u' sound in French can be very difficult to pronounce correctly. It is formed by arching your tongue as you would to make an 'ee' sound and then pushing your lips forward slightly as you would to form an 'oo' sound. This difficult sound is very similar to a short English 'y' sound, e.g. **vu** (seen) 'vy', or **rue** (street) 'ry', or **unité** (unit or unity) 'yneetay'.

The 'ou' sound in French is also very difficult to pronounce. It can be approximated by the English 'oo' sound as in the word boo. Although not perfect this is quite close to the French sound. This sound occurs frequently in French. Try to practise these words out loud.

- fou
- cou
- douze
- moule

# LA BOÎTE À MOTS !
## Pour vous aider à décrire un week-end typique en détail
### Phrases utiles

|  | |  |
|---|---|---|
| Ce que j'adore faire pendant le week-end c'est … *What I love to do at the weekend is to…* | aller en boîte avec mes amis | go to a nightclub with my friends |
| | voir un film | see a film |
| | bavarder avec mon copain | chat with my friend / boyfriend |
| | lire | read |
| | regarder mes séries / émissions favorites | watch my favourite programmes |
| | me défouler après la semaine à l'école | relax after the week in school |
| | surfer sur Internet | surf the net |
| | télécharger des photos sur ma page Facebook | upload photos to my Facebook page |
| | écouter de la musique | listen to music |
| | me relaxer | relax |
| | me détendre | chill out |
| Malheureusement, je dois … *Unfortunately, I have to…* | travailler très dur pour mes examens | work very hard for my exams |
| | faire les tâches ménagères | do household chores |
| | étudier / réviser pour mes examens | study / revise for my exams |
| | travailler pour les épreuves orales | work for my orals |
| | ranger ma chambre | tidy my room |
| | faire du baby-sitting | babysit |
| | travailler dans un magasin | work in a shop |
| Le week-end prochain, je vais … *Next weekend I am going to…* | retrouver mes amis | meet my friends |
| | aller au ciné | go to the cinema |
| | voir un film | see a film |
| | travailler pour mes examens | work for my exams |
| | fêter l'anniversaire de mon meilleur ami | celebrate the birthday of my best friend |
| | aller en boîte avec toute la bande | go to a nightclub with all the gang |
| | faire du sport | play sport |
| Le week-end prochain, je sais déjà que … *Next week I already know that…* | je sortirai avec mes amis au cinéma | I will go out with my friends to the cinema |
| | j'irai en boîte avec mes copains | I will go to a nightclub with my friends |
| | je travaillerai très dur pour mes examens | I will work very hard for the exams |
| | je passerai la plupart de mon temps à réviser | I will spend most of my time revising |
| | je verrai mes copains l'après-midi et qu'on ira en ville pour voir un film | I will see my friends in the afternoon and we will go to town to see a film |
| | je ne ferai pas grand-chose | I won't be doing a lot |
| | je passerai le week-end entier à réviser | I will spend the entire weekend revising |

53

## Accent Français

| | | |
|---|---|---|
| Le week-end dernier … | c'était l'anniversaire de mon ami | it was my friend's birthday |
| | il y avait une grande fête chez mon ami | there was a big party in my friend's house |
| *Last weekend…* | je n'ai pas fait grand-chose | I didn't do a lot |
| | j'ai révisé pour mes examens | I revised for the exams |
| | je suis resté(e) cloué(e) à la maison | I remained stuck indoors |
| | j'ai vu un très bon film | I saw a very good film |
| | je suis allé(e) au théâtre | I went to the theatre |
| | je me suis entraîné(e) | I trained |
| | j'ai eu un entraînement | I had a training session |
| | j'avais un match de … | I had a game of… |
| | j'ai fait les magasins avec mes amis | I went shopping with my friends |
| | j'ai acheté des vêtements et des CD | I bought clothes and CDs |
| | j'ai fait du lèche-vitrine | I did some window-shopping |
| | je me suis occupé(e) de mon petit frère / ma petite sœur | I looked after my little brother / my little sister |
| | j'ai fait la grasse matinée | I had a lie-in |
| | je me suis reposé(e) | I relaxed |
| | j'ai passé la nuit chez un copain | I spent the night in a friend's house |
| | il a fallu que je révise pour cet examen | I had to revise for this exam |
| | j'ai été assez malade, j'avais la grippe et j'ai dû passer tout le week-end au lit | I was rather sick, I had the 'flu and I had to spend the entire weekend in bed |
| | je suis allé(e) au cinéma, j'ai vu Spiderman que j'ai trouvé génial | I went to the cinema, I saw Spiderman which I thought was excellent |
| | j'ai joué de la guitare car je suis membre d'un groupe qui s'appelle 'Faces for Radio'. Le vendredi on a répété et le samedi on a joué dans un concert | I played guitar because I am a member of a group called 'Faces for Radio'. On Friday we had rehearsals and on Saturday we played a concert |
| | j'ai eu des moments libres aussi pendant lesquels j'ai lu | I had some free time as well during which I read |
| Dimanche j'ai passé une journée tranquille chez moi | j'ai écouté mon iPod. J'adore tout ce qui est rap / jazz / punk / indie | I listened to my iPod. I love everything that is rap / jazz / punk / indie |
| *On Sunday I spent a quiet day at home* | avant de me coucher j'ai joué aux jeux vidéo avec ma petite sœur. Je gagne toujours et ça l'énerve | before going to sleep I played video games with my little sister. I always win and that annoys her |
| Moi, j'ai passé un week-end plutôt actif | je fais partie d'une équipe de foot et la semaine dernière je me suis entraîné(e) avec eux | I belong to a football team and last weekend I trained with them |
| *I spent an active (as in sports) weekend* | on a fait des pompes et de la musculation | we did push-ups and weight training |
| | j'étais *crevé(e)* à la fin | I was wrecked at the end |

## My Examination Technique

Eoin Callaghan sat the Leaving Certificate in 2010 and achieved an A2 in French. His top tips for the Oral are:

1. Make sure to prepare a document. In this part of the oral you have a great opportunity to make use of material that you know well and can score highly on.

2. Have a large amount prepared on the major topics that relate to yourself, your area and your school.

3. Remember that the material you are learning for the written questions can be extremely useful in the oral. Talking about topical issues allows you to easily introduce the subjunctive and the conditional tense.

## Sample Conversation

Now listen to this sample conversation during which a student answers questions about her weekend. You should pay particular attention to the intonation and rhythm of her speech, as well as how the examiner asks questions.

**Examiner:** Alors Mary, qu'est-ce que vous faites normalement pendant le week-end ?

**Student:** Oh ça dépend. Le vendredi, d'habitude, je reste chez moi. Il y a pas mal d'émissions que j'aime beaucoup qui passent le vendredi soir. Le samedi matin, je fais la grasse matinée et puis le soir je sors en boîte ou de temps en temps je vais au cinéma. Mais ça dépend, on ne fait pas toujours la même chose le week-end.

**Examiner:** Alors, le week-end dernier, qu'est-ce que vous avez fait ?

**Student:** Ben alors le week-end dernier, vendredi soir je suis allée au cinéma avec mes amis. Mon meilleur ami adore le cinéma et il a voulu voir le nouveau film de James Cameron. Puis, j'ai passé tout mon samedi à étudier pour cet examen.

**Examiner:** Et samedi soir ?

**Student:** Oh samedi soir je suis sortie en boîte avec tous mes amis. Il y a une nouvelle boîte près de Mallow qui s'appelle Light. De temps en temps, on va à Newmarket où il y a une boîte qui s'appelle The Highland. C'est trop cool !

**Examiner:** Est-ce que ça coûte cher pour aller en boîte ?

**Student:** Oui, très cher à mon avis. Ça coûte 12 euros pour rentrer, sans compter les boissons.

**Examiner:** Et ce n'était pas trop difficile de vous lever le lendemain matin ?

**Student:** Non ça va, ça a été. Mes parents n'aiment pas que je rentre trop tard donc je suis rentrée vers une heure du matin. J'ai passé le dimanche à réviser. Le dimanche soir, je suis restée deux heures sur MSN avec mes amis.

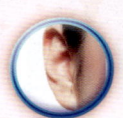

## PARCOURS AUDIO

### Et maintenant, j'écoute !

**Pour voir le texte de ces dialogues, allez page 206 !**

**41–43** You will now hear two people, Léa and Philippe, talking about their plans for the weekend. You will hear the material **three** times: first right through, then in **three segments** with pauses and finally right through again.

1. (i) What reason does Philippe give for feeling so tired?
   (ii) Where does Léa want to go on Friday night?
2. (i) Why is Philippe unable to go out on Friday night?
   (ii) Who is Léa going to visit on Friday?
3. (i) Name two things that Philippe normally does after a match.
   (ii) At what time do they plan to meet?

# LA VIE SCOLAIRE

## UNITÉ 6

Après avoir terminé ce chapitre, vous devriez pouvoir :

- décrire votre école / établissement / lycée en détail
- expliquer le règlement intérieur de l'école
- parler de vos matières préférées
- décrire la vie scolaire
- expliquer pourquoi vous (n')aimez (pas) une matière
- décrire un(e) prof dans votre école
- parler un petit peu de ce que vous voulez faire après l'école
- parler un petit peu du Bac
- comprendre les questions susceptibles de vous être posées
- suivre les conversations du Parcours Audio

## Vocabulaire de base de l'unité 6

| | |
|---|---|
| J'adore mon école. | *I love my school.* |
| Mon lycée est mixte. | *My school is mixed.* |
| Il y a environ cinq cents élèves. | *There are around five hundred students / pupils.* |
| Tout le monde s'entend très bien. | *Everyone gets on well with each other.* |
| Le règlement n'est pas trop strict. | *The rules are not too strict.* |
| Ma matière préférée c'est … | *My favorite subject is...* |
| Je n'aime pas du tout … | *I do not like at all...* |
| On n'a pas le droit de fumer. | *We are not allowed to smoke.* |
| Il est interdit de fumer. | *It is forbidden to smoke.* |
| On est obligés de porter un uniforme. | *We have to wear a uniform.* |
| Les profs sont assez sympas. | *The teachers are rather nice.* |
| On a une bonne cantine. | *We have a good canteen.* |
| L'année prochaine, j'aimerais bien aller à la fac. | *Next year, I would like to go to university.* |

## Accent Français

# PARCOURS ORAL

### Mon école

**CIARÁN**

J'adore mon école. **Cela fait maintenant six ans que j'y suis et je m'y sens vraiment bien.** Il y a environ cinq cents élèves ici, tout le monde s'entend très bien et il y a une super ambiance. Ce n'est pas trop strict même s'il y a un règlement à respecter. **Il faut savoir que si on n'obéit pas aux profs on peut être collé.**

**Il y a aussi pas mal de choses qui sont interdites.** Par exemple, on n'a pas le droit de venir avec son portable à l'école. Il est interdit de fumer. On ne peut pas courir dans les couloirs. Une tenue correcte est exigée. On est obligés de porter un uniforme qui, à mon avis, est trop moche ! **C'est embêtant de porter la même chose tous les jours.** Je déteste le fait qu'on soit tous pareils ! On n'a pas le droit non plus de se maquiller, de porter des boucles d'oreille ou d'avoir les cheveux trop longs. En plus, si on est en retard le matin, les parents en sont immédiatement informés !

**À part ce genre de règles, mon lycée n'est pas forcément si strict que ça.** En général, les profs sont assez sympas et **ils sont souvent là pour nous donner un coup de main si on en a besoin.** Bien sûr, ils nous donnent plein de devoirs et tous les profs font comme si on n'avait que leur matière. **Ah mais bon, de toute façon, c'est comme ça partout !** Par contre cette année, il me semble que les profs nous traitent plus comme des adultes. **Ils nous grondent moins et j'ai vraiment l'impression qu'ils veulent qu'on fasse de notre mieux pour réussir.** Je préfère cela, car c'est plus facile de s'entendre avec eux.

**En ce qui concerne les locaux eux-mêmes, on est plutôt bien installés ici.** Il y a plusieurs grands bâtiments et c'est assez moderne. On a une bonne cantine, un super gymnase, on a aussi deux labos de science tous neufs. Ah … il y aussi une nouvelle cuisine pour les arts ménagers. Ils sont même en train de construire une nouvelle bibliothèque … **On ne peut pas se plaindre.**

**Je pense que l'école va vraiment me manquer l'an prochain.** En tout cas, je garderai de supers souvenirs de mes années passées ici.

### Quelques expressions intéressantes utilisées par Ciarán

| | |
|---|---|
| Cela fait maintenant six ans que j'y suis et je m'y sens vraiment bien. | I have been here for six years and I really feel happy here. |
| Il faut savoir que si on n'obéit pas aux profs on peut être collés. | One needs to be aware that if we don't obey the teachers we can get detention. |
| Il y a pas mal de choses qui sont interdites. | There are lots of things that are not allowed. |
| C'est embêtant de porter la même chose tous les jours. | It's really annoying to have to wear the same thing every day. |
| À part ce genre de règles, mon lycée n'est pas forcément si strict que ça. | Apart from those types of rules the school is not all that strict. |
| Ils sont souvent là pour nous donner un coup de main si on en a besoin. | They are often there to help us if we need it. |
| Ah mais bon, de toute façon c'est comme ça partout ! | Well, in any case it's like that everywhere! |
| Ils nous grondent moins et j'ai vraiment l'impression qu'ils veulent qu'on fasse de notre mieux pour réussir. | They scold us less frequently and I really feel that they want us to do our best to succeed. |

| | |
|---|---|
| En ce qui concerne les locaux eux-mêmes, on est plutôt bien installés ici. | As far as the premises are concerned, we are in a good location. |
| On ne peut pas se plaindre. | One can't complain. |
| Je pense que l'école va vraiment me manquer l'an prochain. | I think that I am really going to miss the school next year. |

## 1 La vie scolaire — TARA

**46** Mon lycée est mixte. **On est juste à peu près quatre cents élèves ici donc tout le monde se connaît bien.** L'école est assez ancienne. Elle a plus de cent ans mais les bâtiments ont été rénovés récemment. Il y a plein de salles de classes et en général les installations sont confortables. **Par exemple, on vient de construire un nouveau gymnase et on a même de bons terrains de sport.** On a accès à une cantine qui vend des repas chauds et après l'école, pour ceux qui le souhaitent, il y a des salles d'études. Mon bâtiment favori c'est la bibliothèque. Il y a énormément de bouquins, on peut choisir tout ce qu'on veut et on a la possibilité de travailler au calme. **Mes amis disent que je suis un rat de bibliothèque ! Ah sinon, aussi, on a un uniforme que tout le monde déteste.** Il est trop laid à mon avis, mais c'est très pratique le matin.

Il y a un excellent niveau d'enseignement dans mon école et, à mon avis, on sera très bien préparés pour le Bac. En plus, j'ai passé une année super difficile. Je stresse tellement pour le Bac car il y a trop de devoirs, mais les profs m'ont beaucoup aidée. Ils sont très compréhensifs. Ils ont rendu cette année vraiment moins stressante et ils ont tout fait pour nous rassurer et nous donner confiance.

**47** Ma matière préférée, c'est le gaélique. Je suis assez douée pour les langues vivantes. J'ai toujours de bonnes notes dans cette matière. La prof est trop sympa. Ah je ne sais pas comment elle fait mais elle est toujours calme et elle ne se met jamais en colère. En plus, elle sait vraiment faire aimer la matière. **On sent qu'elle aime son métier et du coup ça nous motive encore plus.** Par exemple, l'an dernier elle avait organisé un voyage scolaire dans le Connemara. **Par contre, au niveau de la qualité de notre travail, elle est très exigeante !** Elle nous donne vraiment du boulot chaque week-end. Les autres n'arrêtent pas de se plaindre surtout le vendredi quand elle donne un tas de devoirs. Mais moi, ça me va parce que je sais qu'elle fait ça pour bien nous préparer au Bac.

En revanche, je n'aime pas du tout les maths. En plus, je ne m'entends pas trop avec le prof. Je trouve qu'à cause de lui, tout le monde s'ennuie. **Il passe son temps à se fâcher contre nous.** Cette année encore, il continue à nous traiter comme des enfants. C'est vraiment embêtant. **À côté de cela, les autres profs nous prennent plus pour des adultes.**

Moi, l'année prochaine j'aimerais bien aller à la fac de UCG pour faire une licence de lettres. Ça veut dire que je devrai avoir au moins quatre cents points. **Ce n'est pas évident.** Je ne sais pas encore exactement ce que je veux faire après la fac. C'est pour cette raison que j'ai choisi une licence de lettres. Comme ça, j'aurai l'occasion de voir ce que je voudrai faire plus tard.

Je suis dans cette école depuis six ans et je m'y suis fait plein de très bons amis. Il y a une super ambiance et, comme je le disais, tout le monde se connaît bien. **Donc en règle générale, l'école me plaît bien et je suis vraiment contente ici.** Une chose est sûre ... **ils vont tous beaucoup me manquer l'année prochaine.**

## Accent Français

### Quelques expressions intéressantes utilisées par Tara

| | |
|---|---|
| On est juste à peu près quatre cents élèves ici donc tout le monde se connaît bien. | There are just close to 400 students here so everyone knows everyone else. |
| Par exemple, on vient de construire un nouveau gymnase et on a même de très bons terrains de sport. | For example, we have just built a new gym and we have very good sports fields. |
| Mes amis disent que je suis un rat de bibliothèque ! | My friends say that I am a bookworm! |
| Ah sinon, aussi, on a un uniforme que tout le monde déteste. | Well, we also have a uniform that everyone hates. |
| On sent qu'elle aime son métier et du coup ça nous motive encore plus. | We feel that she really likes her job and that motivates us even more. |
| Par contre, au niveau de la qualité de notre travail elle est très exigeante. | Well as far as work is concerned she is really demanding. |
| Il passe son temps à se fâcher contre nous. | He spends his time getting angry with us. |
| À côté de cela, les autres profs nous prennent plus pour des adultes. | Compared to him the other teachers treat us more like adults. |
| Ce n'est pas évident. | It's no joke. |
| Donc en règle générale, l'école me plaît bien et je suis vraiment contente ici. | So, as a general rule I love the school and am really happy here. |
| Ils vont tous beaucoup me manquer l'année prochaine. | I am going to miss them a lot next year. |

### Emploi du temps ♡

| Horaires | Lundi | Mardi | Mercredi | Jeudi | Vendredi |
|---|---|---|---|---|---|
| 8:30 – 9:10 | Musique | Chimie | Gaélique | Géo | Géo |
| 9:10 – 9:50 | Anglais | Gaélique | Physique | Biologie | Anglais |
| 9:50 – 10:30 | Chimie | Français | Biologie | Français | Géo |
| 10:30 – 10:55 | Récréation | Récréation | Récréation | Récréation | Récréation |
| 10:55 – 11:35 | Histoire | Allemand | Informatique | Dessin | Histoire |
| 11:35 – 12:15 | Gaélique | Allemand | Anglais | Dessin | Maths |
| 12:15 – 12:55 | Allemand | Maths | Religion | Histoire | Chimie |
| 12:55 – 13:35 | Déjeuner | Déjeuner | Déjeuner | Déjeuner | Déjeuner |
| 13:35 – 14:15 | Français | Dessin | Anglais | Gaélique | |
| 14:15 – 14:55 | Français | Dessin | Physique | Maths | |
| 14:55 – 15:30 | Biologie | EPS | Allemand | Histoire | |
| 15:30 – 16:05 | Maths | EPS | Maths | Anglais | |

RIEN

Je t'aime ♡

# LA BOÎTE À MOTS !

## Les matières

| | |
|---|---|
| le français | French |
| l'anglais | English |
| le gaélique | Irish |
| l'espagnol | Spanish |
| l'allemand | German |
| l'italien | Italian |
| les maths | maths |
| les maths appliquées | applied maths |
| les sciences | sciences |
| la chimie | chemistry |
| la physique | physics |
| la biologie | biology |
| les arts ménagers | home economics |
| la géo(graphie) | geography |
| l'informatique | computers |
| la religion | religion |
| les études classiques | classical studies |
| l'économie | economics |
| l'histoire | history |
| le commerce | business studies |
| les affaires | business |
| la comptabilité | accounting |
| le dessin | art |
| le dessin industriel | technical drawing |
| la menuiserie | woodwork |
| les sciences agricoles | agricultural science |
| la musique | music |
| la gymnastique / l'éducation physique et sportive (EPS) | sports |

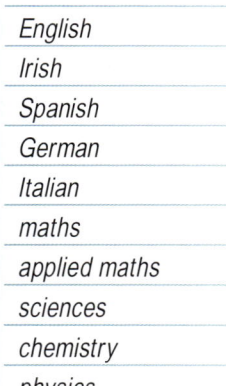

## Phrases utiles

| | |
|---|---|
| la récréation | break time |
| une interrogation écrite | a written test |
| une interrogation orale | an oral examination |
| une dissertation | an essay |
| un examen | an exam |
| une faute | a mistake |
| une bonne note | a good result |
| une mauvaise note | a bad result |

|  |  |
|---|---|
| la rentrée (des classes) | back to school |
| les vacances scolaires | the school holidays |
| les grandes vacances / les vacances d'été | the summer holidays |
| les vacances de Pâques | the Easter holidays |
| les vacances de Noël | the Christmas holidays |
| la discipline | discipline |
| une punition | a punishment |
| une retenue | a detention |
| la cloche | the bell |
| mettre une colle à un(e) élève | to put a student on detention |
| être en retenue | to be on detention |
| une école mixte | a mixed school |
| aller / se rendre à l'école | to go to school |
| avoir une leçon / un cours | to have a lesson |
| sauter une leçon / un cours | to skip a lesson |
| sécher les cours | to mitch classes |
| faire l'école buissonnière | to mitch school |
| le campus | the campus |
| la cour | the yard |
| la salle de classe | the classroom |
| le gymnase / la salle de sport | the gym |
| les couloirs | the corridors |
| le laboratoire (le labo) | the lab |
| le laboratoire de langues | the language lab |
| la bibliothèque | the library |
| la direction | the management |
| le bureau du directeur | the principal's office |
| le directeur | the principal (m) |
| la directrice | the principal (f) |
| un(e) prof | a teacher |
| le / la bibliothécaire | the librarian |
| le / la secrétaire | the secretary |
| un(e) élève | a student |
| un(e) camarade | a classmate |

# Pour vous aider à décrire la vie scolaire en détail

## Pour décrire une matière

| | |
|---|---|
| Je suis bon(ne) en français. | *I am good at French.* |
| Je suis doué(e) pour le / la / l' / les … | *I am really good at…* |
| Je suis fort(e) en langues vivantes. | *I am very good at languages.* |
| Je suis mauvais(e) / nul(le) en maths. | *I am rubbish at maths.* |
| Mes profs me disent que je suis apte à poursuivre des études en … | *My teachers say that I am good enough to continue my studies in…* |
| J'ai toujours eu de bonnes notes dans cette matière. | *I have always had good results in this subject.* |
| C'est vrai que j'ai toujours obtenu de mauvaises notes dans cette matière. | *It is true that I have always had bad results in this subject.* |
| J'accroche vraiment dans cette matière. | *I am really taken by this subject.* |
| Ma matière préférée est le / la / l' / les … | *My favourite subject is…* |
| Mes matières préférées sont le / la / l' / les … | *My favourite subjects are…* |

## Pour décrire un(e) prof

| | |
|---|---|
| J'adore mon / ma prof de science, je trouve qu'il / elle se donne vraiment à fond dans sa matière. | *I love my science teacher. I find that he / she gives his / her utmost to his / her subject.* |
| Le / La prof de maths crée un climat de compétition parmi les étudiants. | *The maths teacher creates an atmosphere of competition amongst the students.* |
| Il / Elle arrive à faire qu'on travaille tout en s'amusant. | *He / She manages it so that we work while enjoying ourselves.* |
| Il / Elle sait vraiment faire aimer sa matière. | *He / She really knows how to make you like his / her subject.* |
| Il y a une ambiance décontractée dans sa classe. | *There is a relaxed atmosphere in his / her class.* |
| Il / Elle peut être strict(e). Il / Elle sait se faire respecter. | *He / She can be strict. He / She knows how to get respect.* |
| On sent qu'il / elle sait de quoi il / elle parle. | *We feel that he /she knows what he / she is talking about.* |
| J'adore mon / ma prof de français car il / elle transmet clairement ses connaissances. | *I love my French teacher because he / she gets across what he / she knows clearly.* |
| Cette année, il / elle nous traite plus comme des adultes et il / elle encourage le dialogue entre nous et elle. | *This year he / she treats us more like adults and he / she encourages a dialogue between us and her / him.* |
| Il / Elle sait comment aider les étudiants dans leur apprentissage. | *He / She knows how to help students learn.* |
| Il / Elle est *cool*. | *He / She is cool.* |
| Je n'aime pas mon / ma prof de gaélique. | *I do not like my Irish teacher.* |
| Il / Elle est vraiment trop strict. | *He / She is really strict.* |
| Il / Elle donne trop de devoirs. | *He / She gives too much homework.* |
| Il / Elle veut qu'on travaille dur. | *He / She wants us to work hard.* |

| | |
|---|---|
| Si on est malade, il / elle insiste pour qu'on rattrape notre retard dans les devoirs. | If we are sick, he / she insists that we catch up on what we have missed in the homework. |
| Tout le monde a peur d'arriver en cours sans les devoirs faits. | Everyone is afraid of arriving into his / her class without their homework done. |
| À mon avis, il / elle fait détester sa matière. | In my opinion, he / she makes you hate his / her subject. |
| Il / Elle (ne) donne (pas) envie d'aimer sa matière. | He / She does (not) give you a desire to like his / her subject. |

## Pour décrire votre école / lycée / établissement

| | |
|---|---|
| C'est une école laïque / C'est un lycée / établissement laïc. | It is a non-denominational school. |
| C'est une école privée / C'est un lycée / établissement privé. | It is a private school. |
| Notre école est un établissement confessionnel dirigé par les Jésuites. | Our school is a religious school run by the Jesuits. |
| C'est une école mixte. | It is a mixed school. |
| C'est un internat / C'est un pensionnat. | It is a boarding school. |
| C'est un internat mais il y aussi des externes ici. | It is a boarding school but there are also day pupils here. |
| Il y a aussi une école primaire dans le même bâtiment. | There is also a primary school in the building. |
| On vient de construire beaucoup de nouveaux bâtiments. | They have just built a lot of new buildings. |

## Le règlement intérieur de l'école

**On doit / il faut + infinitif**

| | |
|---|---|
| **On doit / il faut** lever la main pour demander la parole. | We have to put up our hands to speak. |
| On doit rester calme en cours. | We have to stay calm in class. |
| On doit se tenir correctement. | We have to behave properly. |
| On doit faire ses devoirs et les rendre à temps. | We have to do our homework and hand it up on time. |
| On doit apporter le matériel nécessaire en classe. | We have to bring our stuff to class. |
| On doit écrire les devoirs à faire dans le cahier de texte. | We have to write down our homework in our journal. |
| On doit corriger nos erreurs dans les devoirs ou les contrôles. | We have to fix the mistakes on our homework or tests. |
| On doit respecter les professeurs. | We must respect the teachers. |

| | |
|---|---|
| **On ne doit pas / il ne faut pas + infinitif** | |
| **On ne doit pas / il ne faut pas** crier. | *We must not shout.* |
| On ne doit pas se battre. | *We can't fight.* |
| On ne doit pas lancer de *trucs* / choses / objets. | *We can't throw things.* |
| On ne doit pas insulter ses camarades ni le professeur. | *We can't insult classmates or teachers.* |
| On ne doit pas faire le *bazar* / mettre la pagaille. | *We can't create uproar.* |
| **On n'a pas le droit de / d' + infinitif** | |
| **On n'a pas le droit de** manger en classe. | *We can't eat in class.* |
| On n'a pas le droit de parler en classe. | *We don't have the right to talk in class.* |
| On n'a pas le droit d'utiliser son portable pendant les cours. | *We don't have the right to use our mobile phones during class.* |

## Pour décrire ce que vous voulez faire l'année prochaine

| | |
|---|---|
| Je voudrais devenir traiteur / vétérinaire / médecin / entrepreneur / homme d'affaires / femme d'affaires. | *Later, I would like to be a caterer / vet / doctor / builder / businessman / businesswoman.* |
| L'année prochaine je voudrais aller à la fac pour faire des études de sciences / du droit / médecine / une licence de français / du commerce / architecture. | *Next year I would like to go to university to study science / law / medicine / French / business / architecture.* |
| J'aimerais continuer une formation professionnelle. | *I would like to continue professional training.* |
| Je pars en France pendant un an pour améliorer mon français. | *I am leaving for France for a year to improve my French.* |
| J'ai décidé de prendre une année pour moi / une année sabbatique. | *I have decided to take a year out for myself.* |
| Je veux aller à DIT pour faire une formation technique en mécanique. | *I want to go to DIT to do technical training in mechanics.* |
| J'ai décidé de prendre une année pour moi avant de commencer mes études à la fac. Je vais voyager un peu et voir le monde. | *I have decided to take a year out for myself before beginning my studies in university. I am going to travel and see a bit of the world.* |
| Je voudrais décrocher un contrat d'apprentissage en électricité. | *I would really like to do an apprenticeship as an electrician.* |

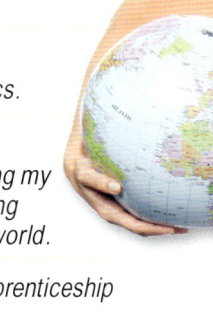

## Pour expliquer pourquoi vous voulez suivre cette filière

| | |
|---|---|
| J'aimerais faire des études supérieures. | *I would like to do third level studies.* |
| J'ai choisi cette filière parce que j'adore les sciences. | *I have chosen this course because I adore science.* |
| Je voudrais poursuivre mes études en sciences car je suis assez doué(e) pour cette matière et j'ai souvent de bonnes notes. | *I would like to continue my studies in science because I am rather good at this subject and I often get good grades.* |
| Je m'intéresse vraiment aux nouvelles technologies. | *I am really interested in new technology.* |

| | |
|---|---|
| Je m'intéresse pas mal à tout ce qui touche aux ordinateurs donc c'est pour ça que j'ai opté pour une licence en informatique. | I am really interested in everything to do with computers so that's why I have opted for a degree in computer science. |
| Je trouve l'anglais captivant, ainsi j'ai décidé de poursuivre une licence de lettres. | I find English fascinating so I have decided to pursue an Arts degree. |
| Il faut obtenir beaucoup de points pour ça. | I need loads of points for that. |
| Il me faudra au moins quatre cents points. | I will need at least 400 points. |
| J'ai choisi ce métier car il y a beaucoup de débouchés. | I have chosen this career because there are loads of job openings. |
| Ce secteur n'est plus en pleine expansion mais c'est un métier qui m'attire beaucoup quand même. | This sector is no longer expanding but it is a job that I really am interested in all the same. |
| J'ai toujours eu l'idée de devenir médecin. C'est mon rêve depuis que je suis jeune de me consacrer aux autres. | I have always thought of becoming a doctor. It's been my dream since I was young to devote myself to others. |
| Je ne peux pas nier le fait que ce métier étant bien payé, il m'attire beaucoup ! | I can't deny that the fact it is a well paid job is attractive to me! |
| Je crois que c'est un métier passionnant. | I think that it is a really fantastic job. |
| Ce métier me donnera l'occasion de voyager et de voir le monde. | This job will give me the chance to travel. |
| L'argent ne m'intéresse pas trop. Je crois qu'il est plus important d'aimer son travail. | The money doesn't interest me too much. I think that it is more important to like your job. |

## Pour parler un peu du Baccalauréat (Bac)

| | |
|---|---|
| J'en ai ras-le-bol d'entendre parler du Bac sans arrêt ! | I am fed up of hearing about the Leaving all the time! |
| C'est vraiment difficile de passer tout mon temps à bosser. | It is really difficult to spend all my time studying. |
| J'en ai par-dessus la tête des examens. | I am sick of the exams. |
| J'ai hâte d'en avoir fini avec les examens. | I am dying to have finished the exams. |
| Le système des points n'est pas juste. | The points system is not fair. |
| Le système des points nous met trop la pression. | The points system puts too much pressure on us. |
| Il serait mieux d'avoir un système de contrôle continu. | It would be better to have a system of continuous examination. |
| Les écoles sont devenues des machines à examens. | Schools have become cramming machines. |
| Cette année c'est boulot, boulot, boulot. | This year it is work, work, work. |
| Cette année c'est plutôt « métro, boulot, dodo » comme on dit. | This year is 'Metro, work, sleep' as they say. (This was a famous slogan of the 1968 riots in France which crippled the country and almost brought an end to French democracy.) |

# GRAMMAIRE

## C'est = *it is*

Le plus important / Le plus intéressant / Le plus difficile / Le plus ennuyeux / L'essentiel **C'EST** ...

Ce qui est primordial, **c'est** ...

Ce qui est très important, **c'est** ...

Ce que nous devons faire, **c'est** ...

## C'est, s'est, sais, sait, ces, ses ?

### Homophones mais pas synonymes !

- **C'est** + groupe nominal / pronom / adjectif
  - **C'est** un stylo.
  - **C'est** lui mon prof de français.
  - Le français, **c'est** difficile.

- **S'est** + participe passé d'un verbe (les verbes pronominaux)
  - Elle **s'est** levée à sept heures.
  - Il **s'est** entraîné avec l'équipe de rugby.

- **Sais** et **sait** = le présent de l'indicatif du verbe savoir
  - Je **sais** / Tu **sais** parler français.
  - Elle **sait** / Il **sait** jouer au foot.

- **Ces** = déterminant démonstratif
  - **ces** enfants sont sages = these children are well behaved

- **Ses** = déterminant possessif
  - **ses** enfants sont sages = her / his children are well behaved

## C'est une langue vivante !

| | |
|---|---|
| Aujourd'hui en maths, je n'ai vraiment rien **capté**. | Today in maths I could not make head nor tail of it. |
| Je ne rien capté. | I just didn't get it. |
| **quoi** | this word is often used at the end of a sentence and translates as something similar to 'like' in English |
| Je vais au cinéma tous les week-ends, **quoi**. | I go to the cinema every weekend, like. |
| tu vois, quoi | you see, like |
| délire | great, brilliant |
| J'adore le sport, c'est trop délire quoi. | |
| c'est nul | it's rubbish |
| Moi je déteste l'anglais ! À mon avis, c'est nul. | |
| ce n'est pas terrible | it's not great |
| Je n'aime pas trop la cantine. La nourriture n'est vraiment pas terrible. | |

## Accent Français

### Attention à la prononciation !
### Deux erreurs très courantes

**1.** [p] and [b] sounds can be very difficult to tell apart in French. You should practise saying the following words after you listen to them on the CD.

| Pierre | J'ai vu Pierre hier. | boisson | J'aimerais une boisson. |
| bière | J'ai bu une bière. | poisson | Je n'aime pas le poisson. |

**2.** L'intonation est très importante pour exprimer la certitude.
Listen to the following sentences and try to pay attention to how the intonation shifts in the sentence in order to express certainty.

Si on ne respecte pas les règles on va être collés, ça c'est sûr.

C'est sûr et certain ! Il y aura une fête !

Il y a beaucoup de pression quand on est en terminale. Ça, c'est sûr.

Quand on passe le Bac, il faut qu'on étudie d'arrache-pied pour avoir les points nécessaires. Ça, c'est sûr.

# Questions
## Questions spécifiques

1. Ça fait longtemps que vous êtes dans cette école ?
2. Depuis combien de temps êtes-vous dans cette école ?
3. Il y a combien d'élèves dans cette école ?
4. Quels sont les bâtiments principaux dans cette école ?
5. Est-ce que votre école est bien aménagée ?
6. Combien de matières faites-vous ?
7. Quelle est votre matière préférée ?
8. Quelle matière aimez-vous le plus ? Pourquoi ?
9. Avez-vous une matière que vous n'aimez pas trop ?
10. Quelle matière aimez-vous le moins ? Pourquoi ?
11. Aimez-vous le français ?
12. Décrivez-moi une journée typique à l'école.
13. Vous avez combien de cours par jour ?
14. Il y a combien de récréations par jour ?
15. Les cours durent combien de temps ?
16. Qui est votre prof favori ?
17. Quels sont les règlements du lycée ?
18. Est-ce que les profs sont stricts ?
19. Qu'est-ce que vous pensez du système de points ?
20. Si c'était nécessaire, est-ce que vous redoubleriez votre année de terminale ?
21. Qu'est-ce que vous voulez faire l'année prochaine ?
22. Il vous faudra combien de points pour cette filière ?
23. Pourquoi avez-vous choisi cette filière ?
24. Si vous n'avez pas assez de points, que ferez-vous ?

## Questions plus générales

25. Parlez-moi un peu de votre école.
26. Parlez-moi un peu de la vie scolaire.
27. Aimez-vous cette école ?
28. Parlez-moi de cette école.
29. Qu'est-ce que vous voulez faire l'année prochaine ?

## À vous de jouer !

Maintenant décrivez ce que vous voulez faire dans la vie à vos camarades de classe.
- Ce que vous voulez faire après l'école.
- Le métier que vous voudriez faire.

### My Examination Technique

Paul Lynch sat the Leaving Certificate in 2010 and achieved an A2 in French. His top tips for the Oral are:

1. Practice makes perfect. Regular practice in speaking French with a person who can correct your mistakes will lead to much higher marks in pronunciation and grammar.

2. The responses you give to the examiner will shape the questions you are asked. Be aware of this and try to lead the examiner to ask you about topics you have prepared well.

## Sample Conversation

Now listen to this conversation in which Tom is talking to the examiner about her school. Pay particular attention to the intonation and rhythm of his speech as well as how the examiner asks questions.

**Examiner:** Parlez-moi un peu de votre école.

*Student:* Mon lycée est un établissement mixte. Il y a environ trois cents élèves ici et une quarantaine de profs. J'adore cette école. L'atmosphère est *cool* et détendue et les profs sont assez sympas.

**Examiner:** Est-ce qu'il y a beaucoup de règles ?

*Student:* Oui, il y a pas mal de règles. Il faut porter cet uniforme qui à mon avis est *moche* (fam.)*. En fait, ils sont assez stricts en ce qui concerne l'uniforme. Par exemple, ici il est défendu de se maquiller, de porter des *piercings* ou d'avoir les cheveux trop longs. Si on est en retard le matin les parents sont immédiatement informés. Si on ne respecte pas le réglement, on est collés.

**Examiner:** Et quelle est votre matière favorite ?

*Student:* Ma matière préférée c'est le gaélique.

**Examiner:** Pourquoi aimez-vous le gaélique ?

*Student:* Tout d'abord, je dirais que j'aime la matière car j'ai toujours de bonnes notes. C'est vrai que je suis assez doué pour les langues en général et en plus la prof est sympa.

* moche = laid / vilain

### Accent Français

**50 Examiner:** C'est quoi pour vous un bon prof ?

**Student:** Ma prof de gaélique par exemple ne se met jamais en colère. En plus, elle sait vraiment faire aimer sa matière. L'année dernière, elle a même organisé un voyage scolaire dans le Connemara. Elle peut être très exigeante mais elle est toujours juste. Je sais qu'elle est toujours là pour me donner un coup de main si j'en ai besoin.

**Examiner:** Est-ce que vous trouvez que votre école est bien aménagée ?

**Student:** Oui, je trouve que les installations ici sont vraiment excellentes. On a tout ce qu'il faut. Un gymnase, des labos de sciences. Comme vous pouvez le voir par cette fenêtre, l'école est composée de trois grands bâtiments qui sont assez modernes. On a aussi une bonne cantine.

**Examiner:** Qu'est-ce que vous voulez faire après le lycée ?

**Student:** Après le lycée, je compte aller à la fac pour faire une licence de lettres.

**Examiner:** Pourquoi avez-vous décidé de faire une licence de lettres ?

**Student:** Comme je le disais, Madame, j'adore le gaélique, alors je voudrais bien poursuivre mes études dans cette matière. En plus, je ne suis pas encore sûr de ce que je veux faire plus tard, alors une licence de lettres ça reste assez vague et j'aurai la possibilité de changer de filière si j'en ai envie.

# PARCOURS AUDIO

## Et maintenant, j'écoute !

Pour voir le texte de ces dialogues, allez page 207 !

**51–53** You will now hear two students, Paul and Stéphanie, talking about school. You will hear the material **three** times: first right through, then in **three segments** with pauses and finally right through again.

1. (i) How does Stéphanie describe her:
   - Chemistry teacher
   - Maths teacher

   (ii) What two points does Paul make about the new canteen?

2. (i) Name two of the criticisms that Stéphanie makes about her school.
   (ii) What course would Stéphanie like to do in college?
   (iii) How many points does she think that she will need?

3. (i) According to Stéphanie what is very difficult to put up with?
   (ii) What would Paul like to study in college?

# MES PASSE-TEMPS

## UNITÉ 7

Après avoir terminé ce chapitre, vous devriez pouvoir :

- décrire vos passe-temps en détail
- expliquer pourquoi vous aimez un passe-temps en particulier
- parler de votre sport préféré
- décrire un film que vous avez vu récemment
- parler de votre émission de télévision préférée
- décrire un livre que vous aimez
- comprendre les questions susceptibles de vous être posées
- suivre les conversations du Parcours Audio

### Vocabulaire de base de l'unité 7

| | |
|---|---|
| Moi, j'ai pas mal de passe-temps. | I have a lot of past-times. |
| J'adore faire du sport. | I love doing sport. |
| À part le sport, ... | Apart from sport,... |
| J'adore regarder …. | I love looking at / watching… |
| Je fais partie de l'équipe de rugby. | I am in the rugby team. |
| Je regarde trop la télévision. | I watch too much television. |
| Je me détends en écoutant mon iPod. | I relax listening to my iPod. |
| J'adore lire. | I love reading. |
| J'ai toujours un livre en cours. | I always have a book on the go. |
| Mon groupe préféré c'est … | My favourite group is… |
| Dès que j'ai un peu de temps libre, … | As soon as I have some free time,... |
| Je faisais partie d'un groupe de … | I used to be part of a group of… |
| Télécharger des chansons | To download songs |
| Garder contact avec des amis | To keep in touch with friends |
| J'aime bien les jeux vidéo. | I like computer games. |
| Par contre je déteste … | On the other hand I hate... |
| Il n'y a rien de mieux qu'un bon film. | There is nothing better than a good film. |
| Cette série passe une fois par semaine. | This series is on once a week. |

## Accent Français

# PARCOURS ORAL

### 1 — 54   Mes passe-temps !

**CIARÁN**

Moi, j'ai pas mal de passe-temps. Comme je l'ai déjà dit, je suis très sportif alors j'adore faire du sport. Je suis dans l'équipe de rugby de l'école et je joue au football gaélique chez les Nemo Rangers. **Je dois dire que je ne vis vraiment que pour le sport. Pour moi, le foot c'est un moyen primordial de me défouler.** A part le sport, j'adore la télé. **Mon émission préférée c'est *Les Simpsons* parce que c'est trop marrant et après une journée difficile à l'école, ça change pas mal les idées.** Mon père me dit que je regarde trop la télévision et je crois qu'**il a plutôt raison.** Je passe au moins une heure sur le petit écran tous les jours.

À part la télévision, j'aime la musique. Quand il n'y a rien que j'aime à la télé, je monte dans ma chambre et je me détends en écoutant mon iPod. Je suis toujours en train d'écouter quelque chose sur mon iPod. Mes parents disent que ce n'est pas bon pour les oreilles !

**55** En fait, j'ai des goûts vraiment variés. J'écoute un peu de tout ! J'adore les musiques indie, rock et pop. Mon groupe préféré c'est Green Day. Je connais toutes leurs chansons par cœur. Cet été, je compte aller à Oxygen et **j'ai trop hâte d'y être.** En général le week-end, dès que j'ai un peu de temps libre, j'en profite pour télécharger des chansons sur iTunes. L'année dernière je faisais partie d'un groupe mais on a dû arrêter à cause des exams. Moi, j'étais à la batterie. Je continue toujours à jouer chez moi pour progresser. Mes parents trouvent que je fais trop de bruit mais cela me fait du bien en fait. **Ça me permet de faire le vide, quoi !**

**Sinon, à part la musique et le sport j'adore *surfer* sur le web.** Je tchate avec mes amis sur Facebook. Tous mes amis y sont. C'est vraiment super car on peut s'y retrouver tous les soirs. Cela me fait du bien de regarder leurs photos et leurs vidéos. En plus, ça me permet de garder contact avec des amis rencontrés dans le Gaeltacht l'année dernière. J'aime bien aussi les jeux électroniques. Mais comme **je deviens vite accro,** cette année, à cause des exams, **je fais de mon mieux pour résister à la tentation de passer deux heures devant *l'ordi*.** Je n'aime pas trop lire, je trouve que c'est ennuyant.

### Quelques expressions intéressantes utilisées par Ciarán

| | |
|---|---|
| Je dois dire que je ne vis vraiment que pour le sport. | I have to say that I really only live for sport. |
| Pour moi le foot, c'est un moyen primordial de me défouler. | For me football is a vital means of letting off steam. |
| Mon émission préférée c'est *Les Simpsons* parce que c'est trop marrant et après une journée difficile à l'école ça change pas mal les idées. | My favourite programme is *The Simpsons* because it is too funny and after a long difficult day in school it cheers me up. |
| Il a plutôt raison. | He really is right. |
| J'ai trop hâte d'y être. | I am dying to be there. |
| Ça me permet de faire le vide, quoi ! | It allows me to chill out, like. |
| Sinon, à part la musique et le sport j'adore *surfer* sur le web. | Well apart from music and sport I love surfing the web. |
| Je deviens vite accro. | I quickly become addicted. |
| Je fais de mon mieux pour résister à la tentation de passer des heures devant *l'ordi*. | I do my best to resist the temptation to spend hours in front of the television. |

## Mes loisirs

**TARA**

**Moi j'ai un tas de passe-temps.** Tout d'abord j'adore le cinéma. **Je suis une vraie cinéphile comme on dit.** Je trouve qu'il n'y a vraiment rien de mieux qu'un bon film. Même si les places de *ciné* coûtent cher, je vais au cinéma au moins deux fois par semaine. Je suis une vraie passionnée. Il y a pas mal de mes amis qui se contentent de voir des films à l'image de Harry Potter ou autres grosses productions. **Mais moi, je *traîne*\* dans les salles indépendantes à Galway. J'adore voir leurs films qui sortent de temps en temps.** J'adore regarder la télé aussi. **En ce moment, je suis à fond dans 'Glee'.** Cette série passe une fois par semaine et je ne rate jamais un seul épisode. **C'est trop marrant.** Le personnage que j'adore c'est Puc parce qu'il est trop beau et, en plus, il est vraiment drôle !

Sinon, à part la télévision, j'adore lire. Quand j'ai le temps, je monte dans ma chambre et je m'allonge sur mon lit avec un bon bouquin. **Ça me change les idées et ça me permet de faire complètement le vide.** Je suis un vrai rat de bibliothèque et j'ai toujours un livre en cours.

Je ne suis pas du tout sportive mais j'essaie quand même de garder la forme. Donc, je fais du jogging au moins deux fois par semaine et je vais au gymnase de temps en temps. **Je trouve que courir comme ça, ou bien aller au gymnase, ça me rend plus énergique.** Ça me donne trop la pêche ! En plus, comme je l'ai déjà dit, j'adore faire de longues promenades sur la plage. Surtout cette année avec les examens, **je trouve que c'est important d'être en bonne condition physique et d'avoir une bonne hygiène de vie.**

Sinon, j'aime aussi l'art et je profite souvent d'avoir du temps libre pour aller dans les musées et voir des expositions quand je peux. Je pourrais passer des heures entières à regarder des objets d'art. Ça me fait vraiment du bien d'aller toute seule dans un musée. Surtout, que j'adore le silence et ça me donne l'occasion de me défouler un peu et d'oublier tout le stress. Malheureusement, ça fait au moins six semaines que je ne suis pas allée en ville pour visiter des musées.

**Chaque soir, je m'installe devant mon *ordi* et je *surfe* sur Internet.** Je suis vraiment *accro* à des sites comme My Space et Facebook. **Je m'éparpille facilement et si je ne fais pas attention je peux y passer toute ma soirée.** Je télécharge des photos et des vidéos. C'est tellement distrayant qu'on devient vite dépendant ! J'adore regarder les pages de mes amis. On se parle de notre journée au lycée et aussi de nos projets pour le week-end. **Je peux même accéder à Facebook sur mon téléphone.** C'est vraiment génial parce qu'on peut à la fois garder contact avec des anciens amis mais également s'en faire de nouveaux. Par contre, je déteste les jeux électroniques, c'est beaucoup trop violent, à mon avis.

**Comme j'adore la musique, j'en télécharge souvent sur iTunes.** Ça coûte super cher mais l'année dernière j'avais un boulot à temps partiel et j'ai pu mettre plein d'argent de côté. J'adore Kasabian et Florence and the Machine. Je pense que ce sont mes groupes préférés. Sinon, il y a aussi un groupe québécois que je trouve fantastique et qui s'appelle Cœur de Pirate. Ils chantent en français et ils sont trop cool je trouve. Je sais jouer un peu de guitare mais je ne suis pas super douée. **J'arrive à jouer quelques morceaux des Beatles mais franchement je ne suis pas terrible.**

\*traîner = aller / attendre / errer

**Accent Français**

### Quelques expressions intéressantes utilisées par Tara

| | |
|---|---|
| Moi j'ai un tas de passe-temps. | I have a load of pastimes. |
| Je suis une vraie cinéphile comme on dit. | I am a real movie buff as they say. |
| Mais moi, je *traîne* dans les salles indépendantes à Galway. | But I hang around the art-house cinemas in Galway. |
| J'adore voir les films indépendants qui sortent de temps en temps. | I love seeing independent films that come out from time to time. |
| En ce moment, je suis à fond dans 'Glee'. | At the moment, I am really into **Glee**. |
| C'est trop marrant. | It's too funny. |
| Ça me change les idées et ça me permet de faire le vide. | It cheers me up and allows me to switch off. |
| Je trouve que courir comme ça, ou bien aller au gymnase ça me rend plus énergique. | I find running like that or even going to the gym makes me more energetic. |
| Je trouve que c'est important de garder la forme et d'avoir une bonne hygiène de vie. | I find that it is important to stay fit and to have a healthy lifestyle. |
| Chaque soir, je m'installe devant mon *ordi* et je *surfe* sur Internet. | Every evening I settle down in front of my computer and I surf the net. |
| Je m'éparpille facilement et si je ne fais pas attention je peux y passer toute ma soirée. | I get caught up easily in it and if I don't watch myself I could spend a whole evening on it. |
| Je peux même accéder à Facebook sur mon téléphone. | I can even get on to Facebook on my phone. |
| Comme j'adore la musique, j'en télécharge souvent sur iTunes. | As I love music, I often download it from iTunes. |
| J'arrive à jouer quelques morceaux des Beatles mais franchement je ne suis pas terrible. | I can manage to play a few pieces of the Beatles but honestly I am not great. |

# Questions

## Questions spécifiques

1. Quels sont vos passe-temps principaux ?
2. Qu'est-ce que vous faites pour vous détendre ?
3. Quels genres de films aimez-vous ?
4. Quand vous êtes libre, qu'est-ce que vous faites ?
5. Est-ce que la lecture est importante pour vous ?
6. Qu'est-ce que vous pensez des romans que vous lisez à l'école ?
7. Est-ce que vous aimez la musique ?
8. Est-ce que vous avez un groupe préféré ?
9. Quel genre de musique aimez-vous ?
10. Qui est votre chanteur / chanteuse préféré(e) ?
11. Écoutez-vous de la musique ?
12. Est-ce que vous allez à des concerts ?
13. Est-ce que vous êtes allé(e) à un bon concert dernièrement ?
14. Est-ce que vous pouvez parler d'un bon concert auquel vous avez assisté ?
15. Est-ce que vous jouez d'un instrument ? Si oui, lequel ?
16. Est-ce que vous pratiquez un sport ? Si oui, lequel ?
17. Est-ce que vous êtes sportif(ve) ?
18. Quel est votre film favori ?
19. Parlez-moi un peu de votre film préféré.
20. Est-ce que vous êtes cinéphile ?
21. Avez-vous vu un bon film dernièrement ? Pourriez-vous m'en parler ?
22. Est-ce que vous passez beaucoup de temps à lire ?
23. Est-ce que vous lisez beaucoup ?
24. Parlez-moi un peu du dernier film que vous avez vu.

**25.** Est-ce que vous aimez la lecture ?
**26.** Avez-vous lu un bon livre récemment ? Pourriez-vous m'en parler ?
**27.** Quel est votre livre favori ?
**28.** Parlez-moi un peu du dernier livre que vous avez lu.

**29.** Est-ce que vous passez beaucoup de temps devant l'ordinateur ?
**30.** Est-ce que vous pensez qu'avoir un passe-temps est important ?
**31.** Est-ce que vous passez beaucoup de temps sur Internet / le web ?

## Questions plus générales

**32.** Parlez-moi un peu de vos passe-temps.
**33.** Parlez-moi un peu de vos loisirs.
**34.** Qu'est-ce que vous faites quand vous avez du temps libre ?
**35.** Quels sont vos passe-temps ?
**36.** Quels genres de passe-temps avez-vous ?

**37.** À votre avis, les passe-temps sont-ils importants ?
**38.** Qu'est-ce que vous faites pour vous changer les idées ?
**39.** Quelles sont vos distractions ?
**40.** Quels sont vos divertissements ?
**41.** Que faites-vous pour vous : détendre / défouler / divertir / relaxer ?

## À vous de jouer !

Maintenant, décrivez vos passe-temps à vos camarades de classe.

○ Intérêts généraux   ○ Intérêts spécifiques

le sport    la musique    l'ordinateur
le cinéma    la lecture

## N'oubliez pas !

de + le = du         à + le = au
de + la = de la      à + la = à la
de + l' = de l'      à + l' = à l'
de + les = des       à + les = aux

# LA BOÎTE À MOTS !

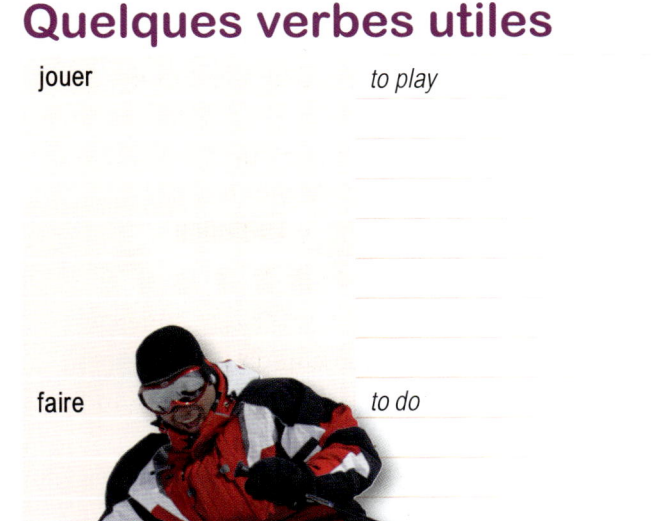

## Quelques verbes utiles

| | | | |
|---|---|---|---|
| jouer | to play | au basket | basketball |
| | | au foot | football |
| | | au golf | golf |
| | | au hockey | hockey |
| | | au volley | volleyball |
| | | au hurling | hurling |
| | | au foot gaélique | gaelic football |
| | | au tennis | tennis |
| | | de l'équitation | horse riding |
| faire | to do | du cheval | horse riding |
| | | du cyclisme | cycling |
| | | de la natation | swimming |
| | | du jogging | jogging |
| | | du ski | skiing |
| | | de la voile | sailing |

| | |
|---|---|
| faire de la boxe | to box |
| faire du rollerskate / du patin à roulettes | rollerskating |
| faire du skateboard / de la planche à roulettes | skateboarding |
| faire de la lutte / du judo / du karaté | wrestling / judo / karate |
| faire de la plongée sous-marine | to do scuba diving |
| aller à la pêche | fishing |
| nager | to swim |
| skier | to ski |
| courir | to run |

## Les instruments principaux

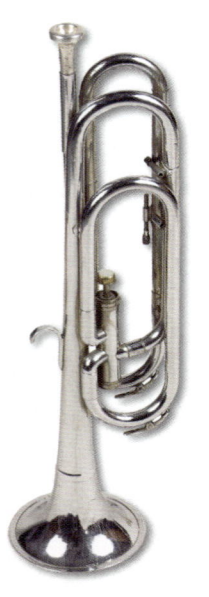

| | | |
|---|---|---|
| jouer | de la guitare | guitar |
| | de la guitare sèche | acoustic guitar |
| | de la guitare électrique | electric guitar |
| | de la batterie | drums |
| | de la flûte | flute |
| | de la flûte à bec | recorder |
| | de la flûte irlandaise | tin whistle |
| | de la harpe celtique | harp |
| | de l'harmonica | harmonica |
| | du piano | piano |
| | du synthétiseur | synthesizer / keyboard |
| | du violon | violin |
| | du violoncelle | cello |
| | de la trompette | trumpet |
| | du bodhrán, le tambour irlandais | bodhrán |

## Les loisirs

| | |
|---|---|
| la télévision / la télé / la tv | television |
| le poste de télévision | television set |
| un téléviseur | television set |
| une chaîne | channel |
| les actualités | the news |
| les informations / les infos | the news |
| un présentateur | a presenter (m) |
| une présentatrice | a presenter (f) |
| un feuilleton | a soap or series (quite old-fashioned now) |
| une série | a series |
| la tv par câble | cable TV |
| un lecteur DVD | a DVD player |
| une émission | a programme |
| le petit écran | the small screen |
| la télévision par satellite | satellite television |
| les émissions de sport en direct | live sports broadcasts |
| les programmes de variétés | variety programmes |

|  |  |
|---|---|
| des bandes dessinées | comics |
| la lecture | reading |
| la poésie | poetry |
| un best-seller | a bestseller |
| un livre / un *bouquin* | a book |
| un livre d'amour | a love story |
| un livre de classe / un manuel scolaire | a textbook |
| un livre de science-fiction | science fiction |
| un livre de poche | a paperback |
| un journal | a newspaper |
| un quotidien | a daily newspaper / magazine |
| un hebdomadaire | a weekly newspaper / magazine |
| un mensuel | a monthly newspaper / magazine |
| un magazine / une revue | a magazine |
| un ouvrage de référence | a reference book |
| un dictionnaire / un dico (fam.) | a dictionary |
| un roman | a novel |
| un roman policier | a police novel |
| un roman à l'eau de rose | sentimental story |
| une nouvelle | a short story |
| une bibliothèque | a library / a bookcase |
| une librairie | a book shop |
| le ciné(ma) | the cinema |
| un film | a film |
| un film de science-fiction | a science fiction film |
| un film d'espionnage | a spy movie |
| un film-culte | a cult movie |
| un navet | a very poor film |
| un film d'aventure | an adventure film |
| un film de cape et d'épée | a swashbuckler |
| un acteur | an actor |
| une actrice | an actress |
| un(e) figurant(e) | an extra |
| une première | a premier |
| un réalisateur | a director (m) |
| une réalisatrice | a director (f) |
| le metteur en scène | a director |
| le grand écran | the big screen |
| une place de ciné | a cinema seat |
| la bande originale | the soundtrack |
| en version originale (en V.O.) | original version |
| en version originale sous-titrée (en V.O.S.T.) | original version with subtitles |

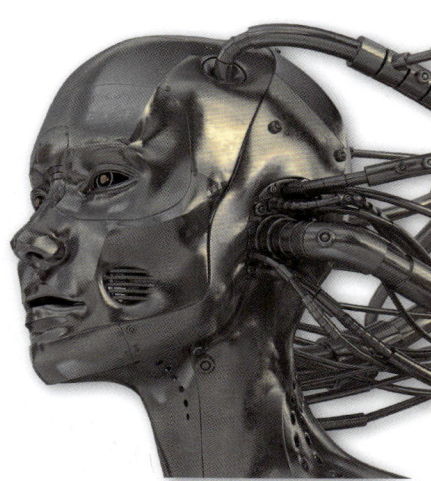

UNITÉ 7

# À vous de retenir

## Quelques verbes / expressions utiles

| | |
|---|---|
| s'intéresser à | to be interested in |
| s'amuser | to enjoy oneself |
| s'ennuyer | to get bored |
| (ne pas) avoir le temps de | (not) to have the time |
| se passionner pour | to be passionate about |

| | |
|---|---|
| aller | to go |
| assister à | to attend |
| bricoler | to do DIY |
| chanter | to sing |
| construire | to construct |
| créer | to create |
| danser | to dance |
| dessiner | to draw |
| écouter | to listen to |
| faire | to do |
| jouer | to play |
| jouer à | to play (a sport) |
| jouer de | to play (an instrument) |
| lire / bouquiner (fam.) | to read |
| participer à | to participate in |

| | |
|---|---|
| peindre | to paint |
| regarder | to look at |
| rencontrer | to meet |
| s'abonner à | to subscribe to |
| s'adonner à | to devote oneself to |
| se promener / se balader | to walk |
| se réunir avec | to meet up with |
| tchater | to chat (on the net) |
| télécharger | to download |
| voir | to see |

# GRAMMAIRE

## Les indicateurs de temps

> En + mois / date / saison (*sauf : <u>au</u> printemps)

Je suis né(e) <u>en</u> 1999 <u>en</u> été.
<u>En</u> septembre / <u>en</u> deux mille douze / <u>en</u> automne.

## Il y a + durée

> **Il y a** indique la durée de temps passé entre une action et le moment présent.

<u>Il y a</u> trois ans, je suis allé(e) en France avec mon école.

> **Depuis** indique le début d'une action qui dure encore.

Je suis dans cette école <u>depuis</u> cinq ans. *(NB: I have been in this school for five years.)*

## Dans + temps défini

Je serai à Dublin <u>dans</u> trois jours.
<u>Dans</u> quatre jours, j'irai à Paris.

## Pour / afin de + infinitif

> On utilise pour + infinitif pour exprimer le but.

J'adore aller au café <u>pour voir</u> mes ami(e)s.
Hier soir, je suis allé(e) au cinéma <u>pour voir</u> un bon film.

## C'est une langue vivante !

La nourriture joue un rôle très important dans la langue française. Voici quelques expressions liées à la nourriture qui pourraient enrichir votre français.

| | |
|---|---|
| ne pas mâcher ses mots | *Mâcher is the verb to chew. So, this expression translates literally as not chewing your words. It is used in French to mean speaking your mind bluntly.* |
| Mes amis trouvent mon prof de français un peu strict parce qu'il ne mâche pas ses mots. | |
| être serrés comme des sardines | *This frequently used expression means to be squeezed into a tight space.* |
| Le matin il y a beaucoup de monde dans le bus, on est serrés comme des sardines. | |
| ce n'est pas de la tarte | *This expression is used to mean that something is tricky or difficult to do.* |
| J'ai besoin de 500 points. Ça ne va pas être de la tarte. | |
| ne pas manger de ce pain-là | *That is not my kind of thing.* |
| Je connais pas mal de gens qui ont créé de fausses cartes d'identité. Mais moi, je ne mange pas de ce pain-là. | |
| avoir du pain sur la planche | *to have a lot of work to do* |
| être dans le pâté | *This expression is used to mean drowsy or out of it.* |
| Je suis resté(e) très tard en ville le week-end dernier. Le lendemain j'étais tellement dans le pâté que je ne pouvais pas faire mes devoirs. | |

## Accent Français

### Attention à la prononciation !

Écoutez et dites si vous entendez [eu] ou [œ].

[eu] bleu / pleurer / il pleut / veux / peur / professeur / docteur / feu / heure = « *son fermé* »

[œ] sœur / œuf / œuvre = « *son ouvert* »

<u>Soulignez les sons [eu] et [œ] dans les mots des phrases suivantes :</u>

Exemple : L<u>eu</u>r n<u>e</u>v<u>eu</u> de n<u>eu</u>f ans ne pl<u>eu</u>re pas souvent, h<u>eu</u>r<u>eu</u>sement !
           [œ]  [eu][eu]    [œ]     [œ] [œ]                [eu][œ]

- Ce joli œuf, c'est pour ma sœur.
- J'ai peur de ce professeur.
- Quel bonheur de jouer au foot.
- Il est quatre heures.
- C'est un professeur très strict.
- On va jouer à quel jeu ?
- On a téléphoné à l'hôpital et le docteur est venu.
- J'en veux deux.

je /ce / le / ne /de / = [e]

## Pour vous aider à décrire vos loisirs

| Quand je suis libre j'adore : | When free I love: |
|---|---|
| voir mes amis | to see my friends |
| bavarder avec mes amis sur MSN | to chat with my friends on MSN |
| faire les magasins | to go shopping |
| faire du lèche-vitrine | to go window shopping |
| lire un roman | to read a novel |
| écouter de la musique sur mon iPod | to listen to music on my iPod |
| jouer à des jeux électroniques | to play computer games |
| être avec mon petit ami / ma petite amie | to be with my boyfriend / girlfriend |
| télécharger de la musique sur iTunes | to download music from iTunes |
| assister à un concert | to go to a concert |
| aller au théâtre | to go to the theatre |
| jouer dans une pièce de théâtre | to act in a play |
| faire des promenades / balades à vélo | to go for bike rides |
| faire un tour en voiture | to take a spin in the car |

## Pour mieux décrire vos passe-temps

| | |
|---|---|
| Je passe la plupart de mon temps libre à télécharger des photos sur ma page Facebook. | *I spend most of my of my free time uploading photos to my Facebook page.* |
| Je peux facilement passer des heures entières à regarder mes émissions préférées. | *I can easily spend whole hours at a time watching my favourite programmes.* |
| Je profite de mon temps libre pour voir mon meilleur pote. | *I spend most of my free time seeing my best friend.* |
| Malgré le fait que je doive bosser beaucoup en ce moment je fais de mon mieux pour voir mes amis. | *Despite the fact that I have to work a lot at the moment I do my best to see my friends.* |

## La télévision

| | |
|---|---|
| J'adore la télévision. | I love television. |
| Je regarde n'importe quoi. | I watch anything. |
| Je zappe. | I flick from channel to channel. |
| Mon émission préférée s'appelle … | My favourite programme is called … |
| En ce moment, je suis une série super / géniale / sensas / captivante / comique. | At the moment I am following a super / great / fab / fascinating / funny programme. |
| Je suis *à fond dans* (fam.) une émission de télé réalité qui s'appelle 'America's Next Top Model'. | At the moment I am really into a reality TV programme called **America's Next Top Model**. |
| J'adore cette série car elle est vraiment réaliste / divertissante. | I love this series because it is really realistic / entertaining. |
| C'est une émission qui fait réfléchir / avec beaucoup d'action. | It is a programme that makes you think / with a lot of action. |
| C'est à propos d'une famille américaine qui … | It's is about an American family that … |
| L'émission parle d'une famille en crise. | The programme is about a family in crisis. |
| L'émission passe chaque vendredi sur RTÉ. | The programme is on every Friday on RTÉ. |
| Dans cette série, le rôle principal est joué par … | In this programme, the main character is played by … |
| Je ne rate jamais un épisode. Je suis vraiment accro. | I never miss an episode. I am a real addict. |
| Je dois dire que ça m'aide à échapper à la pression du Bac. | I have to say that it helps me to escape pressure of the Leaving Cert. |
| Après une journée très exigeante à l'école, cette émission m'aide à faire le vide. | After a very demanding day at school, this programme helps me to switch off. |
| J'adore m'allonger sur mon lit et regarder la télé dans ma chambre. | I adore lying on my bed watching the television set in my room. |
| Le pourcentage d'audition / l'audimat est énorme pour cette émission. | The ratings are enormous for this programme. |
| À mon avis, cette émission a une valeur éducative. | In my opinion this programme has an educational value. |
| J'adore les émissions à l'eau de rose. | I love programmes that are mushy. |
| J'adore la télé-réalité et surtout les émissions comme 'The All Ireland Talent Show'. | I love reality television such as the **All Ireland Talent Show**. |

## Le sport

| | |
|---|---|
| Je suis vraiment sportif(ve). | I am really sporty. |
| Je joue au foot avec l'équipe de l'école. | I play football with the school team. |
| Je fais du cheval / de l'équitation depuis mon enfance. | I have been horse-riding since my childhood. |
| Je fais de la natation. | I go swimming. |
| J'ai une séance d'entraînement trois fois par semaine. | I have a training session three times a week. |

| | |
|---|---|
| Je suis un programme de remise en forme. | I am following a training programme. |
| Je déteste rester inactif(ve). | I hate staying inactive. |
| Pour moi, Monsieur / Madame, le sport est un moyen primordial de se défouler. | For me, Monsieur / Madame, sport is a vital means of letting off steam. |
| Sans le sport, il m'aurait été très difficile de tenir le coup cette année. | Without sport it would have been impossible to cope this year. |
| Je fais du sport non seulement pour mon plaisir mais aussi pour me maintenir en forme. | I play sport not only for pleasure but also to stay fit. |
| À vrai dire, moi je fais du sport plus par nécessité que par plaisir. | To tell the truth I play sport more out of necessity than pleasure. |
| Je sais que garder la forme et tout ça, c'est important, mais pour moi c'est plutôt l'aspect social qui m'attire. | I know that staying fit and all that is important, but for me it's more the social aspect of sport that attracts me. |
| Je suis membre d'un club de tennis. Je joue en simple et en double. | I am a member of a tennis club. I play singles and doubles. |
| Je fais partie d'une équipe de rugby / foot. | I belong to a rugby team / football team. |
| Lors de la finale du championnat, j'ai marqué un essai / un but. | During the final I scored a try / a goal. |
| Je suis pilier / talonneur / deuxième ligne / demi de mêlée / le demi d'ouverture. | I am a prop / hooker / lock / scrumhalf / fly half. |
| Je suis avant / butteur / ailier / défenseur / milieu de terrain / gardien de but. | I am a forward / wing / defender / midfielder / goalie. |
| Le sport me permet de supporter la pression du Bac. | Sport helps me to cope with the pressure of the Leaving Cert. |
| Pendant les séances d'entraînement nous faisons des pompes. | During training sessions we do push-ups. |
| Je trouve que je suis au mieux de ma forme. | I think that I am very fit. |
| Le rugby a beaucoup d'importance dans mon école. | Rugby is very important in my school. |
| Mon école est renommée pour le hurling. | My school is well known for hurling. |
| Cette année on a atteint la finale. | This year we reached the final. |
| Ça a été serré mais finalement on a remporté la victoire. | I was very close but we carried off the victory in the end. |
| L'année dernière il y a eu une fin de championnat sensationnelle. | Last year there was a sensational end to the finals. |
| La finale a été difficile mais heureusement on a gagné. | In the final we had a very close match but in the end luckily we won. |
| Je crois que j'ai une soif de victoire. | I think I have a hunger (thirst) for victory. |
| Moi, je ne suis pas sportif(ve). En fait, je déteste l'EPS. | I am not at all sporty. In fact I hate sports class. |

## Le cinéma

| | |
|---|---|
| J'adore aller au cinéma. | I love going to the cinema. |
| Ça me change un peu les idées. | It cheers me up. |
| Pour moi, la meilleure façon de me détendre est d'aller voir un bon film. | For me, the best way of relaxing is a good film. |
| Je suis fana de cinéma. | I'm into movies. |
| Mon film préféré c'est … | My favourite film is … |
| Le film se déroule à New York pendant les années soixante. | The film takes place in New York during the sixties. |
| L'histoire est très complexe. | The plot is very complicated. |
| Le rôle principal est joué par X. | The lead character is played by X. |
| La distribution des seconds rôles est excellente. | The supporting cast is excellent. |
| X joue le rôle du traître. | X plays the traitor. |
| Les effets spéciaux sont incroyables. | The special effects are incredible. |
| Les trucages dans ce film sont vraiment formidables. | The special effects in this film are excellent. |
| Sandra Bullock a remporté le prix de la meilleure interprétation féminine pour son rôle dans ce film. | Sandra Bullock won the best actress Oscar for this film. |
| Mon metteur en scène préféré est Woody Allen. | My favourite director is Woody Allen. |
| Ce film m'a fait réfléchir. | This film made me think. |
| Ce film m'a vraiment plu. | This film really pleased me. |
| C'est un film qui est triste à en pleurer. | It is a heartbreaking film. |
| C'est un film qui tient en haleine. | The film keeps you on the edge of your seat. |
| C'est un film vraiment déroutant. | There is a real twist in this film. |
| L'intrigue est invraisemblable. | The plot is difficult to believe. |
| Tout le monde a aimé ce film mais moi j'étais vraiment déçu(e). | Everyone liked this film but I was really disappointed. |
| L'intrigue est impossible à suivre. | The plot is impossible to follow. |
| Le cinéma coûte trop cher. Une place de cinéma peut coûter dans les dix euros. | The cinema is very expensive. A cinema seat costs around 10 euro. |
| J'adore le cinéma mais je trouve que les romans portés à l'écran sont toujours décevants. | I love the cinema but I find that novels adapted to the screen are always disappointing. |

## La lecture

| | |
|---|---|
| Je préfère un bon livre plutôt qu'un (mauvais) film. | I prefer a good book to a (bad) film. |
| Je suis un véritable rat de bibliothèque. | I am a real bookworm. |
| À mon avis, il n'y a rien de mieux qu'un bon livre. | In my opinion there is nothing better than a good book. |

| | |
|---|---|
| J'ai toujours un livre à la main. | I always have a book in my hand. |
| Avec un bon livre je ne m'ennuie jamais. | With a good book I never get bored. |
| Pendant le week-end, je m'adonne à mon passe-temps préféré – la lecture. | During the weekend I indulge in my favourite pastime – reading. |
| J'adore aller dans ma chambre, m'allonger sur mon lit et me perdre dans un bon livre. | I love going to my room, lying on my bed and getting lost in a good book. |
| La lecture est la meilleure façon de se décontracter, à mon avis. | Reading is the best form of relaxing in my opinion. |
| La lecture pour moi est un très bon moyen d'évasion. | Reading for me is a really good means of escape. |
| Je passe des heures entières à lire. La lecture me permet de me détendre. | I spend entire hours at a time reading. Reading allows me to unwind. |
| En ce moment, je lis un roman merveilleux qui s'appelle X. | At the moment, I am reading a marvellous novel that is called X. |
| Je me change les idées en lisant. | I cheer myself up by reading. |
| Le roman parle de / du / de la / de l' / des … | The novel is about… |
| L'action se déroule dans / à … | The story takes place in… |
| L'histoire est très compliquée / captivante. | The plot is very complicated / fascinating. |
| Ce livre m'a passionné(e). | This book really fascinated me. |
| C'est un livre qui suscite la réflexion. | It is a book that makes you think. |
| C'est un livre qui mène à la réflexion. | It is a book that makes you think. |
| Je m'identifie avec les personages. | I identify with the characters. |
| Mon auteur préféré est X. | My favourite author is X. |
| Il / Elle a de l'esprit. | He / She is witty. |
| J'adore cet auteur car ses livres débordent d'humour / sont hilarants. | I love this author because his / her books are full of humour / are hilarious. |
| C'est un livre qui est triste à en pleurer. | It is a tragic book. |
| J'admire la puissance de son imagination. | I love the power of his imagination. |
| J'adore les idées que j'ai trouvées dans ce livre. | I love the ideas that I found in this book. |
| À mon avis, l'auteur est en avance sur son temps. | In my opinion, the author is ahead of his/her time. |
| Quand je lis un bon livre, je ne vois pas le temps passer. | When I read a good book, I do not feel the time passing. |
| Je n'aime pas les livres qu'on doit lire à l'école. | I do not like the books that we are reading in school. |
| À mon avis, ces livres sont stupides et ennuyeux. | In my opinion, these books are stupid and boring. |
| Ces livres rebutent les lecteurs et ils manquent d'étoffe, à mon avis. | These books turn readers off and lack substance, in my opinion. |

## L'ordinateur

| | |
|---|---|
| Moi, je suis vraiment accro. Je rentre de l'école et je *surfe* sur Internet. | I am a real addict. I come home from school and I surf the net. |
| Pour me détendre, je bavarde avec mes amis sur MSN. | To relax I chat with my friends on MSN. |
| J'adore les sites de socialisation comme Facebook. | I love social networking sites like Facebook. |
| Comme les profils changent chaque jour, c'est toujours intéressant. | As the profiles change every day, it is always interesting. |
| Je télécharge mes photos du week-end et mes chansons préférées. | I upload my photos of the weekend and I download my favourite songs. |
| J'ai le haut-débit donc je peux facilement télécharger des photos et de la musique. | I have broadband so I can easily upload and download photos and music. |
| Malheureusement, à l'endroit où j'habite on n'a pas l'ADSL donc je ne peux pas aller sur des sites Internet comme Myspace ou Facebook. | Unfortunately, where I live we don't have broadband so I can't use internet sites like Myspace or Facebook. |
| Je suis un accro de Twitter et je ne peux plus m'en passer ! | I am addicted to Twitter. I can't give it up! |
| Au départ, je trouvais ce concept complètement idiot mais très vite, je me suis rendu compte que finalement c'était un moyen de communication hyper puissant. | To begin with I used to find this concept really stupid but then I realised that it is a very powerful means of communication. |
| Je n'utilise pas beaucoup MSN et les autres sites de *tchat* parce que dès que je commence une conversation, je ne fais plus rien pendant une bonne heure. | I am not a big user of MSN or other chatrooms because as soon as I start a conversation I do nothing else for a good hour. |
| Ce qui est intéressant, c'est qu'on en apprend beaucoup sur les autres. | What is really interesting is that you learn a lot about others. |
| Quand je *surfe* sur Internet je ne m'ennuie jamais. | When I surf the net I am never bored. |
| Quand je suis sur YouTube je ne m'ennuie jamais, je ne regarde jamais ma montre. | When I am on YouTube I am never bored, I never look at my watch. |
| Je consulte mes courriels / emails, j'imprime des documents et je télécharge des fichiers. | I look at my emails, I print my documents and I download files. |
| J'accède à iTunes pour télécharger des chansons. | I go on iTunes to download songs. |
| J'utilise des moteurs de recherche pour mes devoirs. | I use search engines for my homework. |
| J'ai un tas de chansons et de fichiers sur ma clé USB. | There are heaps of songs and files on my USB stick. |
| Sur Internet, il y a toujours quelque chose d'intéressant à voir ou à lire. | On the net there is always something interesting to see or read. |
| Je fais des recherches sur Google. | I look things up on Google. |
| Je peux passer des heures entières à cliquer sur des liens intéressants. | I can spend hours clicking on interesting sites. |
| Je joue à des jeux vidéo. | I play computer games. |
| J'adore les jeux électroniques réalistes. | I love realistic computer games. |
| Il y a ceux qui disent que les ordinateurs rendent passifs mais moi je ne suis pas d'accord. | There are those who say that computers make you passive but I do not agree. |

## La musique

| | |
|---|---|
| Je suis vraiment fana de musique. | I am a real music fan. |
| La musique me distrait et me détend. | Music relaxes me and distracts me. |
| Pour me distraire j'écoute de la musique. | In order to switch off I listen to music. |
| L'iPod est une invention formidable. | The iPod is an excellent invention. |
| J'ai toujours mon iPod avec moi. | I always have my iPod with me. |
| J'ai au moins mille chansons sur mon iPod. | I have at least a 1000 songs on my iPod. |
| J'ai une chaine hi-fi dans ma chambre. | I have a HiFi system in my room. |
| Mon groupe préféré est Indigo Girls. Je connais toutes leurs chansons par cœur. | My favourite group is Indigo Girls. I know all their songs by heart. |
| Quand mes parents ne sont pas là, je mets la musique à fond. | When my parents are not there, I put the music on full blast. |
| Si je suis tout(e) seul(e) je fais de *l'air guitar*. | When I am on my own I play air guitar. |
| J'aime surtout la musique des années quatre-vingts. | Above all I love 80s music. |
| Je dois dire que de tous mes passe-temps, c'est la musique qui me plaît le plus. | I have to say that of all my pastimes its music that I like the most. |
| Je fais partie d'un groupe qui s'appelle The Dynamicks. | I belong to a group called the Dynamicks. |
| Je joue du piano et je chante. | I play piano and I sing. |
| Je joue de la guitare depuis mon enfance. | I have been playing guitar since my childhood. |
| Je suis membre d'une chorale. | I am a member of a choir. |
| On se rencontre deux fois par semaine pour répéter. | We meet each other twice a week to practise. |
| Je regarde toujours des chaînes musicales comme MTV. | I am always watching music channels like MTV. |
| J'adore aller voir des concerts. | I love going to concerts. |
| Pour moi, assister à un concert est un excellent moyen de se détendre. | For me going to a concert is an excellent means of relaxing. |
| Pour faire le vide il n'y a rien de mieux qu'un bon concert. | There is nothing better than a good concert for switching off. |
| L'année dernière je suis allé(e) à Oxygen. C'était vraiment trop cool. | Last year I went to Oxygen. It was too cool. |
| Les tickets coûtent très chers mais ça valait le coup, à mon avis. | The tickets cost a lot but it was worth it, in my opinion. |
| Toute la bande y est allée. On a fait du camping. | All the gang went there. We camped. |

## Retrouver ses amis

| | |
|---|---|
| J'adore sortir avec mes amis. | I love going out with my friends. |
| J'adore être avec toute la bande. | I love being with all the gang. |
| Nous allons en boîte ou bien au bistrot du coin. | We go to a night club or to a pub in the area. |
| On s'amuse sur la piste de danse. | We have a laugh on the dance floor. |
| Ça me fait du bien de voir mes amis. | It does me good to see my friends. |
| Ça me change les idées de voir toute la bande. | It cheers me up to see all the gang. |
| On a les mêmes centres d'intérêts. | We have the same interests. |
| Mes amis sont très compréhensifs. | My friends are very understanding. |
| Je sais que mes ami(e)s sont toujours là pour m'aider. | I know that my friends are always there to help me. |
| Mes amis m'écoutent et ils essaient de m'aider quand j'ai des problèmes. | My friends listen to me and they try to help me when I have problems. |
| Mon meilleur ami s'appelle Peter. | My best friend is Peter. |
| Je sais que si je lui envoyais un sms il laisserait tout tomber pour m'aider. | I know that if I sent him a text he would drop everything and help me. |
| Je m'entends très bien avec lui. | I get on really well with him. |
| On est devenus amis dans le Gaeltacht il y a cinq ans. | We became really close in the Gaeltacht five years ago. |
| On est très bons amis. | We are very good friends. |
| Il a bon caractère, à mon avis. | He has a very good personality, in my opinion. |
| Comme je suis un peu lunatique, il doit faire preuve de beaucoup de patience. | As I am a bit moody he has to show a lot of patience. |
| Comme je peux être difficile à vivre, il a beaucoup de patience. | As I can be difficult to put up with he has a lot of patience. |
| Ma meilleure amie s'appelle Lucy. | My best friend is Lucy. |
| Elle est super sympa. | She is really nice. |
| Elle est vraiment ma confidente. | She really is my confidante. |
| Elle est calme, drôle et honnête, à mon avis. | She is calm, funny and honest, in my opinion. |
| Elle me comprend et elle ne me met jamais en colère. | She understands me and she never makes me angry. |
| Elle m'apporte du réconfort et je peux compter sur elle. | She cheers me up and I can count on her. |
| Quand j'ai rompu avec mon ancien petit copain, elle m'a beaucoup aidée. | When I broke up with my ex-boyfriend, she helped me a lot. |

## Accent Français

### Sample Conversation

Now listen to this sample conversation during which a student answers questions about his pastimes. You should pay particular attention to the intonation and rhythm of his speech as well as how the examiner asks questions.

**Examiner:** Qu'est-ce que vous avez comme passe-temps ?

**Student:** Alors, Madame, j'ai un tas de passe-temps. En fait, mes amis disent que je ne suis pas capable de rester inactif.

**Examiner:** Quel est votre passe-temps favori?

**Student:** De tous mes passe-temps, je dirais que le sport est celui que je préfère.

**Examiner:** Vous pratiquez quels sports ?

**Student:** Je joue dans l'équipe de hurling de l'école.

**Examiner:** Je ne connais rien du tout au hurling. Pourriez-vous m'en parler, s'il vous plaît ?

**Student:** Chaque équipe de hurling est formée de quinze joueurs. À chaque match, il y a un arbitre, deux arbitres de touche et quatre arbitres de but. Chaque but marqué vaut trois points et chaque tir qui traverse la ligne adverse représente un point.

**Examiner:** Est-ce que c'est difficile de jouer au hurling ?

**Student:** Euh oui, je dois dire que c'est un jeu qui est très technique. Par exemple, le joueur ne peut pas ramasser la balle avec la main. La crosse doit toujours être utilisée. Quand on a la balle, on ne doit pas faire plus de quatre pas à la suite, mais on peut faire ce qu'on appelle un « solo ». Ça veut dire qu'on court avec la balle sur la crosse. Ce jeu a ses origines dans la mythologie celte et c'est le jeu le plus rapide au monde. Il n'y a rien de mieux. J'en suis fou.

**Examiner:** Avez-vous d'autres passe-temps ?

**Student:** Bah oui, comme tout le monde j'adore regarder la télévision. Dernièrement, je suis tombé sur la série Glee. Le concept est bien simple. C'est un professeur qui décide de former une chorale dans son école pour les étudiants qui ne sont pas très populaires. Ces jeunes possèdent beaucoup de talent. Glee est à la fois drôle et captivant. À mon avis, c'est une série à voir absolument. Moi, je suis vraiment à fond dedans.

**Examiner:** Aimez-vous la lecture, Tom ?

**Student:** À vrai dire, ce n'est pas mon truc ! Je n'aime pas trop la lecture. Je préfère le cinéma.

**Examiner:** Allez-vous au cinéma très souvent ?

**Student:** En ce moment, à cause des examens oraux pas trop mais, l'année dernière j'allais au ciné presque chaque week-end. J'ai moins de dix-huit ans donc je ne peux pas aller au pub ou en boîte. Ainsi, pour moi, le cinéma c'est un bon moyen de me distraire.

**Examiner:** Quel est votre film préféré ?

*Student:* Ça, je ne sais pas trop. Il y a vraiment trop de films qui me plaisent. Je suis vraiment cinéphile. J'adore les films d'aventure et les films de science-fiction. Le week-end dernier, j'ai loué Avatar. C'est un film passionnant. Je crois que c'est la quatrième fois que je vois ce film. Les effets spéciaux sont vraiment hallucinants. En plus, c'est un film qui nous fait voyager dans un monde complètement à part. Il est aussi très émouvant.

**Examiner:** Est-ce que vous aimez la musique ?

*Student:* Oui, j'adore la musique. Je dois avoir au moins deux mille chansons sur mon iPod. Je suis toujours en train d'écouter de la musique. Mes groupes préférés sont Kasabian et Arctic Monkeys. Mon album préféré c'est West Ryder Pauper. Je joue de la guitare depuis tout petit et je crois que je suis assez doué. J'ai souvent l'occasion de jouer des petits morceaux quand il y a des événements au lycée. Cet été, je vais à Oxygen. J'ai vraiment hâte d'y être.

## Key Oral Examination Skills

Before any oral examination it is vital that you plan your conversation. Everything that you say may lead to a supplementary question from the examiner so try to map out the conversation on a piece of paper. Remember every oral examination that you sit will deal primarily with you and your life. So, before you even start to learn vocabulary:

1. Make a list of the points that you are going to make about yourself
2. Ask yourself what supplementary questions could arise from what you have said
3. Develop strategies for coping with supplementary questions

## PARCOURS AUDIO

### Et maintenant, j'écoute !

**Pour voir le texte de ces dialogues, allez page 208 !**

You will now hear three people, Cécile, Fred and Patrick, talking about their pastimes. You will hear the material **three** times: first right through, then in **three segments** with pauses and finally right through again.

1. (i) Name two benefits that Cécile associates with sport.
   (ii) Where did Cécile come in a recent tennis competition?
   (iii) Why does Cécile like dancing?
   (iv) What point does Cécile make about Marian Keyes' books?

**Accent Français**

2. 
- (i) What is Fred's favourite pastime?
- (ii) What does he like to do after watching a good film?
- (iii) How many lengths of the pool does Fred do each morning?
- (iv) Name two things that Fred likes to read.

3. 
- (i) Name two sorts of books that Patrick likes to read.
- (ii) What does he admire about Stephen King's books?
- (iii) Name two sporting activities that Patrick likes to pursue.
- (iv) How does Patrick describe his girlfriend?
- (v) What is she studying in university?

# UNITÉ 8

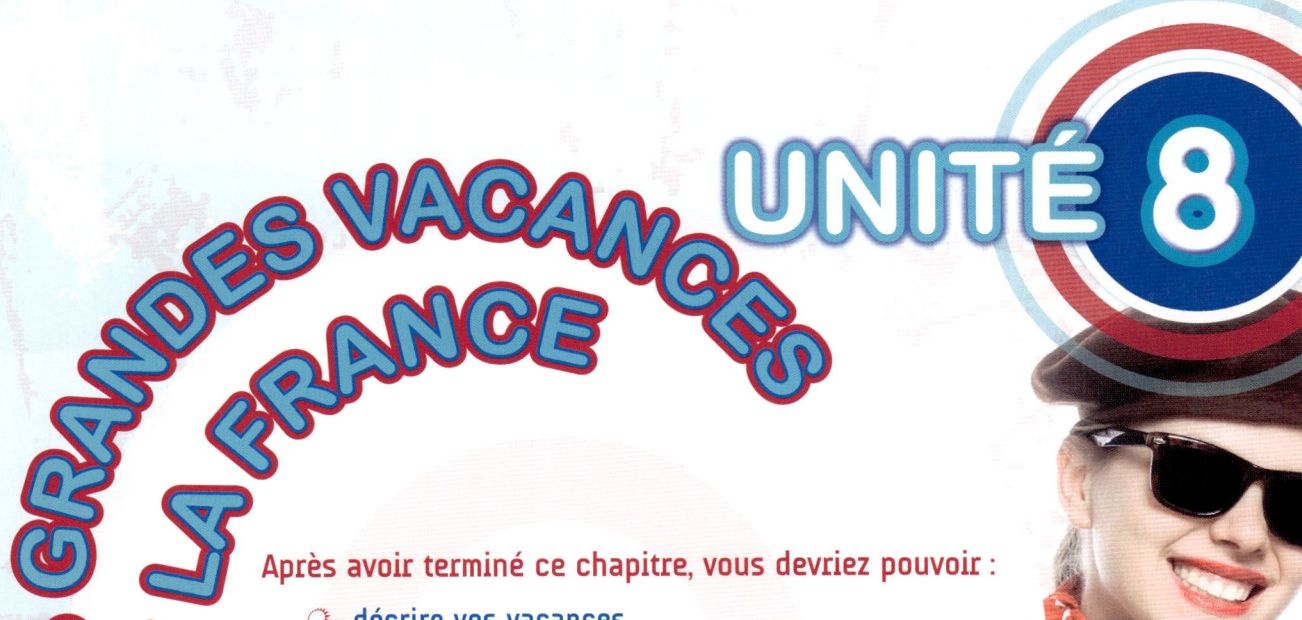

# LES GRANDES VACANCES ET LA FRANCE

Après avoir terminé ce chapitre, vous devriez pouvoir :
- décrire vos vacances
- parler de vos projets pour cet été
- expliquer ce que vous pensez de la France
- parler de la France en général
- comprendre les questions susceptibles de vous être posées
- suivre les conversations du Parcours Audio

## Vocabulaire de base de l'unité 8

| | |
|---|---|
| En juin, je vais en Espagne. | In June, I am going to Spain. |
| C'est un pays magnifique. | It is a magnificent country. |
| Cette année a été très dure pour moi. | This year has been very hard for me. |
| On y va ensemble tous les étés. | We go there together every summer. |
| J'adore les vacances en famille. | I love family holidays. |
| On fait souvent les mêmes choses. | We often do the same things. |
| On loue le même appartement. | We rent the same apartment. |
| On va à la plage. | We go to the beach. |
| Je bronze / me fais bronzer. | I sunbathe. |
| On va dans un petit resto. | We go to a little restaurant. |
| Puis, l'après-midi … | Then, in the afternoons… |
| Le soir on mange ensemble. | In the evenings we eat together. |
| Ce que j'aime aussi ce sont … | What I also like are… |
| Ce qui me plaît c'est … | What I like is… |
| Le paysage est tellement varié. | The countryside is so varied. |
| Il y a beaucoup de choses à faire. | There are lots of things to do. |
| Je suis pressé(e) d'y être. | I am dying to be there. |
| J'ai trouvé un emploi pour le mois de juin. | I found a job for June. |

# Accent Français

# PARCOURS ORAL

## Mes vacances

**CIARÁN**

**J'ai pas mal de projets pour cet été.** En juin, je vais en Espagne avec ma famille. On y va ensemble tous les étés. **J'ai toujours hâte d'y aller !** Mais là, après une longue année très difficile, je suis encore plus impatient que d'habitude ! **Ça va vraiment me faire du bien de partir pendant deux semaines.** J'adore les vacances en famille. On fait souvent la même chose. Généralement, c'est la grasse matinée jusqu'à onze heures. Ensuite, on prend le petit-déjeuner ensemble et puis on va à la plage qui est juste à côté de notre appartement. On peut parfois y rester toute la journée ! On loue le même appartement tous les ans donc **on connaît bien le coin.** Normalement, on va à un petit resto sympa qui n'est pas loin de la plage mais de temps en temps on fait un pique-nique. J'adore manger un sandwich comme ça sur le sable. Puis, l'après-midi je joue au foot avec mon frère et mon père. Moi, j'adore les sports nautiques. À Marbella il y en a plein à faire, alors j'en profite pour m'adonner au surf, au wakeboard, au skim et au bodyboard ... enfin tout ce qui touche à la mer, quoi ! De temps en temps, mon père loue un bateau et on fait de petites virées en mer.

**Je trouve que mon père est carrément différent quand il est en congé.** Il est moins préoccupé et beaucoup plus cool quand il est en vacances. Le soir on mange ensemble au restaurant. Ensuite, on fait les magasins. En Espagne les boutiques restent ouvertes jusqu'à minuit. C'est vraiment sympa, on peut se balader en famille le soir.

En fait, il y a un tas de petits endroits sympathiques à Marbella comme des bars à tapas ou des monuments historiques intéressants. En général, après avoir fait les magasins, mes parents vont dans un café qui donne sur la mer pour boire un pot. Et puis souvent, je vais en boîte avec mon frère et ma sœur. C'est rempli de boîtes de nuit à Marbella !

Ah mais j'adore trop l'Espagne ! Déjà, j'apprécie énormément la nourriture, surtout la paella ; mais ce que je préfère, ce sont les fruits de mer et **comme Marbella est au bord de la mer, il y a toujours de bonnes choses à déguster.** Ce que j'aime aussi ce sont les bars à tapas où on peut goûter différents plats régionaux. J'adore le fait qu'on puisse aussi manger dans un bar, c'est moins formel que dans un restaurant. Ce qui me plaît vraiment en Espagne, c'est qu'il fait toujours beau. **Ça fait du bien un peu de soleil et en plus je peux *faire bronzette* (fam.)\* tout en mangeant en terrasse.** Je dois dire aussi que je trouve les Espagnols très sympas et ouverts. Je ne parle pas espagnol, mais **malgré la barrière de la langue ils font beaucoup d'efforts pour nous comprendre.**

Il y a beaucoup de choses à faire pour s'occuper dans cette ville. Il y a pas mal d'événements culturels, des promenades vraiment sympathiques, **il y a de quoi faire du shopping et passer des soirées animées jusqu'au matin.**

**En août après les résultats, mes amis et moi avons organisé des vacances en Grèce.** Une chose est sûre, je suis pressé d'y être ! **Nous serons un groupe d'une bonne vingtaine.** Ça va être cool. Deux semaines sans les parents en plus ! J'imagine qu'on va sortir tous les soirs jusqu'à très tard ! Je ne connais pas trop la Grèce mais on m'a dit que c'est très sympa. Comme je l'ai dit, j'adore la plage et je me passionne pour les sports nautiques. **Je vais donc profiter de mon temps en Grèce pour faire** du ski nautique. **Le seul *truc* (fam.)\* qui me préoccupe un peu c'est le fait que** moi, je ne bois pas trop, alors que mes amis consomment pas mal d'alcool.

\*faire bronzette = bronzer / se faire bronzer    \*truc = chose

L'histoire grecque m'intéresse beaucoup mais honnêtement **je doute d'avoir l'occasion de visiter des ruines pendant ces deux semaines.** Ça va plutôt être la fête ! Mes amis sont un peu fous quand ils sont ensemble. Après l'année du Bac, **j'imagine qu'ils ne vont rien vouloir faire d'autre que se défouler.** Je crois qu'il y aura beaucoup d'autres écoles de Cork en Grèce aussi. **Bien sûr, mes parents s'inquiètent un peu mais ils ont confiance en moi.** Ils savent que je connais les dangers de l'alcool et que je bois avec modération.

Je ne vais pas travailler cet été. J'ai travaillé chez McDo l'été dernier et j'ai économisé presque deux mille euros. En plus, mes parents m'ont dit qu'ils allaient me payer le voyage en Grèce comme cadeau d'anniversaire. Peut-être qu'après l'été, j'essayerai de trouver un petit boulot avant d'aller à la fac, mais on verra !

## Quelques expressions intéressantes utilisées par Ciarán

| | |
|---|---|
| J'ai pas mal de projets pour cet été. | *I have loads of plans for this summer.* |
| J'ai toujours hâte d'y aller ! | *I always look forward to going there so much!* |
| Ça va vraiment me faire du bien de partir pendant deux semaines. | *It is really going to be so good to be away for two weeks.* |
| On connaît bien le coin. | *We know the area really well.* |
| Je trouve que mon père est carrément différent quand il est en congé. | *I find that my father is completely different when he is on holidays.* |
| Comme Marbella est au bord de la mer, il y a toujours de bonnes choses à déguster. | *As Marbella is right by the sea there are always good things to eat.* |
| Ça fait du bien un peu de soleil et en plus je peux *faire bronzette* (fam.) tout en mangeant les repas en terrasse. | *It does you good to get some sun and what's more I can work on my tan and eat my meals on the terrace.* |
| Malgré la barrière de la langue, ils font beaucoup d'efforts pour nous comprendre. | *Despite the language barrier they make such an effort to understand us.* |
| Il y a de quoi faire du shopping et passer des soirées animées jusqu'au matin. | *There certainly is loads of shopping and lively nightlife until dawn.* |
| En août après les résultats, mes amis et moi avons organisé des vacances en Grèce. | *In August after the results, my friends and I have organised holidays in Greece.* |
| Nous serons un groupe d'une bonne vingtaine. | *There will be a good twenty in our group.* |
| Je vais donc profiter de mon temps en Grèce pour faire ... | *So, I am going to make the most of my time in Greece to do ...* |
| Le seul truc qui me préoccupe un peu c'est le fait que ... | *The only thing that worries me a little is the fact that ...* |
| Je doute d'avoir l'occasion de visiter des ruines pendant ces deux semaines. | *I doubt if I will get the chance to visit ruins during my two weeks.* |
| J'imagine qu'ils ne vont rien vouloir faire d'autre que se défouler. | *I imagine that they are going to do nothing apart from relaxing.* |
| Bien sûr, mes parents s'inquiètent un peu mais ils ont confiance en moi. | *Of course my parents are a bit worried but they trust me.* |

## Accent Français

### TARA

### Vive les vacances !

**Moi, j'attends les vacances avec impatience.** Cette année a été très dure pour moi, donc j'ai hâte d'en avoir fini avec les examens. J'ai trouvé un emploi pour juin et juillet. **Je me suis faite embaucher pour faire la plonge dans un petit restaurant près de chez moi.** Ce n'est pas super bien payé mais, cette année, ça a vraiment été difficile de trouver un boulot. **Je suis vraiment fauchée et j'aurai besoin d'argent si je veux pouvoir partir à l'étranger** avec tous mes amis du lycée. **On envisage d'aller au Portugal pendant dix jours fin août.** Ça va coûter super cher mais mes parents veulent que je paye mes vacances moi-même. Alors, c'est pour ça que je travaille presque tout l'été.

J'ai déjà de l'expérience en tant que serveuse mais jamais comme plongeur. Je préférerais travailler en salle car il y a des pourboires, mais comme on dit, '**faute de grives, on mange des merles !**'. Je vais finir tard tous les soirs mais je pourrai faire la grasse matinée ; il y a pire comme situation ! Début août, mes parents, qui sont de vrais francophiles, ont loué une maison à Carnac en Bretagne. Nous y allons tous les étés alors **je connais bien l'endroit.** J'espère qu'il fera beau ! Et puis même s'il ne fait pas beau, je me changerai tout de même les idées.

**Comme je le disais, j'adore la lecture** et quand je suis à Carnac j'ai le temps de lire un tas de livres. S'il fait beau je vais à la plage et je bronze, ou bien je joue au tennis avec mon frère. Le soir, on essaie de manger en famille. Ça fait du bien parce que ce n'est pas toujours possible à Galway.

Moi aussi j'adore la France. **C'est un super beau pays où on mange tellement bien.** Les pâtisseries sont excellentes et le pain aussi évidemment. **Je trouve que les Français prennent plus le temps de vivre que nous et, moi, je pense que c'est vraiment mieux qu'ici.**

**Ils ont des défauts bien sûr, comme tout le monde,** par exemple ils sont parfois un peu chauvins. **Pourtant, il faut éviter de les mettre tous dans le même panier !** Ils sont tous différents, il y en a des gentils et des moins gentils. C'est vrai que parfois, ils râlent un peu, ils critiquent tout, mais ils ont aussi des qualités. En France, on adore parler et manger ensemble ! En plus, il y a énormément de choses à faire en France. Le paysage est tellement varié. Il y a les grandes villes, la montagne, la campagne, la plage. C'est un pays magnifique.

**Mais bon, ce n'est pas facile de penser aux vacances quand on est en plein milieu des examens !**

### Quelques expressions intéressantes utilisées par Tara

| | |
|---|---|
| Moi, j'attends les vacances avec impatience. | I am really looking forward to the holidays. |
| Je me suis faite embaucher pour faire la plonge dans un petit restaurant près de chez moi. | I got myself a job washing up in a small restaurant near my house. |
| Je suis vraiment fauchée et j'aurai besoin d'argent si je veux pouvoir partir à l'étranger. | I am really broke and I will need money if I want to be able to go abroad. |
| On envisage d'aller au Portugal pendant dix jours fin août. | We plan on going to Portugal for 10 days at the end of August. |

### Quelques expressions intéressantes utilisées par Tara

| | |
|---|---|
| 'Faute de grives, on mange des merles !' | *Beggars can't be choosers! (Literally, for lack of thrushes you eat blackbirds.)* |
| Je connais bien l'endroit. | *I know the place really well.* |
| Comme je le disais, j'adore la lecture. | *As I was saying, I love reading.* |
| C'est un super beau pays où on mange tellement bien. | *It is a really nice country where they eat really well.* |
| Je trouve que les Français prennent plus le temps de vivre que nous et, moi, je pense que c'est vraiment mieux qu'ici. | *I find that the French take more time to live than we do and I really find that better than here.* |
| Ils ont des défauts bien sûr, comme tout le monde. | *They have their faults of course like everyone.* |
| Pourtant, on doit éviter de les mettre tous dans le même panier ! | *However, we must avoid putting them in the same basket (tarring them with the same brush)!* |
| Mais bon, ce n'est pas facile de penser aux vacances quand on est en plein milieu des examens ! | *But, well, it is not easy to think about the holidays when you are right in the middle of your exams!* |

# Questions

1. Pourquoi partez-vous en vacances ?
2. Où allez-vous en vacances ?
3. Avec qui partez-vous en vacances cet été ?
4. Que faites-vous quand vous êtes en vacances ?
5. Comment passez-vous vos vacances ?
6. Etes-vous parti(e) en vacances l'été dernier ?
7. Où êtes-vous allé(e) ?
8. Avez-vous déjà fait des projets de vacances pour cet été ?
9. Est-ce que vous avez déjà prévu quelque chose pour les vacances cet été ?
10. Qu'est-ce que vous avez fait pendant les vacances de Pâques ?
11. Avez-vous déjà visité la France ?
12. Parlez un peu de votre visite / de votre séjour en France.
13. Êtes-vous déjà allé(e) en France / à l'étranger ?
14. Quelle est la plus grande différence entre les Français et les Irlandais ?
15. Est-ce que vous êtes déjà allé(e) en France / à l'étranger ?
16. Où irez-vous en vacances cet été ?
17. Que voudriez-vous faire cet été, après les examens ?
18. Où comptez-vous aller en vacances cet été ?
19. Quels pays aimeriez-vous visiter cet été ?

# LA BOÎTE À MOTS !
## Pour vous aider à décrire vos vacances en détail

| | |
|---|---|
| Vivement les vacances ! | *I can't wait for the holidays!* |
| Il me tarde d'être en vacances. | *I'm dying to be on holidays.* |
| J'ai hâte / Je suis pressé(e) d'y aller. | *I can't wait to go there.* |
| J'attends les vacances avec impatience. | *I am dying for the holidays.* |
| Je suis impatient(e) d'y être. | *I can't wait to be there.* |
| Nous allons à l'étranger. | *We are going abroad.* |

| | |
|---|---|
| On ira en France. | We will go to France. |
| On va aller au Portugal. | We are going to go to Portugal. |
| On pense aller à Paris. | We are thinking of going to Paris. |
| Je vais faire un séjour en Angleterre. | I am going to England on holiday. |
| Ma famille loue une maison en bord de mer. | My family is renting a house beside the sea. |
| Nous avons une maison de vacances / une résidence secondaire au bord de la mer. | We have a holiday home beside the sea. |
| On a loué un gîte rural en France. | We have rented a country cottage in France. |
| On va à la plage tous les jours. | We go to the beach every day. |
| On fait du bateau. | We go on boat trips. |
| On fait de la planche à voile. | We go windsurfing. |
| On fait du ski nautique. | We go waterskiing. |
| On fait des randonnées. | We go hiking. |
| On fait des pique-niques. | We have picnics. |
| On louera un bateau. | We will rent a boat. |
| On loue des pédalos. | We rent pedalos. |
| On va à la pêche. | We go fishing. |
| J'adore aller à la pêche à la ligne. | I love going line fishing. |
| Cet été, je compte aller en vacances avec ma famille. | This summer I am planning on going on holidays with my family. |
| Nous avons une caravane / un mobil-home. | We have a caravan / a mobile home. |
| Quand il ne fait pas beau on reste à l'intérieur. | When the weather is not nice we stay inside. |
| C'est un endroit très reposant. | It's a very relaxing place. |
| Notre appartement est dans un petit village au pied des montagnes. | Our apartment is in a small village in the foothills of the mountains. |
| C'est un coin vraiment tranquille. | It is a very quiet place. |
| Avec notre camping-car on visite tout le pays. | With our camper van we visit the entire country. |
| Je m'allonge avec un bon livre au soleil. | I lie out in the sun with a good book. |
| Je prends des bains de soleil. | I go sunbathing. |
| Je supporte mal le soleil donc je reste à l'ombre. | I don't cope well in the sun so I stay in the shade. |
| J'ai la peau très blanche donc j'attrape des coups de soleil très facilement. | I have very pale skin so I get sunburnt very easily. |
| Quand je vais au café, j'adore aller en terrasse et regarder passer tout le monde. | When I go to the café I love going to the terrace and watching everyone going past. |

| | |
|---|---|
| Malheureusement, avant les vacances il y a le Bac mais n'en parlons pas. | Unfortunately, before the holidays there is the Leaving Cert. But let's not talk about it. |
| C'est difficile de penser aux vacances quand on n'a pas encore passé le Bac. | It is difficult to think about the holidays when we haven't yet sat the Leaving. |
| Toute la bande a organisé des vacances à l'étranger. | All the gang have organised holidays abroad. |
| On va passer deux semaines sans les parents. Ça va être cool. | We are going to spend two weeks without parents. It's going to be really cool. |
| Je dois dire que je pense que ça va être de la folie furieuse ! | I have to say that I think it is going to be mad! |
| On ira en boîte tous les soirs. | We will go to a nightclub every night. |
| On va passer des nuits blanches. | We are going to spend sleepless nights. |
| On va rester en ville jusqu'au matin. | We are going to stay in town until morning. |
| On fera les magasins ensemble. | We will go shopping together. |
| On ira au resto. | We will go to restaurants together. |
| On mangera ensemble tous les soirs. | We will eat together every evening. |
| Il y a pas mal de choses intéressantes à faire et à voir. | There are loads of interesting things to do and to see. |
| On pense faire un voyage InterRail. | We are thinking of going on an InterRail trip. |
| On compte visiter plusieurs pays. | We are planning on visiting several countries. |
| Je pense que ça va être extra. | I think that it is going to be fab. |
| J'espère qu'il fera beau. | I hope that the weather will be good. |
| J'ai fait des économies / J'ai mis de l'argent de côté pour payer mes vacances. | I saved up to pay for my holidays. |
| J'ai besoin d'une pause. | I need a break. |
| J'ai envie de m'amuser. | I want to enjoy myself. |
| Après une année difficile, j'ai besoin de vacances. | After a difficult year I need holidays. |
| J'ai trouvé la pression des examens difficile à supporter donc j'attends vraiment les vacances avec impatience. | I found the pressure of the exams difficult to deal with so I am really looking forward to the holidays. |

## Pour vous aider à parler de vos vacances en France et de la France en général

| | |
|---|---|
| Chaque année, nous allons en France. | We go to France every year. |
| Nous avons une maison de vacances en France. | We have a holiday home in France. |
| Je suis un(e) vrai(e) francophile. | I am a real francophile. |
| J'adore la France, c'est un pays magnifique. | I love France, it's a magnificent country. |
| Il y a plein de choses à faire. | There are loads of things to do. |
| C'est un pays qui est tellement varié ! On peut y faire du ski, aller à la plage et visiter de beaux châteaux. | It is a country that is so varied you can go skiing, go to the beach and visit beautiful castles. |
| J'adore la nourriture en France. | I love the food in France. |

## Accent Français

| | |
|---|---|
| Les Français savent apprécier la nourriture. | The French know how to appreciate food. |
| Il n'y a rien mieux qu'une bonne baguette ou un bon croissant. | There is nothing better than a good baguette or a good croissant. |
| Les Français prennent le temps de vivre et moi je trouve ça mieux qu'ici. | The French take the time to live and I find that better than here. |
| Ils peuvent être un peu distants par rapport à nous, les Irlandais. | They can be a bit distant in comparison to us, the Irish. |
| À mon avis, on ne peut pas généraliser. Les Français, ils sont tous différents. | In my opinion you can't make generalised judgements. French people are all different. |
| Comme dans chaque pays il y a des gens sympas et des gens moins sympas. | Like in every country there are nice people and those that are less nice. |
| C'est vrai que parfois, ils râlent un peu, critiquent tout, mais ils ont tant de qualités positives. | It's true that they complain a bit, that they criticise everything, but they have so many positive qualities. |
| En France, on adore parler et manger ensemble. | In France people love speaking and eating together. |
| J'adore la vie des cafés en France. J'adore le fait que les Français prennent le temps de parler en buvant un petit café. | I love the café scene in France. I love the fact that the French take time to chat while having a coffee. |
| Ils sont très fiers de leur culture et de leur langue. | They are very proud of their culture and their language. |
| Parfois, quand on ne parle pas bien français ça peut être difficile de communiquer avec les gens. | Sometimes when you don't speak French well it can be difficult to communicate with people. |
| Ils ont l'air distants mais quand on fait un effort pour parler leur langue, les Français sont très sympas. | They appear distant but when you make an effort to speak French they are very nice. |
| | |
| l'année dernière | last year |
| On est allés en vacances. | We went on holidays. |
| On a passé deux semaines inoubliables en Espagne dans un village très sympa. | We spent two unforgettable weeks in Spain in a very nice village. |
| Il faisait très chaud. | It was very hot. |
| Il faisait un peu trop chaud / un temps très lourd. | It was a little too hot / too muggy. |
| Il faisait un temps *pourri* (fam.), on a passé des matinées et des après-midi entières à regarder la télé. | It was rotten weather, we spent entire mornings and afternoons watching television. |
| À cause du temps maussade, on a été obligés de rester à l'intérieur. | Because of the dull weather we had to stay indoors. |
| Je me suis fait beaucoup de nouveaux amis. | I made a lot of new friends. |
| On est allés en boîte ensemble. | We went to a nightclub together. |
| C'était un coin très reposant. J'y ai passé deux semaines magnifiques. | It was a really relaxing area. I spent two fabulous weeks there. |
| Je suis allé(e) à la plage tous les jours. | I went to the beach every day. |
| Ça m'a fait du bien de passer deux semaines avec ma famille. | It did me good to spend two weeks with my family. |

# GRAMMAIRE

## Les comparatifs

### Pour faire des comparaisons, on utilise

> Plus ... que
> Moins ... que
> Aussi ou autant ... que

### Avec un adjectif

La France est **plus** grande **que** l'Irlande.
La France est **moins** chère **que** l'Irlande.
Les Français sont **aussi** riches **que** les Irlandais.

### Avec un verbe

**Verbe + plus / moins / autant + que**

Les Français dépensent **autant** d'argent **que** les Irlandais.
Les Irlandais boivent **moins** de café **que** les Français.

### Avec un adverbe

J'y vais **moins** souvent **que** je voudrais.

### Mais faites attention !

**Meilleur** est le comparatif de supériorité ou superlatif de **bon** :
Le café est **meilleur** en France **qu'**en Irlande.
**Mieux** est le comparatif de supériorité ou superlatif de **bien** :
La France joue bien mais l'Irlande joue **mieux** à mon avis.

## C'est une langue vivante !

| super | The suffix 'super' is frequently added to words to mean very or really. |
|---|---|
| C'est *super* (adv.) intéressant. | It's very interesting. |
| Il faisait *super* beau. | It was really warm. |
| *vachement* (fam.) | This is another word frequently used by young people to mean very. |
| *carrément* (fam.) | absolutely, totally, very, really, completely |

Cette année, c'était carrément impossible d'avoir une vie sociale.

# Attention à la prononciation !

The most common feature of spoken French is what is known as the *élision*. When speaking French, it is very common to drop certain letters and even words. You shouldn't be afraid of doing this as it is exactly the same in English. For example, *'I do not'* is replaced by *'I don't'* more often than not.

The most commonly dropped letter is **'e'**. Very often in spoken French this letter is simply not stressed in words such as **je**, **le** and **te**.

The negative **ne** is frequently omitted in French. As a result, it is common to hear **je ne sais pas** as pronounced like **j'sais pas.** This sounds like **'shay pas'** and can be difficult to understand.

> Je ne fais pas / J'fais pas **(chfé pa)**
>
> Je n'arrive pas / J'arrive pas **(jarivpa)**

Similarly, in spoken French the u from **tu** can be dropped when followed by words starting with a vowel or the silent 'h'.

> Tu arrives à quelle heure ? / T'arrives à quelle heure ?
>
> Tu habilles ta sœur, s'il te plaît ? / T'habilles ta sœur ...

Dropping of both the **negative** and the **u.**

> Tu n'es pas là / T'es pas là **(tépala)**

Once you get used to recognising this sound, speaking and listening to French becomes a whole lot easier.

Other common élisions include:

> **Je suis** which becomes **j'suis** and sounds like **'shwee'**.

Remember that these are never written and **only** sound like this in spoken French. In the past some of the Leaving Certificate aural sections have included conversations between young people that contain these elisions.

## Sample Conversation

Now listen to this conversation in which Paul talks to the examiner about his holidays. You should pay particular attention to the intonation and rhythm of his speech as well as how the examiner asks questions.

*Examiner:* Est-ce que vous avez des projets pour cet été ?

*Student:* Alors, Madame, j'ai un tas de projets pour cet été. J'ai trouvé un petit boulot qui commence en juin juste après les examens. Je dois faire des économies parce qu'il faut que je paie mes vacances à l'étranger.

*Examiner:* Vous allez où ?

*Student:* Nous comptons aller en Grèce fin août.

*Examiner:* Ah bon? Vous irez avec qui ?

*Student:* J'y vais avec mes camarades de classe. Nous serons une bonne vingtaine de la même école mais il y aura aussi d'autres élèves de toutes les autres écoles de Dublin.

*Examiner:* Qu'est-ce que vos parents pensent de tout ça ? Est-ce qu'ils s'inquiètent ?

*Student:* Je sais bien que mes parents s'inquiètent mais ils me font confiance quand même. Ils sont au courant que je bois de l'alcool mais toujours avec modération. Ils savent que je supporte mal l'alcool et que je pense que c'est bête de se saouler. En plus, ils connaissent tous mes amis. Et puis, je leur ai promis que quand je serai en Grèce, je rentrerai toujours de boîte en taxi et que je ne serai jamais seul. J'ai trop hâte d'y être. J'adore être avec mes amis et je pense que ça va être amusant.

*Examiner:* Et avez-vous d'autres projets pour cet été ?

*Student:* Euh oui, on va aller en France en famille début août.

*Examiner:* Où allez-vous en France ?

*Student:* Nous allons en Bretagne à Carnac. Nous y louons le même appartement depuis dix ans. C'est un coin très calme et très reposant. J'adore la France.

*Examiner:* À votre avis, quelles sont les plus grandes différences entre la France et l'Irlande ?

*Student:* Euh, ça c'est une bonne question. Alors … Tout d'abord il fait un temps plus chaud en France. Je crois que les français prennent le temps de vivre et moi je trouve ça mieux. De toutes les choses en France, je crois que c'est la nourriture que j'aime le plus. Surtout le pain. Il n'y a rien de mieux qu'une bonne baguette ! J'aime aussi la façon de vivre en France – les marchés, les boulangeries, les heures passées à table. Et le pays lui-même est magnifique – les fermes, les forêts, les plages, l'architecture. Moi, je me demande comment c'est possible de ne pas aimer la France. Je suis vraiment francophile.

*Examiner:* Et au niveau du français, qu'est-ce que vous pensez de la langue ?

*Student:* J'adore la langue française. Mais je dois admettre que c'est très difficile. La grammaire et la prononciation. C'est une très belle langue.

## Accent Français

### My Examination Technique

Jennifer Lee sat the Leaving Certificate in 2010 and achieved an A1 in French. Her top tips for the Aural are:

1. Make sure you know all the basics inside-out, i.e. days of the week, months, numbers, the alphabet. These may seem obvious, but when under pressure, the simplest thing can slip your mind if you haven't revised it recently. Use flashcards to refresh your memory.

2. In the exam, try to make your answers as full as possible. Write down all the details you understand and organise them into a logical answer. This will ensure you don't lose valuable marks for missing a part.

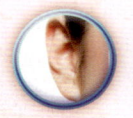

## PARCOURS AUDIO

### Et maintenant, j'écoute !

Pour voir le texte de ces dialogues, allez page 209 !

You will now hear Maxime and Camille talking about their holidays. You will hear the material **three** times: first right through, then in **three segments** with pauses and finally right through again.

1. (i) How long has it been since Maxime and Camille have last seen one another?
   (ii) What reason does Maxime give for not going out?
2. (i) Where are Maxime and his school friends going on holidays?
   (ii) What comment does Maxime make about the apartment?
   (iii) Where has Maxime tried to get a job?
3. (i) List two reasons that Camille gives for wanting to visit Canada.
   (ii) Why does Camille want to go on an Interrailing holiday?

# UNITÉ 9
## LA VIE DES JEUNES (1)

Après avoir terminé ce chapitre, vous devriez pouvoir :

- parler de la vie des jeunes en Irlande
- parler un peu des aspects de la vie des jeunes, tels que :
    1. les nouvelles technologies
    2. la musique
    3. la mode
    4. la nourriture
- comprendre les questions qui sont susceptibles de vous être posées
- suivre les conversations du Parcours Audio

## Accent Français

# PARCOURS ORAL

### La vie moderne

**CIARÁN**

J'adore Internet, les gadgets *high-tech* comme on dit et l'innovation en général. Je suis *fana* de tout ce qui est lié aux nouvelles technologies. **Je passe un temps fou sur Facebook alors que je suis censé travailler.** Dès que je rentre chez moi le soir, je vais sur Facebook. J'adore parcourir les nombreuses pages de ce site. Sur Facebook je mets à jour mon statut, je commente le mur de mes amis, je publie les dernières photos de mon week-end. **C'est vrai que je suis à fond dedans.** Mon père me dit que je passe trop de temps sur Internet et je crois qu'il a raison.

J'ai aussi un iPhone et j'adore le fait de pouvoir être toujours en ligne. Ce n'est pas que je passe ma vie entière sur Internet mais je ne peux pas en décoller non plus ! J'adore *tchater* avec mes amis sur Facebook et MSN. C'est trop drôle. À part ça, j'adore la musique donc je passe pas mal de temps sur des sites où je peux en écouter. J'ai toujours mon iPod avec moi. **C'est une invention vraiment formidable qui me permet d'écouter toutes mes chansons favorites, peu importe l'endroit où je suis.** En ce qui concerne la mode, ça ne m'intéresse pas trop. Je ne suis pas comme mes amis qui dépensent toutes leurs économies dans des vêtements. Pour moi, c'est vraiment un gaspillage d'argent. Normalement, je porte un jean et un sweat. C'est pratique.

**Même si je ne m'intéresse pas trop à l'uniforme, je dois dire que je le déteste. C'est super moche** (fam.)*, **à mon avis.** Je crois que c'est trop nul l'uniforme car on ne peut pas se différencier les uns des autres. **Je pense que les élèves devraient pouvoir porter leurs propres vêtements s'ils en ont envie.** L'uniforme masque notre personnalité. J'ai hâte d'être à la fac parce qu'on peut s'habiller comme on le souhaite.

En ce qui concerne la nourriture, je ne suis pas difficile. Comme je l'ai déjà dit, je suis très sportif, donc j'essaie de me nourrir correctement. **Ce n'est pas possible de garder la forme sans manger des repas équilibrés.** Mais le week-end, quand je sors avec mes amis, on va souvent au McDo. Je sais que le *fast-food* n'est pas vraiment bon pour la santé mais une fois par mois ça va quand même ! **Je ne comprends pas pourquoi tant de gens préfèrent manger de la malbouffe plutôt que des aliments sains.** Mais malheureusement, c'est un vrai problème je crois.

Moi, j'ai de la chance parce que ma mère cuisine très bien et nous prenons nos repas en famille aussi souvent que possible. J'aime manger ensemble comme ça parce que ça nous permet de raconter notre journée.

*moche = laid / vilain

### Quelques expressions intéressantes utilisées par Ciarán

| | |
|---|---|
| Je passe un temps fou sur Facebook alors que je suis censé travailler. | I spend a mad amount of time on Facebook while I am meant to be working. |
| C'est vrai que je suis à fond dedans. | It's true that I am mad into it. |
| C'est une invention vraiment formidable qui me permet d'écouter toutes mes chansons favorites, peu importe l'endroit où je suis. | It's a fantastic invention which allows me to listen to all of my favourite songs no matter where I am. |
| Même si je ne m'intéresse pas trop à l'uniforme, je dois dire que je le déteste. | Even if I am not interested in the uniform, I have to say that I hate it. |

| | |
|---|---|
| C'est super moche (fam.), à mon avis. | It's really ugly in my opinion. |
| Je pense que les élèves devraient pouvoir porter leurs propres vêtements s'ils en ont envie. | I think that students should be able to wear their own clothes if they feel like it. |
| Ce n'est pas possible de garder la forme sans manger des repas équilibrés. | It is not possible to stay fit without eating balanced meals. |
| Je ne comprends pas pourquoi pas mal de gens préfèrent manger de la malbouffe plutôt que des aliments sains. | I don't understand why lots of young people prefer to eat junk food rather than healthy food. |

## La vie des jeunes

### TARA

**7** Moi, les gadgets ne m'intéressent pas trop. Par exemple, mon portable a quatre ans. Mes amis se moquent de moi. **Mais moi, je ne vois pas pourquoi il faut changer de téléphone tous les six mois juste pour être à la mode !** J'aime Internet quand même parce que ça me permet de contacter mes amis. **Je suis habituellement en ligne le soir et j'adore tchater avec eux.** C'est excellent parce que je peux garder contact avec des copains que je me suis faits l'année dernière dans le Gaeltacht. **J'ai une page Facebook mais je ne suis pas vraiment à fond dedans. Je mets à jour mon statut et je regarde ce que mes amis racontent.** J'aime aussi afficher quelques photos de nous.

Je me sers aussi d'Internet pour mes devoirs. **Il y a pas mal de sites Internet qui sont vraiment très utiles.** Par exemple, en ce moment, j'en consulte un pour un devoir d'anglais.

Comme la musique c'est ma passion, je passe pas mal de temps sur des sites où je peux en écouter. Surtout YouTube ou eMusic. Bien sûr, comme tout le monde, j'ai un iPod. Mon petit copain me l'a acheté il y a quelques semaines comme cadeau d'anniversaire. C'est trop cool ! **J'ai au moins mille chansons dedans.**

**8** Moi, j'adore la nourriture. Souvent, je prépare des repas pour toute la famille. Ça me fait tellement plaisir de faire ça. Chez nous, la nourriture est très importante. On mange toujours équilibré. **Je mange à ma faim, pas plus et à des heures régulières.** Je ne grignote jamais. **En plus, je choisis des produits bios aussi souvent que possible.** C'est mieux pour l'environnement et je préfère leur goût.

Je suis passionnée par la mode. J'aime faire les magasins avec mes copines le samedi après-midi. **Toutes mes amies portent des *fringues* (fam.)\* super chouettes.** Par contre moi, je n'aime pas trop les vêtements de marque. Heureusement, à Galway, il y a beaucoup de petites boutiques qui vendent des vêtements super cool à des prix abordables.

Malheureusement, à l'école, on est obligés de porter un uniforme trop moche ! **C'est embêtant de porter la même chose tous les jours !** Je déteste le fait qu'on soit tous pareils ! **Je me sens comme un petit point bleu marine sur une grande vague bleue.**

Mais je comprends que l'uniforme n'est relativement pas cher, comparé aux vêtements de marque. **En plus, il cache les différences sociales.** Donc, peut-être est-ce là une bonne chose ?

\*fringues = vêtements

## Accent Français

### Quelques expressions intéressantes utilisées par Tara

| | |
|---|---|
| Mais moi, je ne vois pas pourquoi il faut changer de téléphone tous les six mois juste pour être à la mode ! | But I do not see why we need to change phones every six months just to be fashionable! |
| Je suis habituellement en ligne le soir et j'adore tchater avec eux. | I am normally online in the evenings and I love to chat with them. |
| J'ai une page Facebook mais je ne suis pas vraiment à fond dedans. | I have a Facebook page but I am not really into it. |
| Je mets à jour mon statut et je regarde ce que mes amis racontent. | I update my status and I look at what my friends are saying. |
| Il y a pas mal de sites Internet qui sont vraiment très utiles. | There are loads of internet sites that are really useful. |
| J'ai au moins mille chansons dedans. | I have at least one thousand songs on it. |
| Je mange à ma faim, pas plus et à des heures régulières. | I satisfy my hunger but nothing more and I eat at regular intervals. |
| En plus, je choisis des produits bios aussi souvent que possible. | What's more I choose organic produce as often as possible. |
| Toutes mes amies portent des *fringues* (fam.) super chouettes. | All my friends wear really great clothes. |
| C'est embêtant de porter la même chose tous les jours ! | It's a pain to wear the same thing every day! |
| Je me sens comme un petit point bleu marine sur une grande vague bleue. | I feel a little like a small navy blue dot in a big blue wave. |
| Mais je comprends que l'uniforme n'est relativement pas cher comparé aux vêtements de marque. | I understand that the uniform is not too expensive compared to designer clothes. |
| En plus, il cache les différences sociales. | What's more, it helps hide social differences. |

## Questions

1. Est-ce que vous passez beaucoup de temps sur Internet ?
2. Que pensez-vous des nouvelles technologies ?
3. Est-ce que vous avez une page Facebook ?
4. Est-ce que vous avez un iPod ?
5. Avez-vous beaucoup de chansons dedans ?
6. Est-ce que vous pensez que l'uniforme est une bonne idée ?
7. Aimez-vous votre uniforme ?
8. Suivez-vous la mode ?
9. Est-ce que vous dépensez beaucoup d'argent en vêtements ?
10. Est-ce que vous mangez équilibré ?
11. Est-ce que vous allez souvent dans des restos type McDo ?
12. Quel est votre plat préféré ?
13. Aimez-vous cuisiner ?
14. Est-ce que vous mangez en famille ?

# LA BOÎTE À MOTS !

## Les nouvelles technologies

| | |
|---|---|
| les multimédia | *multimedia* |
| l'informatique | *computer science* |
| un(e) informaticien(ne) | *a computer scientist* |
| un ordinateur | *a computer* |
| un ordinateur / un ordi | *a computer* |
| un PC | *a PC* |
| un ordinateur portable | *a laptop* |
| un cédérom | *a CD-ROM* |
| le net | *the net* |
| Internet | *the internet* |
| le pourriel | *spam* |
| un mél / un courriel | *an email* |
| une page d'accueil | *a home page* |
| un cybercafé | *a cybercafe* |
| un navigateur | *a browser* |
| un moteur de recherche | *a search engine* |
| un pirate (informatique) | *a hacker* |
| un jeu vidéo | *a computer game* |
| le logiciel | *software* |
| le traitement de textes | *word processing* |
| un(e) internaute | *an internet user* |

## Quelques verbes utiles

| | | | |
|---|---|---|---|
| cliquer | *to click* | effacer | *to delete* |
| taper | *to type* | télécharger | *to download / to upload* |
| scanner | *to scan* | bloquer | *to block* |
| traiter | *to process* | beuguer | *to crash* |
| installer | *to install* | démarrer | *to start* |
| formater | *to format* | redémarrer | *reboot* |
| mémoriser | *to store* | se connecter | *to log on* |
| mettre en mémoire | *to store* | chatter | *to chat (online)* |
| mettre à jour | *to update* | tchater | *to chat (online)* |
| copier | *to copy* | sauvegarder | *to save* |

## GRAMMAIRE

### Pour exprimer la cause

- **« Parce que »**

    On répond à la question pourquoi avec **parce que** + verbe à l'indicatif (présent, imparfait, etc.).

    *Par exemple :* Je suis allé(e) en France **parce que** je voulais améliorer mon français.
    J'aime Internet **parce que** je peux tchater avec mes amis.

- **« A cause de / d' »**

    A cause de + nom ou pronom quand la raison est négative.

    *Par exemple :* Notre vol a été annulé **à cause de** la grève.
    Cette année, je suis souvent très stressé(e) **à cause des** examens.

- **« Grâce à »**

    Grâce à + nom ou pronom quand la raison est positive.

    *Par exemple :* **Grâce à** mon boulot, j'aurai les moyens d'aller à l'étranger.
    **Grâce à** Internet, je peux parler avec ma tante qui habite aux États-Unis.

    On peut aussi exprimer la cause en utilisant des expressions comme :

- **« Puisque »**

    **Puisque / Puisqu'** est utilisé pour démontrer ou prouver quelque chose.

    *Par exemple :* Je n'ai pas pu sortir **puisque** j'avais un examen le lendemain.
    Je ne suis pas allé(e) à l'école **puisqu'**il y avait trop de neige.

- **« Comme »**

    **Comme** est utilisé pour introduire une cause logique.

    *Par exemple :* **Comme** j'avais un examen le lendemain, je n'ai pas pu sortir.

### Adverbes utilisés pour exprimer la cause

| en effet | tant | tellement |

## Attention à la prononciation !

### La lettre g

La lettre g se prononce [g] si elle est suivie des voyelles : a / o / u et leurs déclinaisons avec accents (like 'g' in the English word 'good').

*Par exemple :* goûter, gâter, dégoûtant, un gâteau, le gazole, le gazon, garni, un gars, un gaspillage, gaspiller, regarder, la guerre

La lettre g se prononce [ʒ] si elle est suivie des voyelles : e / i / y et leurs déclinaisons avec accents (sauf pour y) (like 'g' in the English word 'mirage').

*Par exemple :* la gentillesse, gentil, une girafe, gifler, un gilet, un gîte, la géo, un gérant, gérer, un germe, un geste, la gymnastique

## Internet

| | |
|---|---|
| Je me connecte surtout le week-end. | I mostly go online at the weekend. |
| J'utilise Internet pour envoyer des courriels. | I use the internet to send emails. |
| J'envoie des messages à mes amis. | I send messages to my friends. |
| Internet me permet de voir le monde de chez moi. | The internet allows me to see the world from my house. |
| Je me connecte pour faire mes devoirs. | I go online to do my homework. |
| Je passe pas mal de temps en ligne. | I spend quite a lot of time online. |
| J'aime *surfer* le net, je *tchate* avec mes amis et j'écoute de la musique. | I love to surf the net. I chat with my friends and I listen to music. |
| Il y a toujours quelque chose de drôle à voir sur YouTube. | There is always something funny to see on YouTube. |
| Pendant la pause-déjeuner, j'utilise Internet pour faire des recherches. | During the lunch break I use the internet to look things up. |
| En ce moment, je consulte des sites Internet pour un devoir de biologie. | At the moment I am checking internet sites for biology homework. |
| Moi, j'adore la musique donc je passe pas mal de temps sur des sites où je peux en écouter. | I love music so I spend a lot of time on sites where I can listen to music. |
| Je télécharge pas mal de chansons. | I download quite a lot of music. |
| Mon meilleur ami a déménagé récemment mais Internet nous permet de garder contact. | My best friend moved recently, but the internet allows us to stay in touch. |

## Pour parler de sites comme Facebook en détail

| | |
|---|---|
| J'adore Facebook. | I love Facebook. |
| Je crois que c'est une invention formidable. | I think it is an excellent invention. |
| Cela me permet de garder contact avec des amis que je ne vois pas régulièrement. | It allows me to stay in touch with friends that I do not see regularly. |
| Facebook me permet de garder contact avec des gens que je perdrais de vue autrement. | Facebook allows me to keep in contact with people that I would not see anymore. |
| Je passe au moins une demi-heure par jour sur Facebook. | I spend at least half an hour a day on Facebook. |
| J'adore voir les choix musicaux de mes amis. | I love seeing the musical choices of my friends. |
| Moi, j'ai un iPhone et j'aime le fait de pouvoir être toujours en ligne. | I have an iPhone and I love the idea of always being online. |
| Sur Facebook je mets à jour mon statut, je commente le mur de mes amis, j'affiche les dernières photos de mon week-end … je suis à fond dedans. | On Facebook I update my profile, I post on my friends' walls, I put up the latest photos from my weekend … I am really into it. |
| J'adore la manière dont Facebook me permet d'avoir des nouvelles de mes amis. | I love the way that Facebook helps me hear from my friends. |

### Accent Français

| | |
|---|---|
| Pour ceux qui sont timides dans la vie réelle, je crois qu'Internet est formidable. | For those who are shy in real life I think that the internet is great. |
| Certains se sentent moins vulnérables sur le Net. | Some people feel less vulnerable on the net. |
| Mes parents sont assez vieux jeu et ils pensent que ce *machin* (fam.) est une énorme perte de temps. | My parents are old-fashioned and they think this thing is an enormous waste of time. |

## Pour parler d'Internet de façon abstraite

| | |
|---|---|
| Les sites de réseau social, les jeux en ligne, les sites de partage vidéo, les gadgets comme l'iPod et l'iPhone font aujourd'hui partie de la culture des jeunes. | Social networking sites, online gaming, video sharing sites, gadgets like the iPod and the iPhone are part of youth culture today. |
| Il y a pas mal de gens qui sont devenus accros à Internet. C'est pourquoi les chercheurs ont commencé à s'en soucier. | There are a lot of people who have become addicted to the net that is why researchers are beginning to worry about it. |
| Internet est présent partout aujourd'hui, mais son utilisation excessive présente des risques pour la santé. | The internet is present everywhere today but it's overuse presents risks for your health. |
| Passer beaucoup de temps seul devant un ordi rend passif. | Spending a lot of time alone on the internet makes you inactive. |
| Des études montrent que les internautes accros sont de plus en plus nombreux. | Studies show that internet addicts are more and more common. |
| Ces gadgets ont tellement imprégné la vie des jeunes qu'il est difficile de croire qu'ils n'existent que depuis une décennie. | These gadgets have entered so much into the lives of young people that it is difficult to believe that they have only existed for a decade. |
| Il faut admettre qu'Internet peut être dangereux aussi. | You have to admit that the internet can also be dangerous. |
| Chaque année dans bon nombre d'écoles en Irlande, il y a beaucoup de victimes de cyber intimidation sur les réseaux sociaux. | Every year in many schools in Ireland there are a lot of victims of cyber intimidation on social network sites. |

## La musique

| | |
|---|---|
| Moi, je suis un(e) grand(e) amateur / amatrice de musique. | I am a big music fan. |
| J'ai un iPod avec un tas de chansons. | I have an iPod with a load of songs. |
| Je suis toujours en train d'écouter de la musique sur mon iPod. | I am always listening to music on my iPod. |
| Mes parents me l'ont offert comme cadeau de Noël. | My parents bought it for me as a Christmas present. |
| Je partage des chansons avec mes amis. | I share songs with my friends. |
| Je télécharge des chansons sur iTunes. | I download songs from iTunes. |
| Ça coûte très cher je trouve. | I think it is very expensive. |
| Ma mère me dit que je vais m'abîmer les oreilles parce que j'écoute la musique trop fort. | My mum tells me that I am going to damage my ears because I listen to music too loud. |
| Moi, j'utilise mon MP3 mais pas tous les jours. Si je suis en voyage j'adore avoir mon lecteur MP3. | I use my MP3 but not every day. If I'm travelling I love having my MP3. |

| | |
|---|---|
| Je ne mets pas le volume trop fort car je sais que c'est dangereux. | I don't put the volume up loud because I know it is dangerous. |
| Si la musique est trop forte, on peut devenir sourd ou avoir des troubles de l'audition. | If the music is too loud you can become deaf or have difficulty with your hearing. |
| Je n'aime pas trop l'iPod. Je pense que quand on écoute de la musique, on doit être capable d'entendre les gens qui parlent autour de soi. | I don't like the iPod. I think that when you listen to music you have to be able to hear people when they are speaking around you. |
| Moi je trouve que les iPod et les MP3 sont mieux qu'avant. | I think that iPods and MP3s are better than before. |
| Les MP3 et les iPods sont devenus indispensables chez les jeunes d'aujourd'hui. | iPods and MP3s have become indispensable for today's young people. |
| Ma génération adore la musique. | My generation is big into music. |
| Mon groupe préféré c'est un groupe irlandais qui s'appelle The Coronas. Leurs chansons sont vives et rythmées. | My favourite group is the Coronas. Their songs are lively and rhythmical. |

## La mode

| | |
|---|---|
| Comme vous le voyez, Monsieur, ici il faut porter un uniforme. | As you can see, you have to wear a uniform here. |
| C'est vrai que les jupes et les robes ne sont pas mon style, mais au moins, on ne se fait pas critiquer si on ne porte pas de marques ! | It is true that the skirts and the dresses are not my style but at least people don't criticise you because you are not wearing labels! |
| À mon avis, c'est une bonne chose. Comme tout le monde est habillé de la même façon, personne ne vous juge. | In my opinion it's a good thing. As everyone is dressed the same, no one judges you. |
| Je suis totalement pour l'uniforme, parce que cela apporte énormément de choses positives. | I am in favour of a uniform because it brings so many positive things. |
| Tout d'abord, il ne faut pas choisir ses vêtements le matin. | First of all, you don't have to choose your clothes in the mornings. |
| Les uniformes permettent aux surveillants de reconnaître les « intrus potentiels » dans l'école. | A uniform allows the teachers on duty to recognise potential intruders in the school. |
| Les uniformes sont bien moins coûteux que les vêtements à la mode. | Uniforms are less expensive than fashionable clothes. |
| Puisque les élèves sont tous habillés de la même manière, il n'y a aucun moyen de voir les différentes classes sociales. | As all the students are dressed the same there is no way to see differences in social classes. |
| On dit que dans les écoles où on porte l'uniforme, les élèves sont plus disciplinés. | They say that in schools where students wear a uniform, the students are better behaved. |
| Certains disent que grâce à l'uniforme, les élèves apprennent mieux. | They say that thanks to the uniform, students learn better. |
| Moi, je suis pour le port de l'uniforme parce que ça évite les moqueries et les provocations. | I am for a uniform because it helps to avoid mocking and provocation. |
| Il y a beaucoup de personnes qui n'ont pas les moyens de se payer des vêtements. | There are loads of people who don't have the means to pay for clothes. |

| | |
|---|---|
| Je pense que les gens mettent trop d'importance dans leur façon de s'habiller. | I think that people put too much value in their way of dressing. |
| Malheureusement, il y a pas mal de discrimination vis-à-vis de ceux qui n'ont pas les moyens de s'acheter des vêtements de marque. | Unfortunately, there is a lot of discrimination towards those who do not have the means to buy labels. |
| Je suis contre les uniformes parce que généralement, ils sont tous laids. | I am against uniforms because generally they are all ugly. |
| À mon avis, les uniformes sont trop restrictifs. | In my opinion, uniforms are too restrictive. |
| Je pense que les enfants devraient pouvoir porter leurs propres vêtements s'ils en ont envie. | I think that children should be able to wear their own clothes if they wish. |
| Je suis contre l'uniforme. C'est *débile*, ça ne sert à rien et ça masque notre personnalité. | I am against a uniform, it's really rubbish, pointless and it hides our personality. |
| Certains disent que l'uniforme évite la compétition entre les élèves. Moi, je pense que ceux qui veulent se moquer trouveront toujours une raison pour le faire. | Some people say that a uniform avoids competition among students. I think that those who want to mock will always find a reason to do it. |
| Je suis contre le port de l'uniforme parce que je dis oui à la liberté d'expression. Les vêtements permettent de montrer qui on est. | I am against the wearing of a uniform because I say yes to freedom of expression. Clothing is a means of showing who you are. |

## Pour parler de la mode en général

| | |
|---|---|
| La mode est devenue une religion chez les jeunes. | Fashion has become a religion among young people. |
| Je dirais même que mes amis sont obsédés par la mode, tant les filles que les garçons. | I would even say that my friends are obsessed with fashion, the boys just as much as the girls. |
| Dès qu'il y a une nouvelle mode comme les UGG boots ou les Dubbes tout le monde la suit. | As soon as there is a new fashion like Ugg boots or Dubes, everyone follows it. |
| Du coup, la mode est maintenant un peu comme un uniforme. | As a result, fashion is a little like a uniform. |
| De plus, être à la mode ça coûte très cher ! | What's more, being fashionable costs a lot! |
| Une veste en cuir peut coûter dans les 200€. | A leather jacket can cost around €200. |
| Mes amis dépensent toutes leurs économies pour être branchés ! | My friends spend all their money to be trendy/fashionable! |

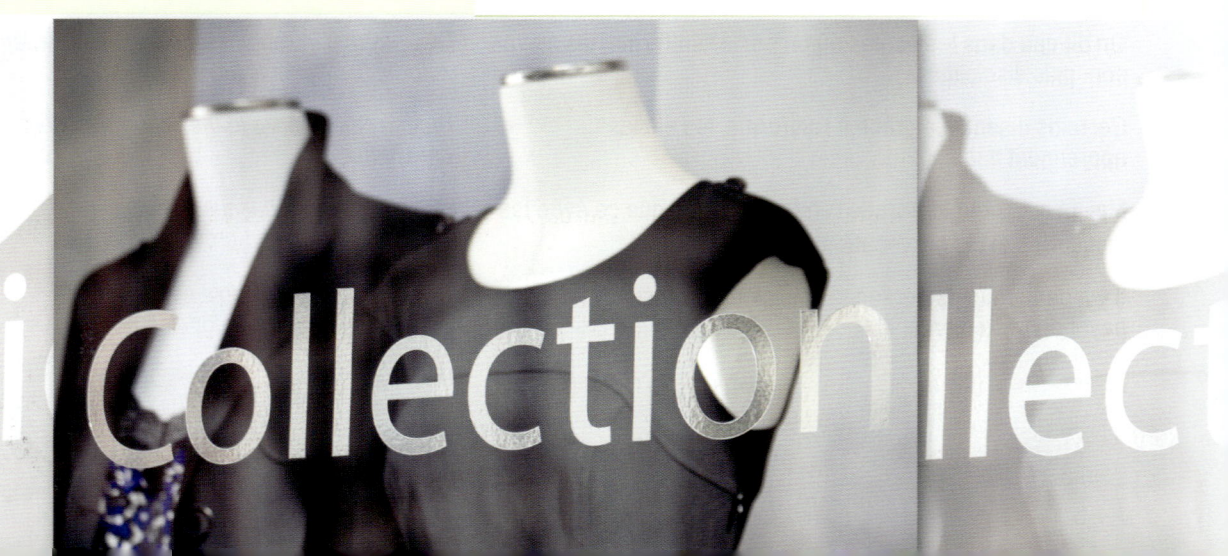

## La nourriture

| | |
|---|---|
| Pour moi, la nourriture est très importante. | For me food is really important. |
| Je fais de mon mieux pour bien manger. | I do my best to eat well. |
| J'adore cuisiner / faire la cuisine. | I love cooking. |
| J'adore la pâtisserie. | I love baking. |
| Ma spécialité ce sont les pâtes à la carbonara. | My speciality is pasta alla carbonara. |
| Chez nous, on mange toujours très bien. | In my house we always eat well. |
| Le matin, je prends … | In the mornings I have… |
| L'après-midi, je prends … | In the afternoon I have… |
| Le soir on mange en famille. | In the evenings we eat together as a family. |
| On mange toujours des repas équilibrés. | We always eat balanced meals. |
| Mais il est vrai que beaucoup de mes amis mangent mal. | But it is true that many of my friends eat badly. |
| Il est vrai que maintenant on voit de plus en plus de jeunes qui grignotent à tout moment de la journée. | It is true that now we see more and more young people snacking at every moment of the day. |
| Ils n'ont pas l'habitude de manger équilibré avec trois repas par jour. | They are not used to eating a balanced diet with three meals a day. |
| On parle beaucoup en ce moment d'une montée de l'obésité. | There is a lot of talk about the increase in obesity at the moment. |
| On parle aussi beaucoup des adolescents touchés par l'anorexie. | There is a lot of talk also about teenagers affected by anorexia. |
| Le problème est que les jeunes préfèrent manger de la malbouffe plutôt que des aliments sains. | The problem is that young people prefer to consume junk food rather than healthy food. |
| Il vaudrait mieux apprendre aux parents et aux enfants à équilibrer leurs repas. | We should educate parents and children about balanced meals. |
| Je n'aime pas la nourriture dans notre cantine. | I don't like the food in our canteen. |
| La nourriture au self de notre école n'est pas terrible. | The food in our self-service canteen is not great. |
| Malheureusement, dans beaucoup d'écoles en Irlande, il n'y a que de la malbouffe tous les jours. | Unfortunately, in a lot of schools in Ireland there is only junk food every day. |
| Je pense qu'il est très important de prendre le temps de manger en famille. | I think that eating as a family is very important. |
| Chez nous, l'heure du repas c'est un moment d'échanges, de rencontres et de discussions. | In our house, mealtime is a moment of exchanges, meetings and discussions. |
| À l'heure du repas on parle de ce qui nous intérese, de ce qui se passe à l'école et de nos projets. | At mealtime we speak about what interests us, what has happened in school and our plans. |
| Il faut éteindre la télé et obliger les enfants à aller jouer dehors avant le repas. Comme ça ils auront plus faim. | We need to turn off the television and to make children go and play outside before meals. In that way they will be hungrier. |
| La nourriture des *fast-foods* est mauvaise pour la santé. | Fast food is bad for your health. |

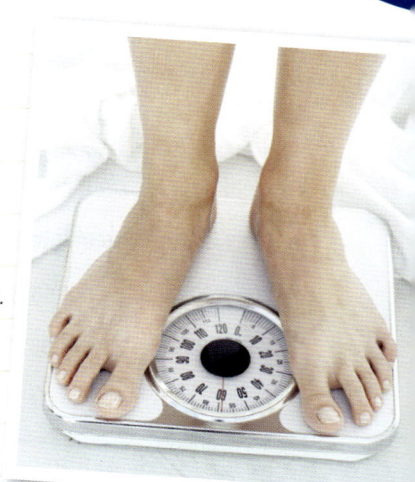

**Accent Français**

| | |
|---|---|
| Les *fast-foods* sont très populaires parmi / chez les jeunes. | Fast food restaurants are very popular with young people. |
| Les ados aiment se retrouver dans un lieu bien à eux. | Teens like meeting each other in a place that they feel belongs to them. |
| Mais il faut avouer que les repas sont peu chers, c'est donc idéal pour les petits budgets. | One has to admit that the meals are not too dear and this is ideal for small budgets. |
| On y mange vite et facilement. | One eats quickly and easily there. |
| Les adolescents ne mangent pas si mal que ça. | Teens don't eat as badly as that. |
| La plupart de mes amis ne mangent pas si mal que ça. | Most of my friends don't eat as badly as that. |

## My Examination Technique

Aislin Cullen sat the Leaving Certificate in 2010 and received an A1 in French. Her top three tips for the Aural are:

1. Write down EXACTLY what you hear, don't make assumptions.
2. Watch French TV or listen to some French radio; it helps an awful lot, even if you don't think you understand any of it.
3. Highlight the important words in each of the questions: when, where, what (e.g. good news), describe (e.g. steps necessary) before the CD starts and during the introduction part.

## À vous de jouer !

Maintenant, écrivez un article pour une revue sur la vie des jeunes en Irlande.

## Key Oral Examination Skills

It is less likely that you will be asked to speak about abstract topics such as the environment or alcohol than you will about yourself and your family. However, if you have prepared such abstract topics in detail make sure that you increase your chances of being questioned on them by working them into the *moi-même* or *je me présente* section of your conversation. While you are never guaranteed that you will be asked to speak on any given topic it is possible for you to take control of the conversation.

For example, if you are talking about your weekend it is possible to say that most of your friends drink but you don't, or that your parents don't like you to stay out too late because it is dangerous. In that way the examiner would be more disposed to asking you about alcohol and young people or crime.

This strategy will only work if you are well prepared and if you anticipate as much as possible what you could be asked. Bearing this in mind you should look closely at your oral copybook and ask yourself if there is any question of an abstract nature that could arise out of what you plan on saying about yourself.

## Sample Conversation

Now try role-playing the following conversation with a classmate. You can also download and listen to this file on folens.ie and folensonline.ie.

**Examiner:** Alors, Kim, est-ce que vous utilisez souvent Internet ?

**Student:** Oui bien sûr, chaque soir je vais sur Internet pour vérifier mes méls et pour *tchater* un peu avec mes amis sur MSN. Comme tout le monde dans ma classe, j'ai une page Facebook. Sur Facebook je mets à jour mon statut et je commente le mur de mes amis. C'est vrai que je suis vraiment à fond dedans.

**Examiner:** Est-ce que vous vous servez d'Internet pour vos devoirs ?

**Student:** Oui, je fais des recherches sur Google. Il y a pas mal de sites très utiles que j'utilise comme Wikipedia. Aussi, Internet est vraiment utile pour apprendre le français. J'écoute la radio française ou je télécharge des chansons françaises qui sont impossibles à trouver ici à Waterford.

**Examiner:** Qu'est-ce que vous pensez de l'uniforme ?

**Student:** Comme tout le monde, je déteste l'uniforme. Comme vous pouvez le voir c'est trop *moche* (fam.)*! Selon moi, la façon dont on s'habille reflète notre personnalité.

**Examiner:** Est-ce qu'ils sont stricts ici en ce qui concerne l'uniforme ?

**Student:** Oui, en fait ils sont assez stricts en ce qui concerne l'uniforme. Par exemple, ici il est défendu de se maquiller, de porter des boucles d'oreille ou d'avoir les cheveux trop longs. Si on ne respecte pas ces règles on est collés.

**Examiner:** Et la mode en général, est-ce que ça vous intéresse ?

**Student:** Moi, j'adore la mode. J'achète des magazines avec mon argent de poche et j'essaie de suivre la mode. Je dois avoir des chaussures dernier cri. J'aime acheter des vêtements de marque. Il y a ceux qui disent que la mode est comme un uniforme et qu'on porte des vêtements de marque pour montrer qu'on est membre du groupe. Mais moi, je ne suis pas d'accord. Je porte ce qui me va.

**Examiner:** Quel est votre plat préféré ?

**Student:** Oh vous savez, j'adore la nourriture alors c'est difficile de répondre à cette question ! J'adore les lasagnes, parce que j'aime bien la sauce bolognaise, le fromage et la sauce béchamel. Je les apprécie également avec des épinards et du saumon ou bien juste des légumes. Un autre plat que j'aime particulièrement, c'est la moussaka !

**Examiner:** Etes-vous bonne cuisinière, Kim ?

**Student:** Non, pas vraiment. Je ne suis pas douée pour la cuisine. Mais je ne mange jamais de malbouffe. Je déteste le *fast-food*. À mon avis, manger équilibré c'est très important.

*moche = laid / vilain

## Accent Français

# PARCOURS AUDIO

## Et maintenant, j'écoute !

**Pour voir le texte de ces dialogues, allez page 210 !**

You will now hear an interview with Catherine, a sociologist who has just published a book on young people. You will hear the interview **three** times: first right through, then in **three segments** with pauses, and finally right through again.

1. Name two areas that Catherine feels have contributed to the changes in the younger generation.
2. According to Catherine, what is now normal for young people?
3. 
   (i) What percentage of young people will be affected by eating disorders?
   (ii) How, according to Catherine, do people express themselves?
   (iii) What comment does Catherine make about shops like Zara?
4. Why, according to Catherine, might a student be rejected by his or her classmates?

# UNITÉ 10

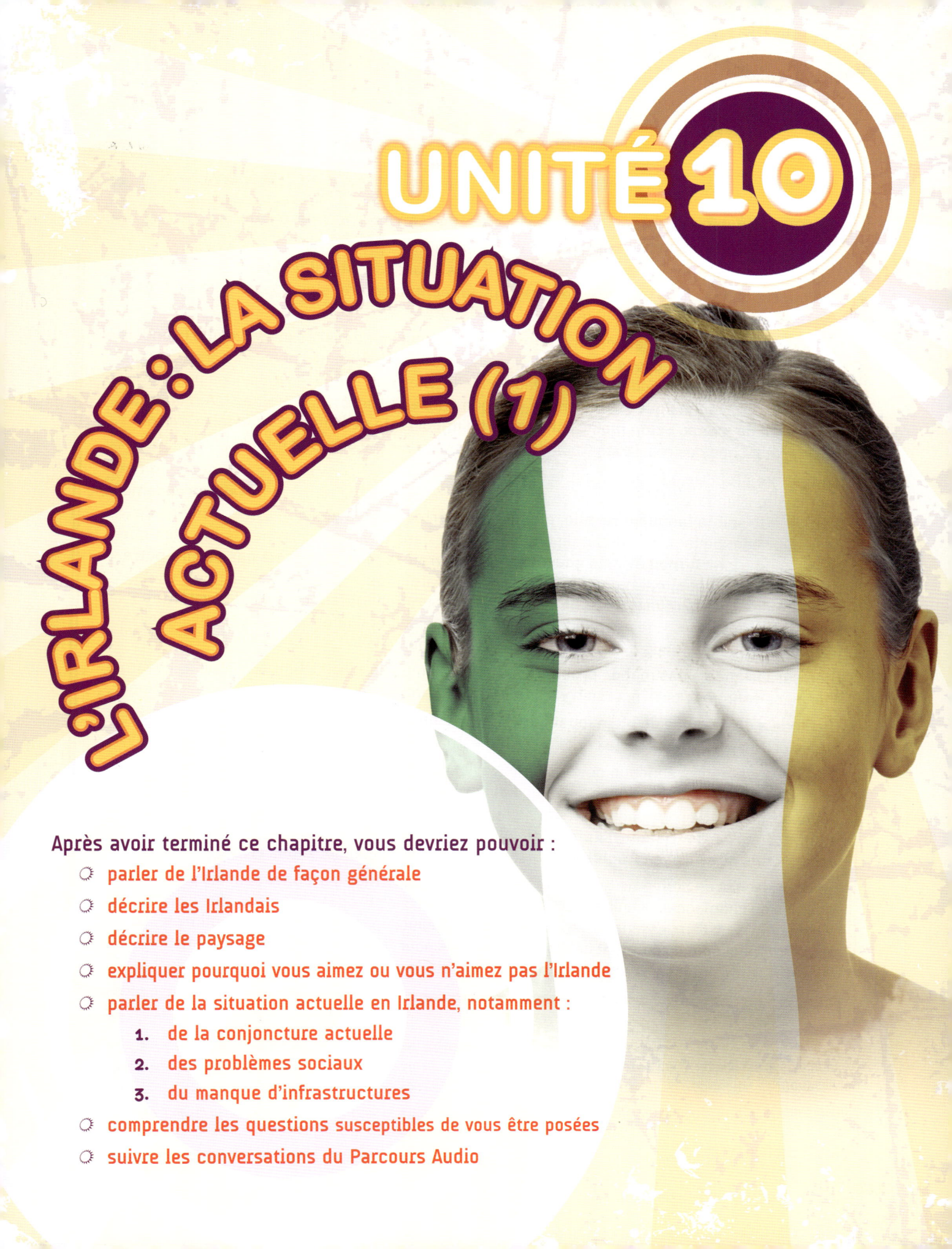

## L'IRLANDE : LA SITUATION ACTUELLE (1)

Après avoir terminé ce chapitre, vous devriez pouvoir :
- parler de l'Irlande de façon générale
- décrire les Irlandais
- décrire le paysage
- expliquer pourquoi vous aimez ou vous n'aimez pas l'Irlande
- parler de la situation actuelle en Irlande, notamment :
    1. de la conjoncture actuelle
    2. des problèmes sociaux
    3. du manque d'infrastructures
- comprendre les questions susceptibles de vous être posées
- suivre les conversations du Parcours Audio

# PARCOURS ORAL

**CIARÁN**

## J'adore l'Irlande

🔊 2 / 14

L'Irlande me fascine. **À mon avis, c'est une terre qui a vraiment une histoire et une civilisation.**

Le paysage est magnifique en Irlande, surtout dans l'ouest du pays. C'est pour ça que l'Irlande est un vrai havre de paix, pour ceux qui aiment la nature. Moi, j'adore la mer et les plages ici sont tellement magnifiques.

**Je dois dire que la vie sociale est chouette en Irlande, surtout dans les pubs. Le pub irlandais c'est vraiment quelque chose de spécial.** Je pense que l'ambiance des pubs est sensationnelle surtout quand c'est animé de musique traditionnelle. Bien que j'aime les musiques pop et rock, j'apprécie aussi la musique traditionnelle. Chaque année je vais au Fleadh Cheoil. **À mon avis, il n'y a rien de mieux. Selon moi, c'est une partie importante de l'identité irlandaise.** Notre musique est l'une des musiques traditionnelles les plus vivantes dans le monde entier.

Ma matière préférée à l'école, c'est le gaélique. J'ai une passion pour notre langue et, comme la musique irlandaise, je crois que ça fait partie de notre identité nationale. **Malheureusement, bien qu'elle soit la langue officielle, elle est peu parlée par les gens.** J'ai lu que moins de deux pour cent de la population utilisent le gaélique dans la vie quotidienne. Je dois dire que ça me rend triste. **À mon avis, le gouvernement devrait faire plus pour ne pas perdre notre patrimoine linguistique.** En plus, je crois que c'est lamentable qu'après douze ans d'écoles primaire et secondaire, on ne sache pas parler couramment. **Il faut changer le système éducatif.** Ce n'est pas une bonne idée que le gaélique soit obligatoire. Au lieu d'enseigner la littérature gaélique, nous devrions souligner l'importance de la langue parlée.

🔊 15 **Bien sûr l'Irlande a pas mal de problèmes.** Après la fin du soi-disant Tigre Celtique, l'économie irlandaise connaît la pire récession vécue par un pays industrialisé ces trente dernières années.

**L'Irlande a été frappée de plein fouet par la crise économique.** On a été victimes de la crise financière internationale, de la chute du marché immobilier intérieur et d'un chômage croissant.

Malheureusement, beaucoup de mes amis parlent d'émigration. C'est très difficile de trouver un boulot à cause de la crise financière. **J'ai lu récemment que le taux de départ est le plus élevé d'Europe.** Moi, personnellement, je suis sûr que les choses vont s'améliorer mais il faut admettre que l'expatriation est une possibilité assez réelle. **Si les perspectives ne s'améliorent pas, je crois que j'irai en Angleterre.** Mais juste pour un an ou deux, pas plus.

Le chômage est un problème très grave maintenant. **D'après moi, les jeunes sont les premières victimes du chômage en Irlande.** Pendant dix ans, on a eu le taux de chômage le plus bas en Europe maintenant c'est l'un des plus élevés. **Ça m'inquiète beaucoup mais il faut rester optimiste. Le gouvernement doit absolument débloquer des fonds pour financer des stages de formation.** Il faut offrir des stimulants financiers aux entreprises afin de créer plus d'emplois.

## Quelques expressions intéressantes utilisées par Ciarán

| | |
|---|---|
| À mon avis, c'est une terre qui a vraiment une histoire et une civilisation. | *In my opinion it is a country that really has a history and a civilisation.* |
| Je dois dire que la vie sociale est chouette en Irlande, surtout dans les pubs. Le pub irlandais c'est vraiment quelque chose de spécial. | *I have to say the social life is great in Ireland, especially in the pubs. The Irish pub really is something special.* |

| | |
|---|---|
| À mon avis, il n'y a rien de mieux. Selon moi, c'est une partie importante de l'identité irlandaise. | In my opinion, it is an important part of Irish identity. |
| Malheureusement, bien qu'elle soit la langue officielle, elle est peu parlée par les gens. | Unfortunately, even though it is the official language, it is hardly spoken by people. |
| À mon avis, le gouvernement devrait faire plus pour ne pas perdre notre patrimoine linguistique. | In my opinion, the government should do more so as not to lose our linguistic heritage. |
| Il faut changer le système éducatif. | We need to change the education system. |
| Bien sûr l'Irlande a pas mal de problèmes. | Of course Ireland has a lot of problems. |
| L'Irlande a été frappée de plein fouet par la crise économique. | Ireland was hit very badly by the economic crisis. |
| J'ai lu récemment que le taux de départ est le plus élevé d'Europe. | I read recently that the level of emigration is the highest in Europe. |
| Si les perspectives ne s'améliorent pas, je crois que j'irai en Angleterre. | If things don't improve I think that I will go to England. |
| D'après moi, les jeunes sont les premières victimes du chômage en Irlande. | In my opinion the young are the first victims of unemployment. |
| Ça m'inquiète beaucoup mais je pense sincèrement qu'il faut rester optimiste. | It bothers me but you have to remain optimistic. |
| Le gouvernement doit absolument débloquer des fonds pour financer des stages de formation. | The government must release funds to pay for training courses. |

## Mon pays — TARA

Pour moi, les plus grands problèmes sociaux en Irlande sont le chômage et les SDF. Le chômage m'inquiète beaucoup. **Mon oncle a été licencié il y a un an.** Les pères de certains de mes amis sont sans emploi et c'est très difficile pour eux. **Notre économie n'est pas bonne en ce moment.** Beaucoup d'usines ont fermé leurs portes. À mon avis, le gouvernement doit faire plus pour créer des emplois. Il faut créer des stages de formation pour les jeunes. Il me semble que l'éducation est ce qu'il y a de plus important. **Nous devons aider les plus défavorisés dans notre société à recevoir une bonne éducation.** Il faut débloquer des fonds pour les aider. À part le chômage, quelque chose qui m'agace encore plus, c'est le problème des SDF. C'est vraiment triste à voir. Ici à Galway il n'y a pas assez de places dans les foyers. **Il y a beaucoup de gens qui font la manche.** C'est difficile à croire, mais il y a des gens qui doivent mendier pour survivre. **Selon moi, le gouvernement devrait construire beaucoup plus de foyers d'accueil. Heureusement qu'il y a tous ces bénévoles qui font des choses pour venir en aide aux pauvres.** Dans notre école, nous avons une société caritative. Nous faisons de notre mieux pour aider les plus démunis. Par exemple, à Noël, on organise des collectes pour leur donner des vêtements chauds car en hiver, il peut faire souvent très froid. Tout le monde pense qu'ils sont des toxicomanes mais ce n'est pas vrai. Ce sont pour la plupart des gens comme vous et moi qui ont perdu leur emploi et qui se sont retrouvés à la rue, sans personne sur qui compter.

**Malgré le fait qu'on a pas mal de problèmes ici, je crois que l'Irlande reste quand même un pays très bien.** J'adore la campagne ici. C'est super beau. **Je crois qu'on a beaucoup de chance de vivre dans un tel pays.** On a des plages magnifiques et il y a beaucoup de choses à faire. Moi, j'habite au bord de la mer et **j'en profite pour faire de la voile et de longues promenades sur la plage. Je ne pourrais pas habiter ailleurs.**

## Accent Français

### Quelques expressions intéressantes utilisées par Tara

| | |
|---|---|
| Mon oncle a été licencié il y a un an. | My uncle was let go a year ago. |
| Notre économie n'est pas bonne en ce moment. | Our economy is not good at the moment. |
| Nous devons aider les plus défavorisés dans notre société à recevoir une bonne éducation. | We must help the most disadvantaged in our society to get a good education. |
| Il y a beaucoup de gens qui font la manche. | There are lots of people who beg. |
| Selon moi, le gouvernement devrait construire beaucoup plus de foyers d'accueil. | In my opinion the government should build many more homes. |
| Heureusement, qu'il y a tous ces bénévoles qui font des choses pour venir en aide aux pauvres. | Luckily there are all those charity workers who do things to help the poor. |
| Malgré le fait qu'on a pas mal de problèmes ici, je crois que l'Irlande reste quand même un pays très bien. | Despite the fact that there are lots of problems here, I think that Ireland is still a really good country. |
| Je crois qu'on a beaucoup de chance de vivre dans un tel pays. | I think that we are really lucky to live in such a country. |
| J'en profite pour faire de la voile et de longues promenades sur la plage. | I make the most out of it to go sailing and to take long walks on the beach. |
| Je ne pourrais pas habiter ailleurs. | I could not live anywhere else. |

### À vous de jouer !

Maintenant, décrivez les plus grands problèmes sociaux à vos camarades de classe.

- problèmes sociaux dans votre quartier
- problèmes sociaux à l'échelle nationale

## Questions

### Questions spécifiques

1. Est-ce qu'il y a beaucoup de problèmes sociaux dans votre quartier ?
2. Y a-t-il beaucoup de problèmes sociaux en Irlande ?
3. Selon vous, quel est le plus grand problème dans votre quartier ?
4. Selon vous, y a-t-il beaucoup de chômage en Irlande ?
5. Est-ce qu'il y a beaucoup d'emplois pour les jeunes ?
6. Qu'est-ce que vous pensez de la situation économique ?
7. Est-ce qu'il y a beaucoup de SDF en Irlande ?
8. Est-ce que vous pensez que l'Irlande a beaucoup changé ?
9. À votre avis, est-ce que l'Europe est importante ?
10. Qu'est-ce que vous pensez de l'Union européenne ?
11. Quels sont les problèmes les plus sérieux à la campagne ?
12. Est-ce que vous pensez qu'il y a une grande différence entre la vie rurale et la vie urbaine ?
13. Qu'est-ce que vous pensez de la politique ?
14. Est-ce que la politique est importante chez les jeunes ?
15. Est-ce qu'il y a beaucoup de racisme en Irlande ?
16. Qu'est-ce que vous pensez de l'immigration ?
17. Qu'est-ce que vous pensez de l'émigration ?

## Questions plus générales

**18.** Aimez-vous habiter en Irlande ?

**19.** Quels sont les plus grands problèmes en Irlande à l'heure actuelle ?

# LA BOÎTE À MOTS !

## Pour décrire l'Irlande

| | |
|---|---|
| L'Irlande est un très beau pays. | *Ireland is a very beautiful country.* |
| Je dirais que l'Irlande est l'un des plus beaux pays du monde. | *I would say that Ireland is one of the most beautiful countries in the world.* |
| Les paysages en Irlande sont vraiment superbes. | *The countryside in Ireland is really beautiful.* |
| À mon avis, c'est une terre qui a vraiment une histoire et une civilisation. | *In my opinion it is a land that is crammed full of history and civilisation.* |
| Les paysages sont magnifiques en Irlande surtout dans l'ouest du pays. | *The countryside is magnificent in Ireland, especially in the west of the country.* |
| Les plages, les montagnes et les lacs sont splendides ici. | *The beaches, the mountains and the lakes are very beautiful.* |
| L'Irlande est une destination très populaire. | *Ireland is a very popular tourist destination.* |
| Les touristes viennent en grand nombre en Irlande. | *Tourists come to Ireland in large numbers.* |
| Les paysages sont tellement verdoyants. | *The countryside is so green.* |
| Dublin est une ville *archi* (fam.) festive. | *Dublin is a great party town.* |
| Galway est une ville qui bouge beaucoup. | *Galway is a very lively town.* |
| J'adore la vie nocturne en Irlande. | *I love the nightlife in Ireland.* |

## Pour décrire les Irlandais

| | |
|---|---|
| Les Irlandais sont très ouverts / amicaux / sympas / chaleureux. | *The Irish are very open / friendly / nice / warm.* |
| Les Irlandais sont fêtards et bavards. | *The Irish love to party and are chatty.* |
| Je trouve que les Irlandais se plaignent trop. | *I think that the Irish give out too much.* |
| Les Irlandais râlent trop, à mon avis. | *The Irish give out too much in my opinion.* |
| Beaucoup d'Irlandais craignent pour l'avenir du pays. | *Many Irish people fear for the future of the country.* |

## Pour décrire la conjoncture actuelle

| | |
|---|---|
| L'avenir n'est pas si sombre que ça. | The future is not as bleak as all that. |
| Il faut être optimiste. | We have to be optimistic. |
| Dans le passé, on a connu des périodes difficiles et on s'en est sortis. | In the past we have known difficult times and we got out of them. |
| Dans le passé, l'Irlande a connu une période d'abondance. | In the past Ireland has known a period of wealth. |
| Il y a pas mal de problèmes sociaux en Irlande. | There are lots of social problems in Ireland. |
| Je crains un peu pour l'avenir. | I am a bit afraid for the future. |
| Je trouve que c'est vraiment choquant de voir des inégalités aussi grandes en Irlande. | I think that it is truly shocking to see such big inequalities in Ireland. |
| Je pense que pas mal d'étudiants devront émigrer. | I think that many students will have to emigrate. |
| Malgré la crise économique, le niveau de vie est bon. | Despite the economic crisis, the standard of living is still good. |
| À l'heure actuelle, beaucoup d'Irlandais voient leur niveau de vie baisser. | At the moment many Irish people see their standard of living drop. |
| Pendant les années du Tigre Celtique, le prix des maisons ne cessait d'augmenter. | During the years of the Celtic Tiger, the price of housing did not stop going up. |
| Le prix des maisons a chuté très rapidement. | The price of houses has fallen very quickly. |
| La vie est toujours très chère en Irlande. | The cost of living is still very high in Ireland. |
| L'économie commence à aller mieux mais les problèmes sociaux persistent. | The economy is beginning to get better but social problems persist. |
| L'économie irlandaise a subi de plein fouet les effets de la crise. | The Irish economy has felt the full brunt of the economic crisis. |
| Les jeunes devront acquérir le plus d'expérience possible avant d'entrer sur le marché du travail. | Young people will have to gain as much experience as possible before entering the jobs market. |
| Il faut qu'on soit prêts à exercer des métiers en dessous du niveau de nos diplômes. | We have to be ready to work at jobs that are below our qualifications. |
| L'éducation est très importante : plus on est diplômé, moins on risque d'être au chômage ! | Education is very important. The more qualified you are the less you risk being unemployed. |
| L'Irlande est trop chère. | Ireland is too expensive. |
| C'est vraiment de l'arnaque ici. | It really is a rip off here. |
| L'Irlande coûte trop cher. | Ireland costs too much. |
| En comparaison avec les autres pays européens, l'Irlande est vraiment chère. | In comparison with other European countries, Ireland is really expensive. |

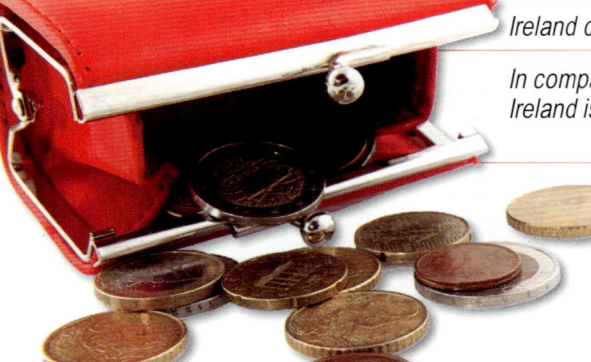

# GRAMMAIRE

## Le passif

### Être + participe passé

*Par exemple :* la voiture a été abandonnée, il avait été trompé, c'était censé

                sujet       objet

**La voix active :**   Renault crée cette voiture.

                sujet     compl. d'agent

**La voix passive :**   Cette voiture est créée par Renault.

N.B. Il faut toujours respecter le temps de la phrase active (cela veut dire que seul le verbe *être* est conjugué) :

**Mercedes Benz a inventé la voiture. → *La voiture a été inventée par Mercedes Benz.***

*Par* peut être remplacé par *de* quand on utilise les verbes suivants :

> accompagner
> précéder
> suivre
> aimer
> adorer
> respecter
> couvrir
> détester
> connaître

**Cet homme politique est adoré de tout le monde.**

**Notre prof de chimie est respecté de toute la classe.**

### Pour éviter le passif

**On** (impersonnel)

*Par exemple :* Elle a été reconnue. → On l'a reconnue.

## Attention à la prononciation !

La dictée est un exercice traditionnel dans tous les établissements scolaires français. Écoutez cette dictée. Elle peut vous aider à améliorer votre compréhension auditive de la langue et votre prononciation. Vous pouvez lire le texte de la dictée page 211.

## L'économie

| | |
|---|---|
| une action en bourse | a share |
| un(e) actionnaire | a shareholder |
| la bourse | the stock exchange |
| travailler dans les affaires | to work in business |
| une baisse de | a drop in |
| un bénéfice | a profit |
| la conjoncture actuelle | the present economic situation |
| les consommateurs | consumers |
| la consommation | consumption |
| consommer | to consume |
| la crise | a crisis |
| la croissance | growth |
| le déficit | deficit |
| la demande | demand |
| les dépenses | expenditure |
| l'économie | economy |
| un emploi | employment |
| un employeur | employer |
| une hausse de | an increase in |
| les impôts | taxes |
| un pays développé | a developed nation |
| un pays en voie de développement | a developing nation |
| le pourcentage de | the percentage of |
| un revenu | an income |
| un salaire | a wage |
| le SMIC | the minimum wage |
| un smicard | a minimum wage worker |
| un boom économique | an economic boom |
| une bulle | a bubble |
| un chômeur | an unemployed person |
| être au chômage | to be unemployed |
| toucher les allocations | to draw down benefits |
| chercher du travail | to look for work |
| se faire embaucher | to be employed |
| être licencié(e) | to be let go |
| il / elle a été licencié(e) | he / she was let go |
| l'entreprise a fait faillite | the business went bust |
| L'effondrement du marché immobilier a plongé le pays dans une crise durable. | The collapse in the housing market has plunged the country into a lasting crisis. |

## Les problèmes sociaux en Irlande

| | |
|---|---|
| Il y a énormément de quartiers défavorisés dans ma ville. | There are so many disadvantaged areas in my town. |
| Personnellement, je pense que c'est choquant de voir des inégalités profondes en Irlande. | Personally I think that it's shocking to see profound inequalities in Ireland. |
| Le gouvernement doit faire plus pour améliorer la situation. | The government must do more to improve the situation. |
| On ne peut pas nier le fait que l'économie connaît des difficultés mais moi je reste optimiste. | You can't deny the fact that the economy is experiencing difficulties but I remain optimistic. |
| Le chômage doit être considéré comme l'ennemi public numéro un. | Unemployment must be considered as public enemy number one. |
| Depuis peu de temps, l'économie montre des signes de reprise. | For a little while now there have been signs that the economy is improving. |
| Le chômage mène à beaucoup d'autres problèmes. | Unemployment leads to many other problems. |

## Le manque d'infrastructures

| | |
|---|---|
| Il y a un manque d'infrastructures en Irlande. | There is a lack of infrastructure in Ireland. |
| Pendant les années du Tigre Celtique on a amélioré les routes. | During the years of the Celtic Tiger we improved the roads. |
| Il faut qu'on construise … | We must build… |
| C'est un vrai scandale. | It's a real scandal. |
| On gaspille beaucoup d'argent. | We waste a lot of money. |
| On n'a pas de réseau de transports en commun efficace. | We do not have an efficient public transport system. |
| À Dublin le Luas est formidable même s'il est trop petit. | In Dublin the Luas is excellent but it is too small. |
| Dublin a besoin d'un métro. | Dublin needs a metro. |
| Il y a tellement de gens dans les bus le soir qu'on frôle l'asphyxie. | There are so many people on the bus in the evenings that it is difficult to breathe. |
| Pendant les heures de pointe, il y a trop de circulation au centre-ville. | During rush hour there is too much traffic in town. |
| On perd un temps considérable dans les embouteillages. | You waste a lot of time in traffic jams. |
| Pour se rendre au travail ou à l'école, il faut soit prendre un bus qui est toujours en retard soit dépendre du train et être serrés comme des sardines. | To get to school you have to either take the bus, which is always late, or depend on the train and be squashed like sardines. |
| Je crois décidément que le meilleur moyen de se déplacer dans la capitale c'est encore à vélo. | I really think that the best way to get around in the capital is still by bike. |
| C'est toujours pare-chocs contre pare-chocs. | It is always bumper to bumper. |
| Ils sont toujours en train de faire des travaux. | They are always doing road works. |
| Les panneaux de signalisation sont minables en Irlande. C'est vraiment facile de se tromper de route. | The road signs are awful in Ireland. It is so easy to get lost. |
| Il y a un manque d'installations pour les jeunes. | There is a lack of facilities for young people. |

## Accent Français

# Key Oral Examination Skills

Many students feel that it is impossible to score high marks without talking about abstract topics such as unemployment or drugs. Nothing could be further from the truth. In any representative survey of students who have just sat the examination, the following facts emerge:

- Students are normally asked abstract topics as a result of what they have said themselves.
- It is very unusual for an examiner to ask a student out of the blue about politics or social problems.

Bearing this in mind you need to think very hard about what you say. For instance, if you were to say that you are worried about unemployment, then it would be very likely that you would be asked about potential solutions to this problem.

# Sample Conversation

Now try role-playing the following conversation with a classmate. You can also download and listen to this file on folens.ie and folensonline.ie.

**Examiner:** Alors Cian, à votre avis, quels sont les plus grands problèmes dans votre quartier ?

**Student:** Alors Madame, comme dans toutes les grandes villes, il y a pas mal de problèmes à Dublin. Beaucoup de quartiers sont défavorisés ici et malheureusement, la vie n'y est pas facile. Le taux de criminalité est parfois assez élevé. Il y a de la violence, de la drogue et beaucoup de SDF.

**Examiner:** Le problème des SDF, est-il un grand problème à Dublin ?

**Student:** Oui bien sûr, il y a beaucoup de SDF. C'est très triste parce qu'ils mangent peu et mal, et en hiver souvent ils ont très froid. Ça me fait de la peine de les voir. Souvent, le vendredi soir quand on est en ville, je vois des SDF qui mendient. Ça se voit qu'ils sont mal nourris et qu'ils ont froid.

**Examiner:** Est-ce qu'on peut faire pour les aider ?

**Student:** À mon avis, il faut que le gouvernement fasse plus pour les aider. Nous devons construire beaucoup plus de foyers d'accueil. Souvent, les foyers sont complets le soir.

**Examiner:** Et Cian, le problème du chômage vous inquiète-t-il ?

**Student:** Bien sûr, comme tout le monde je suis un peu inquiet pour l'avenir. Le problème du chômage touche beaucoup l'Irlande en ce moment. Mais je suis aussi optimiste. Je sais que je ne veux pas aller à l'étranger mais qui sait ? Si je dois partir, je voudrais rester en Europe. Je n'aimerais pas aller aux Etats-Unis ou en Australie, c'est bien trop loin.

**Examiner:** Alors Cian, vous m'avez dit que vous êtes allé en France. Quelles sont les différences entre les Français et les Irlandais ?

*Student:*  Il y a beaucoup de différences. Tout d'abord je dirais que les Francais sont vraiment plus organisés. Ça se voit en France au niveau des infrastructures. Ici, il nous manque un vrai système de transport. Par exemple, il n'y a jamais de métro dans les grandes villes. Tout est mal organisé. On attend toujours une crise avant de faire quelque chose.

Il y a aussi des différences de caractère. Les Français sont moins ouverts et plus distants que les Irlandais. Les Irlandais sont beaucoup plus fêtards que les Français. Nous, les Irlandais, on est chaleureux et accueillants mais on est plus désorganisés. Je trouve qu'en ce moment, les Irlandais se plaignent trop. On râle tout le temps. Ce n'est pas marrant.

## Jeu de rôle

### C'est en forgeant qu'on devient forgeron !

Vous êtes le / la prof. Votre voisin joue l'étudiant. Écrivez ensemble les questions et les réponses de votre jeu de rôle. Après cinq minutes, échangez les rôles.

# PARCOURS AUDIO

## Et maintenant, j'écoute !

Pour voir le texte de ces dialogues, allez page 211 !

You will now hear an interview with Eléonore Girard, a sociologist who has just written a book on modern Ireland. The material will be played **three** times: first right through, then in **four segments** with pauses and finally right through again.

1. (i) How many years did Eléonore spend in Ireland?
   (ii) Describe two things that people associate with Ireland from tourist brochures.

2. (i) According to Eléonore, what two characteristics of the Irish people contributed to the country's change in fortunes?
   (ii) How does Eléonore feel about the Irish economy?

3. (i) What, according to Eléonore, is the biggest problem in Ireland?
   (ii) What do Irish people feel is very worrying?
   (iii) What happened during the Celtic Tiger period?

4. (i) What problem experienced by France has Ireland managed to avoid?
   (ii) Where should we begin to solve this problem?
   (iii) Name two things that we need to teach our young people.

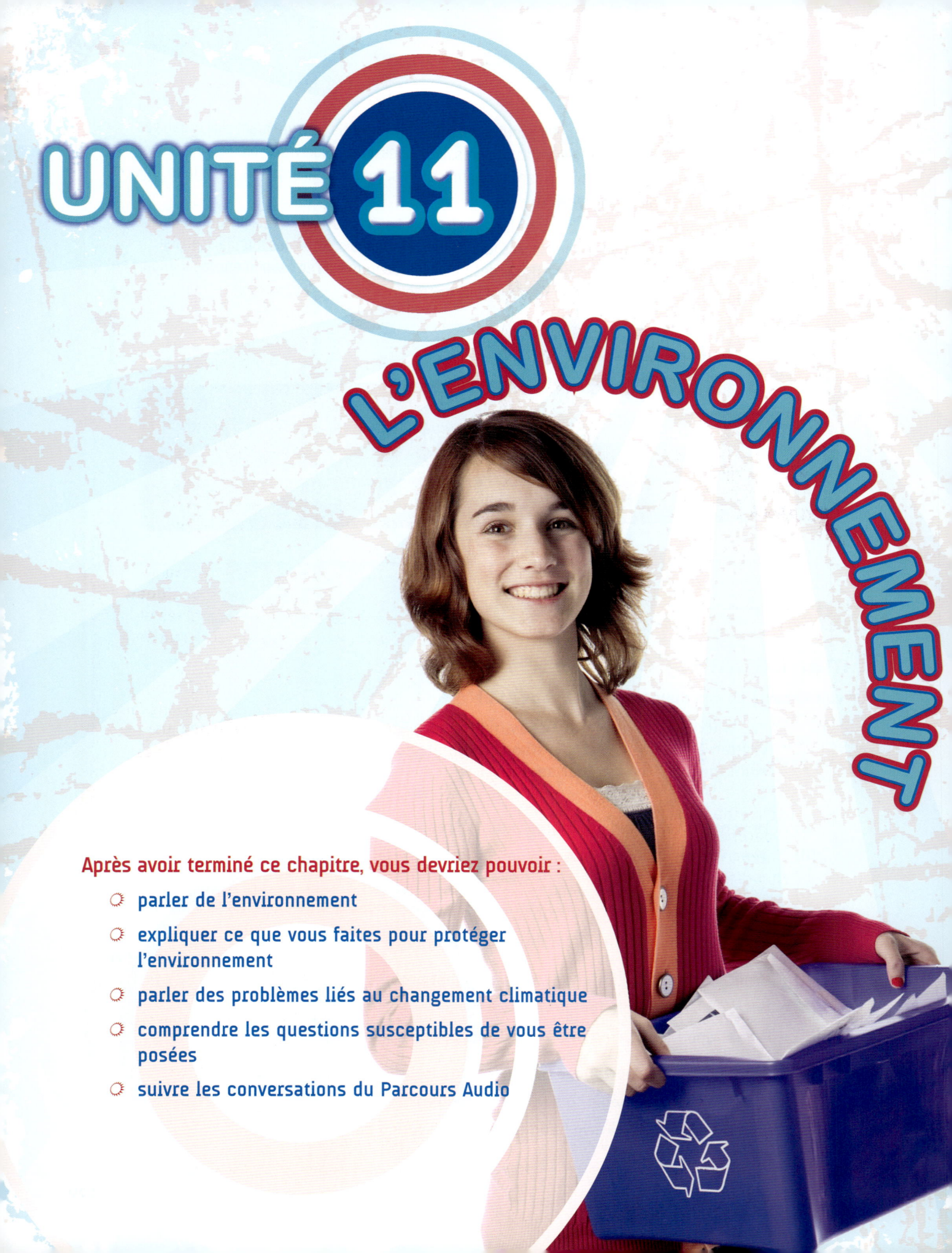

# UNITÉ 11
## L'ENVIRONNEMENT

Après avoir terminé ce chapitre, vous devriez pouvoir :

- parler de l'environnement
- expliquer ce que vous faites pour protéger l'environnement
- parler des problèmes liés au changement climatique
- comprendre les questions susceptibles de vous être posées
- suivre les conversations du Parcours Audio

# PARCOURS ORAL

## CIARÁN

### 2 · 23 L'environnement

Moi, l'environnement ne me préoccupe pas trop ! **Je pense que nous sommes probablement l'espèce la plus stupide pour avoir *bousillé* (fam.)\* notre planète,** mais je ne sais pas quoi faire.

**Je sais bien qu'il est de bon ton de nos jours de parler « énergies renouvelables », « alimentation bio » ...** bref parler « vert ». **Alors, j'estime qu'il faut quand même que je fasse ma part en recyclant le carton, l'aluminium, le plastique et le verre.** Mais pour être franc, en vérité, je trie parce que le reste de la famille le fait. Chez nous, ce sont surtout mes parents qui font pas mal de choses qui sont bonnes pour l'environnement. Par exemple, il y a environ deux semaines, ils se sont procurés un composteur pour recycler les déchets végétaux.

On nous *rabâche*\*, sans cesse depuis plusieurs années les horreurs de l'excès et les conséquences épouvantables de nos mauvaises actions envers la nature. **Mais, en fait, moi, je ne me sens pas très concerné par ça.** Enfin, c'est peut-être que je suis trop égoïste justement.

24 La seule chose qui me touche réellement et qui m'inquiète est **la fonte des glaces liée au réchauffement de la planète.** Je crois que cela me préoccupe parce qu'à Cork, **il y a quelques années, il y a eu de grandes inondations.** Les dégâts au centre-ville étaient considérables et ma grand-mère a dû déménager pendant trois mois. Sa maison a été complètement inondée. C'était vraiment triste à voir.

Il y a de nombreux grands centres urbains dans le monde qui, comme Cork, sont près des fleuves ou des océans. Nous savons que les glaciers fondent donc je crois que nous devons faire quelque chose pour protéger ces villes. Je pense que cet aspect du changement climatique est très préoccupant. **Il me semble qu'il faut s'inquiéter quand même un peu, mais ce n'est pas non plus la peine de paniquer à chaque canicule.**

En ce qui concerne la faune, je reconnais que plein d'espèces animales ont déjà perdu ou sont en train de perdre leur habitat naturel. Il est également prouvé que certains animaux sont en voie d'extinction. **Ça me rend triste mais c'est aux gouvernements d'agir de leur mieux pour éviter la disparition de certaines espèces.**

\*bousiller = détruire / abîmer    \*rabâcher = repeter continuellement

### Quelques expressions intéressantes utilisées par Ciarán

| | |
|---|---|
| Je pense que nous sommes probablement l'espèce la plus stupide pour avoir *bousillé* (fam.) notre planète. | I think that we are probably the most stupid species ever to have wrecked this planet. |
| Je sais bien qu'il est de bon ton de nos jours de parler « énergies renouvelables », « alimentation bio ». | I know that it is the done thing nowadays to speak about renewable energy, organic food. |
| Alors, j'estime qu'il faut quand même que je fasse ma part en recyclant le carton, l'aluminium, le plastique et le verre. | So I feel that I have to play my part by recycling cardboard, aluminium, plastic and glass. |

## Accent Français

| | |
|---|---|
| Mais, en fait, moi, je ne me sens pas très concerné par ça. | But I don't actually feel very concerned about this. |
| Enfin, c'est peut-être que je suis trop égoïste. | Well, perhaps I am a bit too selfish. |
| la fonte des glaces liée au réchauffement de la planète | the melting of the ice, linked to the heating up of the planet |
| Il y a quelques années, il y a eu de grandes inondations. | A few years ago, there were big floods. |
| Il me semble qu'il faut s'inquiéter quand même un peu, mais ce n'est pas non plus la peine de paniquer à chaque canicule. | I think that we still have to worry a little but it's not worth panicking after every heatwave. |
| Ça me rend triste. | It makes me sad. |
| C'est aux gouvernements d'agir de leur mieux pour éviter la disparition de certaines espèces. | It is up to the governments to act to do their best and avoid the extinction of some species. |

### TARA

### Je suis écolo !

**2 · 25** Moi, je suis vraiment écolo ! Je fais tout mon possible pour aider l'environnement. **Je fais un tas de choses.** Par exemple, je recycle tout ce qui peut l'être, je n'achète pas d'eau minérale en bouteille en plastique. À l'avenir, je n'achèterai pas de voiture et d'ailleurs, j'ai choisi de ne pas passer mon permis de conduire. J'utilise très peu de produits chimiques. Je prends des douches plutôt que des bains, comme ça, je consomme moins d'eau. Quand je vais au supermarché, j'utilise et je réutilise mon sac écologique. **Je ramasse mes déchets.** En plus je fais de mon mieux pour éteindre la lumière en quittant une pièce. Mes parents sont assez écolos eux aussi. Par exemple, on fait attention à ne jamais surchauffer la maison et **on vient de remplacer nos ampoules électriques à incandescence par des ampoules qui sont mieux pour l'environnement.**

**26** **Mes amis se moquent de moi. Ils disent que je suis une vraie hippie !** Mais ce n'est pas vrai. Je trouve que l'environnement et le développement durable, c'est très important. Je pense que nous devons privilégier un développement économique et social qui respecte l'environnement. **C'est pour ça que j'essaie de m'éloigner des multinationales qui ne respectent pas l'environnement.** J'ai lu qu'une large majorité d'Irlandais demeure inquiète face au changement climatique. Mais à mon avis nous ne faisons pas assez. **Le gouvernement devrait encourager les gens à trier plus le papier et le verre.** Il faut qu'on se rende compte que les dégâts causés sur notre planète sont inquiétants. **On doit accepter le fait qu'on ne puisse pas continuer à polluer les océans, l'air et les sols.** Je suis convaincue que les activités humaines ont causé le réchauffement de la Terre. **Si on ne change pas bientôt, on risque de le payer très cher plus tard.** Je trouve ça très inquiétant.

Je me dis que si on est capable d'aller sur la lune, on peut sûrement faire un effort pour améliorer le sort de notre planète … **Ce qui est triste, c'est que ce sont les simples citoyens qui font des efforts et les grosses compagnies elles, continuent de polluer !**

## Quelques expressions intéressantes utilisées par Tara

| | |
|---|---|
| Moi, je suis vraiment écolo ! | I am really into the environment! |
| Je fais tout mon possible pour aider l'environnement. | I do everything I can to help the environment. |
| Je fais un tas de choses. | I do a heap of things. |
| Je ramasse mes déchets. | I pick up my rubbish. |
| On vient de remplacer nos ampoules électriques à incandescence par des ampoules qui sont mieux pour l'environnement. | We have just replaced all our light bulbs with light bulbs that are good for the environment. |
| Mes amis se moquent de moi. Ils disent que je suis une vraie hippie ! | My friends mock me. They say that I am a real hippy! |
| C'est pour ça que j'essaie de m'éloigner des multinationales qui ne respectent pas l'environnement. | This is the reason why I try to distance myself from multinationals that do not respect the environment. |
| Le gouvernement devrait encourager les gens à trier plus le papier et le verre. | The government should encourage people to sort more paper and glass. |
| On doit accepter le fait qu'on ne puisse pas continuer à polluer les océans, l'air et les sols. | We have to accept the fact that we can't continue to pollute the oceans and the air and the land. |
| Si on ne change pas bientôt, on risque de le payer très cher plus tard. | If we don't change soon we are going to pay very dearly later. |
| Ce qui est triste, c'est que ce sont les simples citoyens qui font des efforts et les grosses compagnies elles, continuent de polluer ! | What is sad is that it is the ordinary citizens who are making all the effort and the big companies continue to pollute! |

# Questions

1. Êtes-vous écolo ?
2. Qu'est-ce que vous faites pour protéger l'environnement ?
3. Est-ce que l'environnement est quelque chose qui vous inquiète ?
4. Pensez-vous que vous faites assez pour protéger l'environnement ?
5. Est-ce que vous recyclez ? Que recyclez-vous ?
6. Qu'est-ce qu'on pourrait faire pour protéger l'environnement ?
7. Dans votre école, qu'est-ce que vous faites pour protéger l'environnement ?
8. Que fait votre école pour protéger l'environnement ?
9. Est-ce que vous pensez à l'environnement ?
10. Est-ce que vous pensez que le gouvernement fait assez pour protéger l'environnement ?

## LA BOÎTE À MOTS !
### Des verbes utiles

| | |
|---|---|
| abîmer | to damage |
| agir | to act |
| allumer | to turn on |
| améliorer | to improve |
| aménager | to develop (an area) |
| anéantir | to wipe out |
| brûler | to burn |
| consumer | to consume |
| déboiser | to deforest |
| dégager | to emit |
| dégeler | to thaw |
| détruire | to destroy |
| économiser | to save (money / energy) / to conserve |
| effrayer | to frighten |
| émettre | to emit |
| empoisonner | to poison |
| éteindre | to put out / to turn off |
| fermer | to close |
| gaspiller | to waste |
| gérer | to manage |
| inonder | to flood |
| isoler | to insulate |
| jeter | to throw |
| menacer | to threaten |
| monter | to rise |
| polluer | to pollute |
| prédire | to predict |
| préserver | to preserve |
| protéger | to protect |
| recycler | to recycle |
| réduire | to reduce |
| reboiser | to reforest |
| renoncer à | to give up |
| retraiter | to reprocess |
| réutiliser | to reuse |
| s'engager | to get involved with / to commit oneself |
| s'épuiser | to run out |
| sauver | to save |
| se débarrasser de | to dispose of |

| | |
|---|---|
| se passer de | to do without |
| se priver de | to do without |
| se protéger | to protect oneself |
| se servir de | to make use of / to take advantage of |
| serrer | to shut / seal |
| surexploiter | to overexploit |
| trier | to sort |
| utiliser | to use |

## Quelques adjectifs utiles

| | |
|---|---|
| désastreux(se) | disastrous |
| imprévu(e) | unforeseen |
| imprévisible | unpredictable |
| prévisible | predictable |
| inquiétant(e) | worrying |
| nocif(ve) | harmful |
| sinistré(e) | devastated |
| propre | clean |
| bruyant(e) | noisy |
| calme | calm |
| silencieux(se) | silent |
| radioactif(ve) | radioactive |
| naturel(le) | natural |

## Quelques noms utiles

| | |
|---|---|
| le gaspillage | waste |
| les émissions | emissions |
| les nuisances | nuisance |
| les nuisances sonores | noise pollution |
| les dégâts | the damage |
| la biosphère | the biosphere |
| les engrais | fertilisers |
| les détergents | detergents |
| les pesticides | pesticides |
| les égouts | the sewers |
| les eaux usées | waste water |
| le stockage | the storing of |
| le retraitement | treatment |
| le déboisement / la déforestation | deforestation |
| une tornade | a tornado |
| un ouragan | a hurricane |
| une avalanche | an avalanche |
| des glissements de terrain | landslides |

| | |
|---|---|
| une coulée de boue | a mud slide |
| des éruptions volcaniques | volcanic eruptions |
| la sécheresse | drought |
| un sinistre | a calamity / a disaster |
| la destruction | destruction |
| l'écosystème | the ecosystem |
| la disparition / l'extinction | the disappearance (of a species) |
| la contamination | contamination |
| le smog | smog |
| les gaz d'échappement | exhaust fumes |
| une bombe aérosol | an aerosol spray |
| la couche d'ozone | the ozone layer |
| l'effet de serre | the greenhouse effect |
| le changement climatique | climate change |
| le réchauffement de la planète | the warming of the planet |
| le réchauffement de l'atmosphère | the warming of the atmosphere |

## Les conséquences de nos actions

| | |
|---|---|
| le changement climatique | climate change |
| une marée noire | an oil slick |
| une tornade | a tornado |
| un ouragan | a hurricane |
| une avalanche | an avalanche |
| des glissements de terrain | mud slides |
| des éruptions volcaniques | volcanic eruptions |
| une sécheresse | a drought |
| un sinistre | a calamity or disaster |
| la destruction de l'écosystème | the destruction of the ecosystem |
| la destruction de la planète | the destruction of the planet |
| des inondations | floods |
| des crues | flash floods |
| le manque de nourriture | food shortage |
| un désastre humanitaire | a humanitarian disaster |
| une tragédie humaine | a human tragedy |

## Ce que nous pouvons faire

| | |
|---|---|
| On peut tous faire de petites choses comme … | We can all do little things like… |
| fermer les fenêtres | close windows |
| réparer les robinets qui gouttent | repair dripping taps |
| réparer les toilettes qui fuient | repair leaking toilets |
| interdire les pesticides | ban pesticides |
| utiliser des panneaux solaires | use solar panels |
| éteindre les lumières | turn off the lights |
| trier les déchets | sort rubbish |

| | |
|---|---|
| recycler le papier | recycle paper |
| utiliser des produits biodégradables | use biodegradable products |
| encourager la biodiversité | encourage biodiversity |
| gérer nos ressources | manage our resources |

## Vocabulaire général

| | |
|---|---|
| les pluies acides | acid rain |
| la pollution de l'air, de l'eau et des sols | air, water and soil pollution |
| en Antarctique | in Antarctica |
| en Arctique | in the Arctic |
| l'atmosphère | the atmosphere |
| un baril de pétrole | a barrel of oil |
| biodégradable | biodegradable |
| un biocarburant | a bio fuel |
| une tempête de neige | blizzard |
| le gaz carbonique | carbon dioxide |
| les produits chimiques | chemicals |
| l'énergie propre | clean energy |
| le climat | the climate |
| les changements climatiques | climate change |
| la récolte | a crop |
| la pulvérisation de pesticides sur les cultures | crop-spraying |
| une canicule | a heatwave |
| une décharge | a dump |
| la Terre | the Earth |
| un tremblement de terre | an earthquake |
| une catastrophe écologique | an ecological disaster |
| l'écosystème | the ecosystem |
| des espèces en voie de disparition | endangered species |
| la consommation d'énergie | energy consumption |
| des problèmes liés à l'environnement | environmental issues |
| des écologistes | environmentalists |
| les gaz d'échappement | exhaust fumes |
| les espèces disparues | extinct species |
| les carburants | fuel |
| un glacier | a glacier |
| le réchauffement global | global warming |
| les OGM | GMO (Genetically Modified Organisms) |
| écologique | green |
| les Verts | the Greens |

# Accent Français

| | |
|---|---|
| dangereux(se), risqué(e) | *hazardous* |
| la santé | *health* |
| une vague de chaleur | *heatwave* |
| les déchets ménagers | *household wastes* |
| le Protocole de Kyoto | *the Kyoto Protocol* |
| une étiquette | *label* |
| les déchets | *litter* |
| des produits fabriqués à partir de matériaux recyclés | *products made from recycled material* |
| la fonte de la calotte glaciaire | *the melting of the icecaps* |

| | |
|---|---|
| non-recyclable | *non-recyclable* |
| l'énergie nucléaire | *nuclear power* |
| les déchets nucléaires, radioactifs | *nuclear waste* |
| un océan | *an ocean* |
| les fonds marins | *the ocean bed* |
| le pétrole (brut) | *(crude) oil* |
| l'agriculture biologique | *organic farming* |
| la couche d'ozone | *ozone layer* |
| les pesticides | *pesticides* |
| les pôles | *the poles* |
| un produit polluant | *a pollutant* |
| un pollueur | *a polluter* |
| la forêt équatoriale | *the rainforest* |
| recyclable | *recyclable* |
| les produits recyclables | *recyclable items* |
| recyclé(e) | *recycled* |
| des ordures | *rubbish* |

| | | | |
|---|---|---|---|
| la sécurité | *safety* | craindre | *to fear* |
| les scientifiques | *the scientists* | descendre (température) | *to go down* |
| une pénurie de | *a shortage of* | incinérer | *to incinerate* |
| le sol | *the soil* | polluer | *to pollute* |
| l'érosion du sol | *soil erosion* | protéger la faune et la flore | *to protect wildlife* |
| l'énergie solaire | *solar energy* | un typhon | *a typhoon* |
| un sommet | *a summit* | malsain | *unhealthy* |
| une étude récente | *a recent survey* | les ressources en eau | *the water supplies* |
| un raz-de-marée | *a tidal wave* | les prévisions météo | *the weather forecast* |
| ramasser les ordures | *to collect the rubbish* | l'énergie éolienne | *wind energy* |
| détruire | *to destroy* | | |

## Le vocabulaire technique

| | |
|---|---|
| les enjeux et les défis | the stakes and the challenges |
| des leçons à tirer | lessons to learn |
| les CFC et autres polluants de l'air | CFCs and other air pollutants |
| le trou dans la couche d'ozone | the hole in the ozone layer |
| les enjeux pour la santé | the stakes for your health |
| la dégradation des espaces boisés | the damage to wooded areas |
| la dégradation des sols | the damage to the soil |
| l'exploitation des ressources | the exploitation of resources |
| la multiplication des déchets | the increase in waste |
| la gestion des déchets | the management of waste |
| le traitement des déchets | the treatment of waste |
| la maîtrise de l'énergie | the management of energy |
| les ressources énergétiques | energy resources |
| la consommation d'énergie | the consumption of energy |
| le risque des biotechnologies | the risk of biotechnology |
| l'évaluation des risques | the evaluation of risk |
| les plantes transgéniques | genetically modified plants |
| le développement durable | sustainable development |

## Pour exprimer un peu mieux ce que vous voulez dire / pour parler de l'environnement en détail

| | |
|---|---|
| Moi, je pense que c'est un très grave problème. | I think it is a very serious problem. |
| C'est vraiment difficile de savoir ce que nous devrions faire. | It is really difficult to know what we should do. |
| Je ne sais pas quoi dire là-dessus. | I don't know what to say about it. |
| Eh bien, moi, je pense que les conséquences pourraient être très graves. | Well, I think that the consequences could be very serious. |

## Accent Français

| | |
|---|---|
| Je pense que nous avons un effet dévastateur sur notre planète. | I think that we are having a disastrous effect on our planet. |
| Il y a tellement d'espèces menacées. | There are so many species that are threatened. |
| La situation est vraiment inquiétante. | The situation is really worrying. |
| Malheureusement, il est impossible de prévoir les conséquences de nos actions. | Unfortunately, it is impossible to foresee the consequences of our actions. |
| Il est facile de voir que les dégâts causés à notre planète sont inquiétants. | It is easy to see that the damage caused to our planet is worrying. |
| Il est triste de voir que nous polluons l'océan, l'air et la terre. | It is sad to see that we are polluting the ocean, the air and the land. |
| On ne peut pas nier le fait que les glaciers fondent. | We can't deny the fact that the glaciers are melting. |
| À cause de nous, la planète est en danger. | Because of us the planet is in danger. |

### Ce que je fais pour protéger l'environnement

| | |
|---|---|
| J'encourage les autres à aimer ou à être sensibles à la nature et aux animaux. | I encourage others to love or to be sensitive towards nature and animals. |
| Je roule à vélo, je marche ou je prends les transports en commun. | I go by bike, I walk or I take public transport. |
| J'utilise des sacs de course en tissu. | I use reusable shopping bags (made of cloth). |
| Je ne gaspille pas non plus la nourriture. | I do not waste food either. |
| Je mange très peu de viande. | I eat very little meat. |
| Je n'achète pas d'eau en bouteille en plastique non plus. | I do not buy bottled water either. |
| Côté vêtements, je n'exagère pas. | As far as clothes are concerned, I try not to overdo it. |
| J'écris beaucoup de courriels / méls plutôt que des lettres en papier. | I write a lot of emails instead of paper letters. |
| Je ne jette pas mes déchets n'importe où (je les ramasse). | I do not throw my rubbish anywhere (I collect it). |
| Je recycle et j'utilise la voiture le moins souvent possible. | I recycle and I use the car as seldom as possible. |

### Ce que nous pouvons faire

| | |
|---|---|
| Nous devons prendre la situation au sérieux. | We need to take the situation seriously. |
| On doit se rendre compte que la situation est grave. | We need to realise that the situation is serious. |
| On doit essayer de limiter les dégâts. | We must try to limit the damage. |
| Il faut qu'on change la façon dont on mène nos vies. | We need to change the way in which we are leading our lives. |

| | |
|---|---|
| Nous devons privilégier les énergies non polluantes comme la houille blanche ou l'énergie marémotrice. | *We need to favour non-polluting energies like hydroelectric power or tidal power.* |
| Le monde change et il faut qu'on accepte que nos actions ont des conséquences imprévisibles. | *The world is changing and we must accept that our actions have unforeseeable consequences.* |
| Nous devons recycler le papier et le verre. | *We must recycle paper and glass.* |
| Moi personnellement, je ne fais pas assez pour protéger l'environnement. | *Personally I do not do enough to protect the environment.* |
| Je sais que je pourrais faire plus au quotidien pour améliorer la situation. | *I know that I could do more on a daily basis to help the situation.* |
| Ma mère vient d'acheter une voiture qui est mieux pour l'environnement. | *My mother has just bought a car that is better for the environment.* |
| J'ai voté pour les Verts aux dernières élections. | *I voted for the Greens in the last election.* |

## Ce que le gouvernement peut faire

| | |
|---|---|
| Le gouvernement doit faire plus pour sensibiliser l'opinion. | *The government must do more to raise awareness.* |
| Le gouvernement doit lancer des campagnes d'information sur l'environnement à la télé. | *The government must launch information campaigns about the environment on TV.* |
| Il faut encourager les gens à trier le papier et le verre. | *We need to encourage people to sort paper and glass.* |
| Le gouvernement doit encourager tout le monde à protéger l'environnement. | *The government must encourage everyone to protect the environment.* |

# GRAMMAIRE

## Les verbes pronominaux

### 1. de sens réfléchi
Je **me** lève très tôt le lundi matin.
Le sujet fait l'action pour lui-même ou sur lui-même.

### 2. de sens réciproque
Ciara et Stephen **se** voient deux fois par semaines.
Le sujet est au pluriel car plusieurs sujets exercent une action les uns sur les autres.

## Les verbes pronominaux au passé composé

Aux temps composés (le passé composé, le plus que parfait, etc.) on emploie l'auxiliaire **être**. N'oubliez pas que le pronom réfléchi se place entre le sujet et l'auxiliaire.

### Se lever

| | |
|---|---|
| Je me suis levé(e) | Nous nous sommes levé(e)s |
| Tu t'es levé(e) | Vous vous êtes levé(e)(s) |
| Il s'est levé | Ils se sont levés |
| Elle s'est levée | Elles se sont levées |

Complétez le tableau ci-dessous.

| INFINITIF | EN CE MOMENT | HIER |
|---|---|---|
| se laver | .................... | Il s'est lavé |
| se dépêcher | On se dépêche | .................... |
| se cacher | Ils se cachent | .................... |
| s'arrêter | .................... | Nous nous sommes arrêtés |
| se moquer | Elle se moque | .................... |
| se coucher | Ils se couchent | .................... |
| se promener | Elles se promènent | .................... |

## Attention à la prononciation !

**The 'an' sound and the 'ane' sound**

| an | ane |
|---|---|
| gant, banc, dent | âne, crâne, Anne, vanne |

Écoutez et dites si vous entendez [an] ou [ane].

## Lisez, écoutez et répétez !

J'ai vu un âne dans le champ.
J'adore écouter de la musique en dansant.
J'ai mis tout mon argent à la banque.
Je mange du canard à l'orange chez ma tante Anne.

## Jeu de rôle

### C'est en forgeant qu'on devient forgeron !

Vous êtes le / la prof. Votre voisin joue l'étudiant. Vous vous posez des questions sur l'environnement. Ecrivez ensemble les questions et les réponses de votre jeu de rôle. Après cinq minutes, échangez les rôles.

## À vous de jouer !

Racontez comment vous essayez d'améliorer l'environnement :
- Chez vous
- À l'école
- Dans votre quartier
- En Irlande

1. Vous allez participer à une manifestation pour la protection de l'environnement. Créez des slogans que vous mettrez sur des pancartes.
2. Rédigez avec un(e) camarade un article sur l'environnement.
3. Racontez à la classe ce que vous faites pour mener une vie plus écolo.

## Sample Conversation

Now try role-playing the following conversation with a classmate. You can also download and listen to this file on folens.ie and folensonline.ie.

**Examiner:** Alors Mary, est-ce que l'environnement est quelque chose qui vous inquiète ?

**Student:** Oui, comme tout le monde le réchauffement de la planète et le changement climatique m'inquiètent beaucoup. J'essaie de faire des petites choses. Par exemple, je trie le carton et les boîtes de conserve.

**Examiner:** Qu'est-ce que vous faites ici à l'école ?

**Student:** On fait pas mal de choses ici. Nous faisons partie des « écoles vertes ». Ça veut dire que nous trions les papiers, nous ramassons les déchets en dehors de l'école et nous essayons d'économiser l'électricité. On ne jette plus nos chewing-gum ni nos sachets plastiques par terre. À la fin de chaque journée, nous vérifions que toutes les lumières sont bien éteintes. Nous encourageons les parents à éviter de prendre la voiture lorsque ce n'est pas vraiment nécessaire.

**Examiner:** Est-ce que vous pensez que ça fait une vraie différence ?

**Student:** Je sais bien que la situation est très grave en ce qui concerne la planète. Donc je ne sais pas si ça fait une différence ou pas. Mais je crois qu'il faut qu'on essaie de faire quelque chose.

**Examiner:** Est-ce que vous êtes inquiète pour l'avenir ?

**Student:** Oui, mais je pense qu'il faut rester optimiste. En plus, j'ai l'impression que les hommes politiques commencent à réagir. Dans cinquante ans, il n'y aura plus de pétrole donc il nous faut une nouvelle façon de vivre.

**Accent Français**

| | |
|---|---|
| Examiner: | Et en Irlande, pensez-vous que nous faisons assez pour protéger notre environnement ? |
| Student: | Malheureusement, non. Ça me met vraiment en colère mais il y a tellement d'Irlandais qui ne respectent pas l'environnement. Ils jettent leurs déchets n'importe où. Par exemple, on en voit souvent sur la plage. J'ai même vu des couches de bébé une fois ! C'est dégoûtant. |
| Examiner: | Et qu'est-ce que nous devrions faire alors ? |
| Student: | À mon avis, nous devrions punir les jeunes qui ne respectent pas l'environnement. Nous devons imposer des amendes très lourdes pour ceux qui jettent des déchets par terre. |

## My Examination Technique

Grace O'Neill sat the Leaving Certificate in 2010 and achieved an A1 in French. Her top tip for the Oral is:

> Write out your own individual scripts of personal details and topics you are likely to be asked on the day. Topics such as 'moi-même', to more abstract topics such as 'la drogue'. By doing this, you will have different opinions, angles and topics covered, which are more interesting to the examiner than listening to the same thing over again.

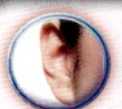

# PARCOURS AUDIO

## Et maintenant, j'écoute !

**Pour voir le texte de ces dialogues, allez page 212 !**

**2 · 28–31**

You will now hear an interview with Hélène Jaffé, an expert on environmentally friendly living. You will hear the material **three** times: first right through, then in **four segments** with pauses and finally right through again.

1. (i) What does Hélène feel is necessary to protect the environment?
   (ii) What kind of gestures does Hélène feel can save the planet?
2. Name two concrete examples that Hélène feels can help the situation.
3. (i) What does Hélène say about a leaking tap?
   (ii) What advice does she give with regard to brushing your teeth?
4. (i) What simple equation does Hélène give us?
   (ii) When, according to Hélène, is nature protected?
   (iii) What, according to Hélène, is the optimum driving speed for a car?

# UNITÉ 12

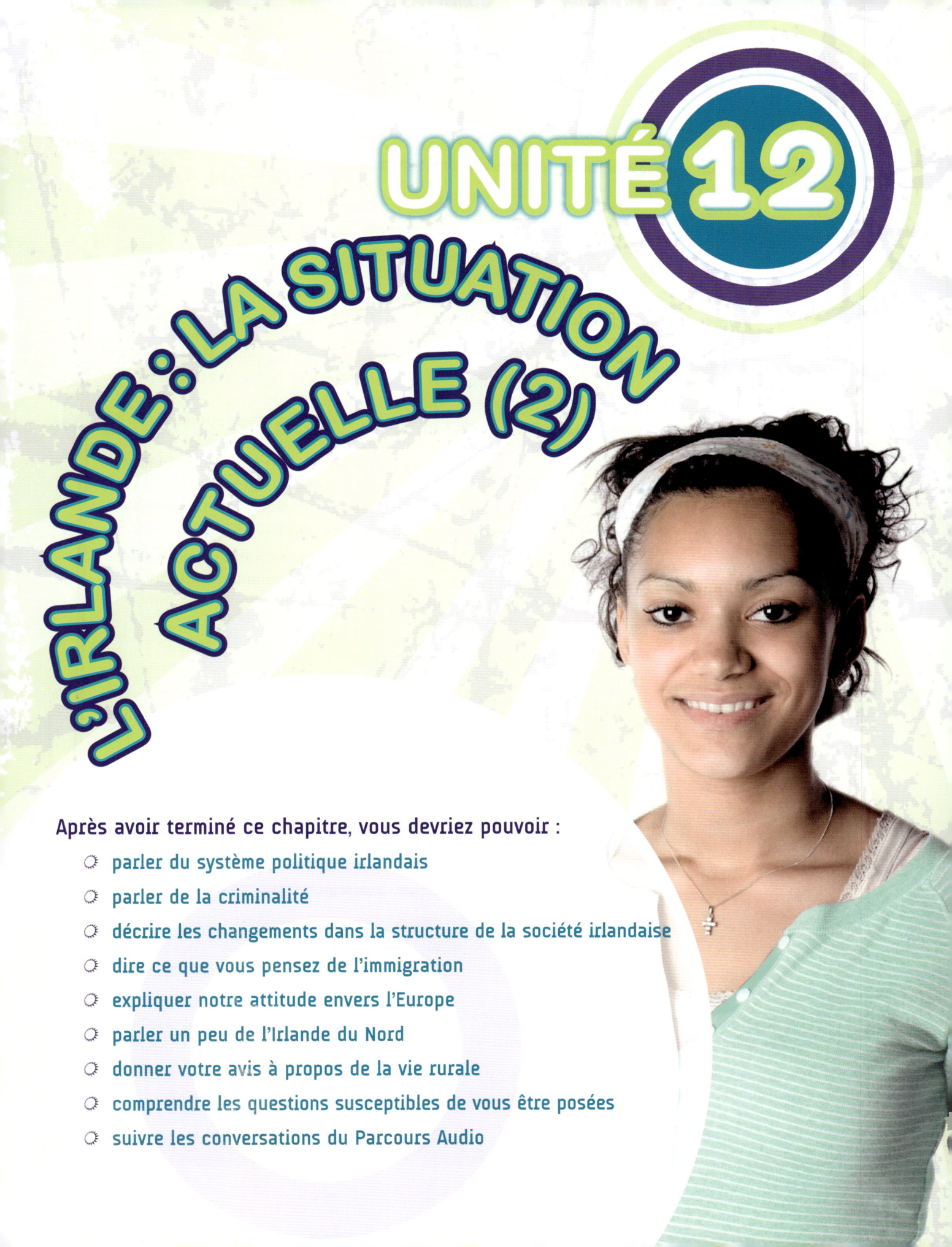

## L'IRLANDE : LA SITUATION ACTUELLE (2)

Après avoir terminé ce chapitre, vous devriez pouvoir :

- parler du système politique irlandais
- parler de la criminalité
- décrire les changements dans la structure de la société irlandaise
- dire ce que vous pensez de l'immigration
- expliquer notre attitude envers l'Europe
- parler un peu de l'Irlande du Nord
- donner votre avis à propos de la vie rurale
- comprendre les questions susceptibles de vous être posées
- suivre les conversations du Parcours Audio

## Accent Français

# PARCOURS ORAL

### L'Irlande — CIARÁN

**Comme je fêterai bientôt mes dix-huit ans, la politique commence à m'intéresser un peu plus.** Mais honnêtement, je n'y connais pas grand-chose. C'est vrai qu'il est parfois difficile de croire les hommes ou femmes politiques. J'ai l'impression qu'on ne les voit que pendant les campagnes électorales. **Ils promettent monts et merveilles mais tout le monde sait qu'ils mentent souvent. Il y a eu tellement de scandales politiques qu'il est tentant de se dire que le système est pourri jusqu'à la moelle.** On a beaucoup de problèmes en Irlande et donc on a besoin d'un système politique fort qui peut nous aider à les résoudre. **Prenons le cas de la criminalité.** Dans pas mal de quartiers à Cork, le problème de la criminalité est vraiment grave. À mon avis, la présence policière doit être accrue, surtout le week-end. Souvent, après la fermeture des boîtes de nuit tard le samedi soir, il y a des bagarres. **Ces altercations sur la voie publique sont généralement très violentes** mais malheureusement très courantes. Trop de jeunes boivent puis cherchent la bagarre. **En plus, il faut dire qu'il y a eu une augmentation de la criminalité en général.** Par exemple, il y a deux ans, notre maison a été cambriolée et j'ai l'impression que le nombre de crimes sérieux augmente chaque année. **Nous devons introduire des peines de prison plus sévères surtout pour les trafiquants de drogues.**

**Beaucoup de gens racistes pensent que les immigrés sont plus fréquemment responsables d'actes de délinquance.** Mais ce n'est pas vrai, à mon avis. **Le comportement raciste me dégoûte et je crois que les racistes ont l'esprit étroit.** Moi, personnellement j'ai déjà entendu des remarques racistes dans les rues de Cork.

Pour ma part, je suis un europhile convaincu. L'Europe a été une manne tombée du ciel pour l'Irlande. On a reçu beaucoup d'argent et on a bien amélioré notre infrastructure routière. Je crois que c'est une bonne chose que l'Irlande soit membre de l'Union européenne et que nous fassions partie de la zone euro. Moi, j'aime voyager et j'adore le fait d'être capable d'aller n'importe où en Europe. Je n'arrive pas à comprendre les gens qui ne sont pas pour l'Europe. Grâce à l'aide des grands pays en Europe, comme l'Allemagne ou la France, notre économie s'est améliorée. Avant de devenir membre de l'Union européenne, l'Irlande était l'un des pays les plus pauvres d'Europe. Depuis que nous sommes membre, nous avons beaucoup changé. Il est évident aussi que la structure traditionnelle a changé. **L'Irlande est maintenant un pays pluriculturel avec énormément de nationalités différentes.** À mon avis, c'est excellent. On est vraiment plus ouverts qu'avant.

### Quelques expressions intéressantes utilisées par Ciarán

| | |
|---|---|
| Comme je fêterai bientôt mes dix-huit ans, la politique commence à m'intéresser un peu plus. | As I will soon be 18, I am beginning to get a little more interested in politics. |
| Ils promettent monts et merveilles mais tout le monde sait qu'ils mentent souvent. | They promise the sun, the moon and the stars but everyone knows that they often lie. |
| Il y a eu tellement de scandales politiques qu'il est tentant de se dire que le système est pourri jusqu'à la moelle. | There have been so many political scandals that it is easy to believe that the system is rotten to the core. |
| Prenons le cas de la criminalité. | Let's take the case of crime. |

| | |
|---|---|
| Ces altercations sur la voie publique sont généralement très violentes. | These altercations on public streets are generally very violent. |
| En plus, il faut dire qu'il y a eu une augmentation de la criminalité en général. | What's more there has been an increase in crime in general. |
| Nous devons introduire des peines de prison plus sévères surtout pour les trafiquants de drogues. | We must introduce more severe prison sentences, above all for the drug traffickers. |
| Beaucoup de gens racistes pensent que les immigrés sont plus fréquemment responsables d'actes de délinquance. | Many racists think that immigrants are more frequently responsible for criminal acts. |
| Le comportement raciste me dégoûte et je crois que les racistes ont l'esprit étroit. | Racist behaviour disgusts me and I believe that racists are narrow-minded. |
| L'Irlande est maintenant un pays pluriculturel avec énormément de nationalités différentes. | Ireland is now a multicultural country with many people of different nationalities. |

## 2. La conjoncture actuelle — TARA

**34** La politique, les politiciens et tout ce qui s'en suit ne m'intéresse pas du tout ! À mon avis, c'est ennuyant et difficile à comprendre. **En plus, je me méfie des hommes politiques.** Ils mentent et disent n'importe quoi pour être élus. Ma mère me gronde quand je dis que je ne veux pas voter. Elle me dit que chaque vote compte mais moi, je ne suis pas partante. Je crois que c'est une perte de temps. **Peut-être changerais-je d'avis mais pour l'instant la politique c'est le cadet de mes soucis.** Je pense que je suis la plus grande déception de mon père qui espérait trouver quelqu'un pour discuter des grands sujets d'actualité. Je m'intéresse beaucoup à l'environnement et peut-être est-ce pour cela que je me méfie des politiciens. J'ai l'impression qu'ils ne reconnaissent pas les dangers du changement climatique. Ils ne font pas assez pour protéger notre patrimoine naturel. Il faut dire qu'on en voit beaucoup des politiciens malhonnêtes qui trichent et mentent.

J'adore le fait qu'on fasse partie de l'Europe. **À Galway, on a reçu beaucoup d'aides de l'Europe** ce qui nous a permis de construire de belles routes, d'accueillir pas mal de touristes de partout en Europe. En fait, Galway a complètement changé en dix ans. Il y a maintenant beaucoup d'immigrants qui habitent à Galway.

**35** Pendant les années du soi-disant Tigre Celtique, il y avait un manque de main d'œuvre, et beaucoup de gens de l'Europe de l'Est sont venus ici. Il y a maintenant même des magasins polonais à Galway. Je pense que c'est une très bonne chose. J'adore le fait que l'Irlande soit devenue un pays pluriculturel. Je déteste le racisme, c'est vraiment stupide. **Franchement, moi je trouve que c'est bien de ne pas être tous pareils parce que justement là, on peut apprendre les uns des autres. Je crois dans la force et la richesse de la diversité.**

Heureusement, il n'y a pas beaucoup de criminalité à Galway. **Bien sûr, il y a des *rixes* (fam.)\* le week-end après la fermeture des pubs.** Je déteste ça. Je ne sais pas pourquoi les garçons aiment se battre comme ça. **Malheureusement, cette violence est souvent liée à l'alcool.** À mon avis, nous devrions introduire des sanctions et des condamnations plus sévères pour les jeunes qui se battent sur la voie publique. Ça me révolte quand j'entends parler de meurtres à la télé. Je suis inquiète même si je sais que ce genre de choses reste très rare en Irlande.

\*rixes = bagarres

## Accent Français

Comme j'habite à Salthill, je crois que je suis un peu entre la ville et la campagne. Il y a beaucoup de différences entre ces deux modes de vie. **Malheureusement, il y a vraiment un manque d'infrastructures dans les petites villes de campagne.** Surtout en ce qui concerne les activités pour les jeunes. **Il est très souvent difficile de trouver quelque chose à faire et on s'ennuie.** Si on veut sortir le soir ça peut être difficile à organiser. On n'a pas de Luas et le système de transports publics n'est pas terrible dans la région de Galway. Il faut dire qu'il y a beaucoup plus de chômage parmi les jeunes ici à la campagne, et pas mal de mes amis veulent quitter Clifden pour Galway ou Dublin pour trouver un emploi. C'est un peu triste je crois. **Mais tout compte fait, je préfère la vie rurale à la vie urbaine.**

### Quelques expressions intéressantes utilisées par Tara

| | |
|---|---|
| La politique, les politiciens et tout ce qui s'en suit ne m'intéressent pas du tout ! | *Politics, politicians and everything connected with it do not interest me at all!* |
| En plus, je me méfie des hommes politiques. | *What's more, I don't trust politicians.* |
| Peut-être changerais-je d'avis mais pour l'instant la politique, c'est le cadet de mes soucis. | *Perhaps I will change my mind but for the moment politics is the least of my worries.* |
| À Galway on a reçu beaucoup d'aides de l'Europe. | *In Galway we have received a lot of help from Europe.* |
| Franchement, moi je trouve que c'est bien de ne pas être tous pareils parce que justement là, on peut apprendre les uns des autres. | *Honestly, I find that it is good that we are not all the same because you can really learn from one another.* |
| Je crois dans la force et la richesse de la diversité. | *I believe in the strength and wealth of diversity.* |
| Bien sûr, il y a des rixes le week-end après que la fermeture des pubs. | *Of course there are fights at the weekend after the pubs close.* |
| Malheureusement, cette violence est souvent liée à l'alcool. | *Unfortunately, this violence is often linked to alcohol.* |
| Malheureusement, il y a vraiment un manque d'infrastructures dans les petites villes de campagne. | *Unfortunately, there is really a lack of infrastructure in rural towns.* |
| Il est très souvent difficile de trouver quelque chose à faire et on s'ennuie. | *Often it is very difficult to find something to do and we get bored.* |
| Mais tout compte fait, je préfère la vie rurale à la vie urbaine. | *But all things considered I prefer rural life to city life.* |

## Questions

1. Est-ce que la politique vous intéresse ?
2. Est-ce que vous pensez que c'est important de voter ?
3. Y a-t-il beaucoup de criminalité en Irlande ?
4. Quels sont les plus grands changements en Irlande ?
5. Que pensez-vous de l'immigration ?
6. Est-ce qu'il y a un problème de racisme en Irlande ?
7. Qu'est-ce que nous devons faire pour lutter contre le racisme ?
8. Êtes-vous pour l'Europe ?
9. L'Europe a-t-elle été une bonne chose pour l'Irlande ?
10. Y a-t-il beaucoup de différences entre la vie à la campagne et la vie urbaine ?
11. Aimez-vous habiter à la campagne ?
12. Est-ce qu'il y a beaucoup de choses à faire pour les jeunes à la campagne ?
13. Pensez-vous que la paix en Irlande du Nord va durer ?

# GRAMMAIRE

## Pour exprimer la conséquence

Utilisez ces mots pour exprimer la conséquence :

- « Alors »          *So*

  « Alors » introduit une conclusion logique des faits ou des idées précédemment mentionnés.

  *Exemple :* Le gouvernement n'a pas construit assez de foyers **alors** il y a de plus en plus de SDF.

- « Donc »           *Therefore*

  « donc » : cette conjonction de coordination introduit une conséquence logique.

  *Exemple :* On a beaucoup de problèmes en Irlande, **donc** on a besoin d'un système politique qui peut nous aider à résoudre ces problèmes.

  *Exemple :* Le $CO^2$ augmente l'effet de serre, **donc** nous devons faire plus attention pour ne pas en produire trop.

- « C'est pourquoi » *That's why*

  « C'est pourquoi » introduit une conséquence logique.

  *Exemple :* Je travaille tous les soirs jusqu'à 10 heures. **C'est pourquoi** je suis souvent très fatigué.

- « Du coup »        *As a result*

  « du coup » : introduit une conséquence présentée comme une alternative qui est liée à une cause inattendue.

  *Exemple :* La prof était absente, **du coup** on a pu aller jouer au foot.

- « Dès lors »       *Since then*

  « Dès lors » : introduit une conséquence qui est datée d'un moment précis.

  *Exemple :* En première année, j'ai eu un prof de maths très méchant. **Dès lors,** je n'ai plus aimé les maths.

## Exprimer l'opposition

Utilisez ces mots pour exprimer l'opposition :

- « Mais »           *But*

  *Exemple :* Mes amis veulent aller aux Etats-Unis cet été **mais** moi je veux aller en France.

- « Pourtant »       *However*

  *Exemple :* Hier le prof était malade **pourtant** moi j'avais fait mes devoirs.

- « Au contraire »   *On the other hand*

  *Exemple :* Il faut **au contraire** comprendre que nous devons faire plus pour aider les pauvres.

## Attention à la prononciation !

1. Ecoutez, repérez et répétez les mots contenant les sons [u] et [ou].
2. Après avoir repéré ces mots, écrivez-les dans votre cahier.
   Vous pouvez voir ces mots page 213.

## LA BOÎTE À MOTS !
### Le système politique

| | |
|---|---|
| La politique m'intéresse beaucoup. | Politics interests me a lot. |
| Je trouve la politique captivante. | I find politics fascinating. |
| La politique m'ennuie. | Politics bores me. |
| Je déteste la politique. | I hate politics. |
| Je n'y connais pas grand-chose. | I don't know a lot about it. |
| Il est difficile d'avoir confiance en les hommes politiques. | It is difficult to trust politicians. |
| Comme je viens de fêter mes dix-huit ans, je commence à m'intéresser un petit peu à la politique. | As I have just turned 18, I am beginning to take an interest in politics. |
| Les politiciens font beaucoup des promesses qu'ils ne tiennent pas. | Politicians make a lot of promises that they do not keep. |
| Il est quasiment impossible de les croire. | It is almost impossible to believe them. |
| On ne les voit qu'aux campagnes électorales. | You only see them during election campaigns. |
| On a vu tellement de corruption. | We have seen so much corruption. |
| Les hommes politiques travaillent très dur, à mon avis. | Politicians work very hard in my opinion. |
| Je ne connais rien au sujet des hommes politiques. | I know nothing about politicians. |
| Je ne connais pas les candidats dans mon quartier. | I do not know the candidates in my area. |
| Très peu de mes amis votent. | Very few of my friends vote. |
| Ils promettent « monts et merveilles ». | They promise the earth. |
| D'après un sondage d'opinion, Fianna Fáil est très populaire. | According to an opinion poll, Fianna Fáil is very popular. |
| Selon une enquête, Fianna Fáil va perdre les prochaines élections. | According to an opinion poll, Fianna Fáil is going to lose the next election. |
| Le gouvernement aspire à un deuxième mandat. | The government is hoping for a second term. |
| Je crois que les gens en ont marre des hommes politiques. | I think that people are sick of politicians. |
| Les hommes politiques ne sont pas respectés en Irlande. | Politicians are not respected in Ireland. |
| Les jeunes sont les oubliés du système politique. | The young are forgotten by the political system. |
| À mon avis, nous avons beaucoup de chance de vivre dans un pays démocratique. | In my opinion we are very lucky to live in a democratic country. |
| Le taux de participation baisse / augmente. | The turnout is dropping / is rising. |
| Selon moi, nous ne devons pas oublier que chaque vote compte. | In my opinion we should not forget that each vote counts. |
| Si nous voulons que les choses changent dans ce pays, il faut que la jeune génération se bouge un peu et s'engage en politique. | If we want things to change in this country, the younger generation needs to act and become engaged with politics. |
| La politique, c'est l'avenir de la jeunesse ! | Politics is the future for young people! |

## La criminalité

| | |
|---|---|
| Heureusement, en comparaison avec les autres pays d'Europe, on n'a pas beaucoup de criminalité en Irlande. | *Luckily, in comparison to other European countries, we do not have a lot of crime in Ireland.* |
| Le nombre de délits est en baisse. | *The number of offences is dropping.* |
| La criminalité est en hausse dans plusieurs régions du pays. | *Crime is on the rise in several regions of the country.* |
| Les délits commis ne sont généralement pas graves. | *The offences are not generally serious.* |
| Nous devons lancer une lutte sans merci contre les délinquants. | *We need to launch a merciless fight against the criminals.* |
| Nous devons introduire des peines de prison plus sévères. | *We must introduce stronger prison sentences.* |
| On peut se procurer de la drogue facilement. | *You can get drugs easily.* |
| Les revendeurs de drogue ont détruit plusieurs quartiers de nos grandes villes. | *Drug pushers have destroyed several areas in our big towns.* |
| Il y a des bandes de voyous qui rôdent dans les villes. | *There are gangs of thugs who roam the towns.* |
| Il y a une escalade de la violence dans nos villes. | *There is a rise in violence in our towns.* |
| Chaque week-end, on voit des rixes entre des jeunes ivres. | *Every weekend we see fights between drunken youths.* |
| Trop de jeunes boivent et cherchent la bagarre. | *Too many young people drink and look for fights.* |
| Souvent, les jeunes conduisent en état d'ivresse. | *Young people often drink and drive.* |

## Les changements dans la structure de la société irlandaise

| | |
|---|---|
| L'Irlande a beaucoup changé. | *Ireland has changed a lot.* |
| La structure traditionnelle de la société a changé. | *The traditional structure of society has changed.* |
| Récemment, l'influence de l'Église catholique a commencé à s'estomper. | *The influence of the Church has begun to fade away.* |
| La présence des fidèles dans les églises continue de baisser. | *Attendance at mass is continuing to decrease.* |
| Les attitudes face à la religion sont en train de changer. | *The attitudes to religion are changing.* |
| Les jeunes vont de moins en moins à la messe le dimanche. | *Young people are going to mass less and less on Sundays.* |

## Accent Français

## La question de l'immigration

|  |  |
|---|---|
| L'Irlande est devenue un pays pluriculturel / multiculturel. | Ireland has become a multicultural country. |
| Il y a maintenant beaucoup d'immigrés en Irlande. | There are a lot of immigrants in Ireland now. |
| Pendant les années du soi-disant Tigre Celtique, il y avait un manque de main d'œuvre. | During the years of the so-called Celtic Tiger, there was a lack of workers in Ireland. |
| L'Irlande, qui était traditionnellement un pays d'émigration, est devenue en quelques années un pays d'immigration. | Ireland, which was traditionally a country of emigration, became a country of immigration. |
| Pendant les années du Tigre Celtique, il y a eu beaucoup de flux migratoires. | During the Celtic Tiger years there was a flood of migration. |
| Pendant les années du Tigre Celtique, l'Irlande a connu un nombre record d'immigrés. | During the years of the Celtic Tiger, Ireland witnessed a record number of immigrants. |
| Beaucoup de Polonais sont venus s'installer dans ma ville. | Lots of Polish people moved into my town. |
| Il est facile de voir qu'il y aura beaucoup de problèmes d'insertion. | It is easy to see that there are going to be a lot of problems with integration. |
| Beaucoup de gens sont racistes. | Many people are racist. |
| Certains profitent de nos préjugés. | Some people play on our prejudices. |
| Il faut être tolérant. | We must be tolerant. |
| J'ai lu qu'il y avait une intensification de la violence raciste. | I read that there has been an increase in racial violence. |
| Il faut s'ouvrir à la diversité culturelle. | We need to open up to cultural diversity. |
| L'immigration est enrichissante. | Immigration is enriching. |
| L'échange entre les cultures est enrichissant. | Exchange between cultures is enriching. |
| Le comportement raciste | Racist behaviour |
| Nous devons lutter contre le racisme. | We must fight against racism. |
| Les racistes ont l'esprit étroit. | Racists have a narrow mind. |
| Moi, j'ai entendu des remarques racistes dans les rues de Dublin. | I have heard racist remarks on the streets of Dublin. |
| Je crois qu'au vingt-et-unième siècle, il est grand temps d'ouvrir nos horizons. | I believe that it is high time we broadened our horizons in the 21st century. |
| Malheureusement, tous les jours à la radio, on entend parler d'attaques racistes envers des immigrés. | Unfortunately, we hear of racist attacks on immigrants every day on the radio. |
| Il est honteux de voir à quel point certaines personnes sont fermées sur elles-mêmes. | It is shameful to see how some people are so self-centred. |
| Il ne faut pas oublier que des millions d'Irlandais ont eux aussi émigré. | We must not forget that millions of Irish people have also emigrated. |
| Ils cherchent une vie meilleure. | They are looking for a better life. |
| Nous pouvons protéger notre patrimoine culturel et rester tolérants. | We can protect our cultural heritage and remain tolerant. |

| | |
|---|---|
| Ils doivent respecter notre patrimoine culturel mais nous devons également prendre le leur en compte. | *They must respect our cultural heritage but we have to take theirs into account.* |
| Nous devons travailler à l'intégration de ces nouveaux Irlandais. | *We must work towards the integration of immigrants.* |
| Nous devons limiter l'accès au pays. | *We must limit access to the country.* |

## Nos attitudes envers l'Europe

| | |
|---|---|
| Avant de devenir membre de l'Union européenne, l'Irlande était un des pays les plus pauvres en Europe. | *Before becoming a member of the European Union, Ireland used to be one of the poorest countries in Europe.* |
| Je crois que c'est une bonne chose que l'Irlande soit membre de l'Union européenne et que nous fassions partie de la zone euro. | *I think that it is a good thing that Ireland is a member of the European Union and that we belong to the Euro Zone.* |
| Avec l'élargissement de l'Europe il y a quelques années, nous sommes maintenant vingt-sept pays membres. | *After the enlargement of Europe a few years ago, we are now 27 member countries.* |
| En 2004, dix pays de l'est de l'Europe ont rejoint l'Union européenne. | *In 2004 ten countries from the east of Europe joined the European Union.* |
| Une Europe élargie est une Europe plus forte. | *An enlarged Europe is a stronger Europe.* |
| Grâce à l'aide des grands pays comme l'Allemagne et la France notre économie s'est améliorée. | *Thanks to the help of the big countries like Germany and France our economy has improved.* |
| L'Europe nous a beaucoup aidés pendant la crise économique. | *Europe helped us a lot during the economic crisis.* |
| L'économie irlandaise est devenue plus compétitive. | *The Irish economy has become a lot more competitive.* |
| La vie quotidienne s'est améliorée en Irlande. | *Daily life has improved in Ireland.* |
| Les Irlandais sont plus ou moins europhiles, à mon avis. | *The Irish are more or less pro-Europe.* |
| Grâce à l'aide de l'Union européenne, on a construit beaucoup de nouvelles routes. | *Thanks to the help of the European Union we have built a lot of new roads.* |
| L'échange entre les cultures est enrichissant. | *The exchange between cultures is enriching.* |
| J'adore le fait de pouvoir voyager en Europe sans problème. | *I love the fact that I can travel in Europe without a problem.* |
| L'Europe encourage les échanges entre les cultures. | *Europe encourages exchanges between cultures.* |
| L'Europe respecte les groupes ethniques minoritaires. | *Europe respects ethnic minorities.* |
| Notre identité est respectée par les pays plus grands. | *Our identity is respected by the bigger countries.* |
| Au niveau économique, l'Irlande est trop petite pour survivre toute seule. | *On an economic level, Ireland is too small to survive on its own.* |
| On a reçu beaucoup d'aides de toutes sortes. | *We have received a lot of benefits.* |
| L'Europe a fait beaucoup de choses pour protéger notre environnement. | *Europe has done a lot to protect our environment.* |
| L'Irlande est devenue une société européenne moderne aux yeux de tous. | *Ireland has become a modern European society in the eyes of everyone.* |

## Accent Français

# L'Irlande du Nord

| | |
|---|---|
| Le processus de paix semble en bonne voie. | The peace process seems to be well under way. |
| Le cessez-le-feu de l'IRA continue. | The IRA ceasefire continues. |
| L'Irlande du Nord a la paix que ses habitants méritent. | Northern Ireland has the peace that its people deserve. |
| L'accord historique du Vendredi saint doit réussir. | The historic agreements of Good Friday must work. |
| C'était une guerre sanglante. | It was a bloody war. |
| Après l'accord du Vendredi saint, l'IRA a rendu les armes. | After the Good Friday Agreement the IRA gave up its arms. |
| Ce conflit a déjà fait trop de victimes. | This conflict has already had too many victims. |
| Il y a déjà eu trop de violence. | There has already been too much violence. |
| Le processus de paix continue mais l'Irlande du Nord vit toujours dans l'insécurité. | The peace process continues but Northern Ireland still lives in a state of insecurity. |
| La menace terroriste persiste. | The terrorist threat remains. |
| Notre pays doit apprendre à reconstruire la confiance entre les deux camps. | Our country has to learn how to rebuild confidence between both sides. |
| Je pense que l'éducation aura un rôle primordial à jouer. | I think that education will have a vital role to play. |
| Nous ne devons pas oublier qu'il y a très peu d'écoles pour les catholiques et les protestants en Irlande du Nord. | We must not forget that there are very few schools for Catholics and Protestants in Northern Ireland. |

## La vie rurale

| | |
|---|---|
| J'adore la vie en plein air. | I love the open air life. |
| On a le temps de respirer et de vivre ici. | We have the time to breathe and live here. |
| Il y a beaucoup de différences entre la vie à la campagne et la vie en ville. | There are a lot of differences between life in the countryside and city life. |
| Il y a un manque d'infrastructures dans les petites villes de campagne. | There is a lack of infrastructure in rural towns. |
| La vie a beaucoup changé dans les campagnes irlandaises. | Life has changed a lot in rural Ireland. |
| Il y a un manque de choses à faire pour les jeunes. | There is a lack of things for young people to do. |
| Je préfère la vie rurale à la vie urbaine. | I prefer country living to city life. |
| Le chômage des jeunes est beaucoup plus élevé dans les campagnes. | Youth unemployment is far more widespread in the countryside. |
| Beaucoup de jeunes quittent la campagne pour la ville. | Lots of young people are leaving the countryside for the town. |

| | |
|---|---|
| Les jeunes quittent la campagne dans l'espoir de trouver un emploi. | Young people are leaving the countryside in the hope of finding a job. |
| Ils cherchent de meilleures conditions de vie. | They are looking for better living conditions. |
| Ils voient souvent la ville comme un lieu de liberté et de possibilités. | They see the city as a place of freedom and possibility. |
| Les jeunes de la campagne connaissent davantage le chômage que les citadins. | Young country people know more about unemployment than city dwellers. |
| Les gens des petits villages sont habituellement très traditionnels. | The people from small villages are usually very traditional. |
| Si on veut sortir le soir, il y a très peu de transports en commun. | If we want to go out in the evening, there is very little public transport. |
| À cause du manque de transports en commun, beaucoup de jeunes conduisent en état d'ivresse. | Because of the lack of public transport, a lot of young people drink and drive. |
| L'alcool au volant est un vrai problème à la campagne. | Drink driving is a real problem in the countryside. |
| Chaque week-end, on entend parler de cas vraiment tristes de voitures accidentées conduites par des jeunes qui sont tués sur les routes. | Every weekend we hear really sad cases of cars driven by young people who are killed on the roads. |
| L'effondrement du marché immobilier a provoqué beaucoup de problèmes à la campagne. | The collapse in the housing market has caused a lot of problems in the countryside. |
| Nous sommes fiers d'appartenir à des familles qui travaillent la terre depuis plusieurs générations. | We are proud of belonging to families who have worked the land for several generations. |
| Les gens des villes se moquent des gens de la campagne parce qu'ils ne comprennent pas leur accent. | People from the cities mock country people because they do not understand their accent. |

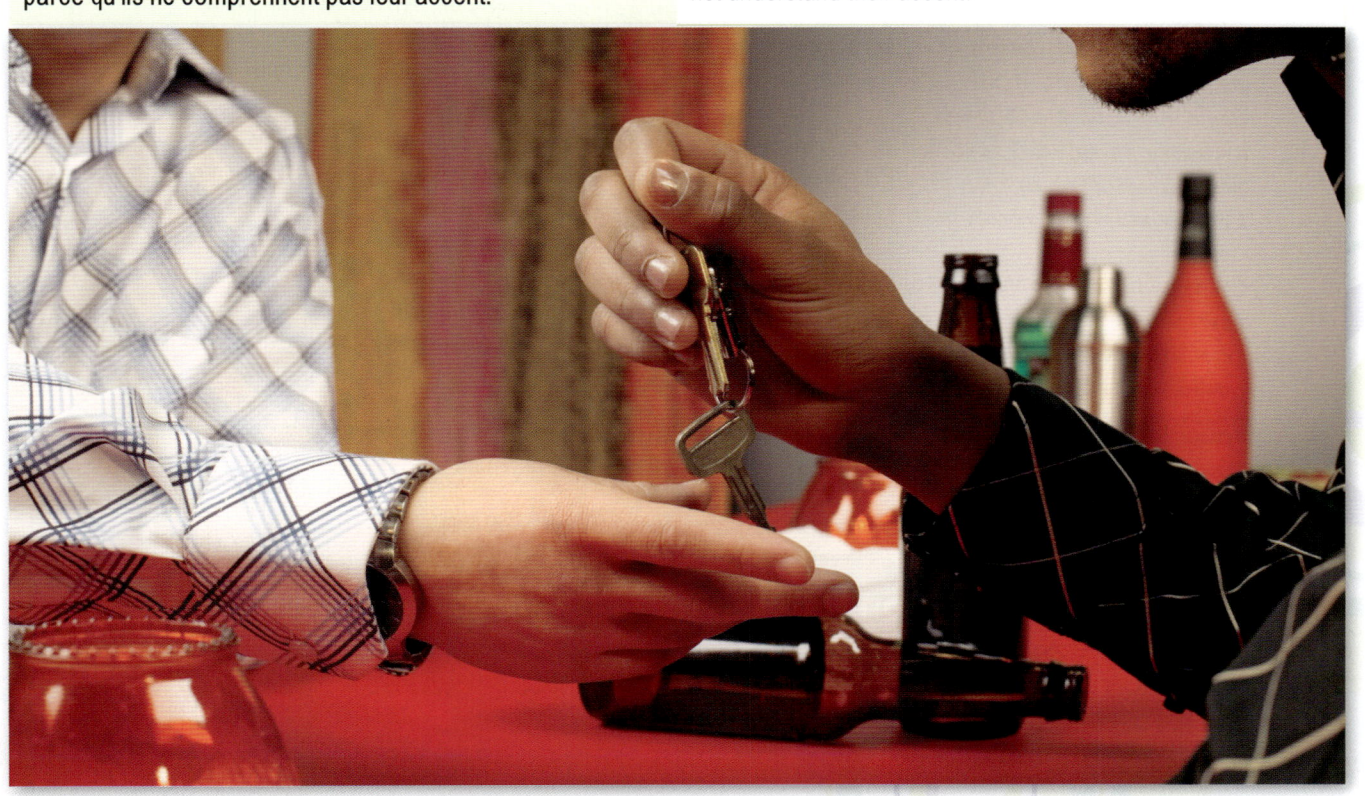

## Accent Français

# Key Oral Examination Skills

It is understandable that during the course of a stressful situation you may make a small grammatical mistake or a pronunciation error. When this happens many students hesitate to correct themselves. Some feel they might draw attention to their mistakes or are simply too shy or stressed to correct the error. However, it is important that you do your best to correct your mistakes. It is worthwhile having a few prepared sentences for such situations such as:

- **Excusez moi, Monsieur, ce que j'ai voulu dire c'était ...**  *Excuse me, what I wanted to say was ...*
- **Ce que j'allais dire, Madame, c'est que ...**  *What I was going to say was ...*
- **Je m'excuse, je veux dire ...**  *I'm sorry, I mean ...*

Furthermore, if you don't understand the question don't be afraid to say so. However, you really need to prepare some strategies for this situation. Consider some of the following:

- **Je m'excuse mais je n'ai pas compris la question.**  *I'm sorry but I didn't understand the question.*
- **Pourriez-vous répéter la question, s'il vous plaît ?**  *Could you repeat the question please?*
- **Pourriez-vous parler un peu plus lentement, s'il vous plaît ?**  *Could you speak more slowly please?*
- **Je suis désolé(e), Monsieur, mais je n'ai pas compris.**  *I'm sorry but I did not understand.*

## My Examination Technique

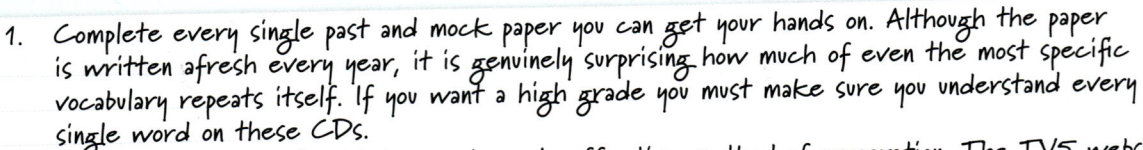

Adam Dyer sat the Leaving Certificate in 2010 and achieved an A1 in French. His top three tips for the Aural are:

1. Complete every single past and mock paper you can get your hands on. Although the paper is written afresh every year, it is genuinely surprising how much of even the most specific vocabulary repeats itself. If you want a high grade you must make sure you understand every single word on these CDs.
2. Listening to native French is an extremely effective method of preparation. The TV5 website and channel 799 on Sky or UPC are excellent resources. Familiarise yourself with native speed French and the French on the listening paper will seem so much easier as it is a great deal slower.
3. On the day of the exam itself, don't second guess yourself. Most of the time the first answer that comes into your head is in fact the correct one! Be careful in answering and try and translate your answers into English as accurately as possible. Trust yourself! Much like the Oral, confidence is key!

## Jeu de rôle

### C'est en forgeant qu'on devient forgeron !

Vous êtes le / la prof. Votre voisin joue l'étudiant. Écrivez ensemble les questions et les réponses de votre jeu de rôle. Après cinq minutes échangez les rôles.

## Sample Conversation

Now try role-playing the following conversation with a classmate. You can also download and listen to this file on folens.ie and folensonline.ie.

**Examiner:** Alors, Niall, que pensez-vous de la politique ?

**Student:** La politique m'intéresse beaucoup. Avant, cela ne me passionnait pas trop mais comme je viens de fêter mes dix-huit ans et que je vais avoir le droit de vote, je commence à m'y intéresser beaucoup plus. Je me sens concerné par la politique internationale aussi.

**Examiner:** Alors, pensez-vous que c'est très important de voter ?

**Student:** Oui, Madame, très important. Nous avons beaucoup de chance d'habiter dans un pays démocratique. Malheureusement pas mal de mes amis ne votent pas.

**Examiner:** Pour quelle raison, selon vous ?

**Student:** Ils pensent que c'est une vraie perte de temps. En plus, il y a eu tellement de scandales en Irlande, ils pensent que les politiciens font beaucoup de promesses qu'ils ne tiennent pas et qu'il y a beaucoup de corruption. Ce que je n'aime pas, c'est qu'on ne les voit qu'aux campagnes électorales. C'est dommage parce que la politique est très importante.

**Examiner:** Mais avez-vous confiance en les politiciens alors, Niall ?

**Student:** Bof, je ne sais pas. Je n'irais pas jusqu'à dire que j'ai confiance en tous les politiciens mais ils ne sont pas tous si mauvais. Je crois que la plupart d'entre eux font de leur mieux pour le pays.

**Examiner:** Êtes-vous pour ou contre l'Europe, Niall ?

**Student:** Je suis pour l'Europe. J'adore l'Europe et je crois qu'on a plus en commun avec les Européens qu'avec les Américains. Je crois que l'Europe nous a beaucoup aidés pendant la crise économique. En plus, on a construit beaucoup de nouvelles routes avec les aides financières de l'Europe. L'échange entre les cultures est enrichissant et j'adore le fait de pouvoir voyager n'importe où en Europe sans problème.

**Examiner:** Croyez-vous qu'il y a beaucoup de racisme en Irlande ?

**Student:** Oui, comme dans tous les pays en Europe, on a nos problèmes de racisme. J'ai lu par exemple qu'il y a eu une attaque raciste à Ennis il y a une semaine. Le comportement raciste me dégoûte. Il y a maintenant beaucoup d'immigrés en Irlande. Je pense qu'il faut être ouvert aux autres cultures. Nous devons lutter contre le racisme.

**Examiner:** Qu'est-ce qu'on peut faire alors pour arrêter le comportement raciste ?

**Student:** Nous devons commencer dans les écoles. On doit expliquer aux jeunes que le comportement raciste n'est pas acceptable. On doit aussi introduire des peines de prison très sévères pour ceux qui sont responsables d'attaques racistes.

# PARCOURS AUDIO

## Et maintenant, j'écoute !

**Pour voir le texte de ces dialogues, allez page 213 !**

🎧 2 · 37–39

You will now hear an interview with Monsieur Allain, a French expert on Ireland and its customs. You will hear the material **three** times: first right through, then in **four segments** with pauses and finally right through again.

1. (i) Name two topics that Monsieur Allain suggests are suitable for a first conversation with Irish people.
   (ii) How does Monsieur Allain describe Irish people's attitude to Ireland?
2. (i) Why does Monsieur Allain feel Irish people are justified in worrying about crime?
   (ii) What has occurred on buses in certain parts of Dublin?
3. (i) What two things is humour capable of achieving?
   (ii) How can you gain the respect of the Irish during a slagging match?
4. Give one point that Monsieur Allain makes about young people from rural areas.

# UNITÉ 13
## LA VIE DES JEUNES (2)

Après avoir terminé ce chapitre, vous devriez pouvoir :
- parler de la vie des jeunes en Irlande
- parler un peu des aspects de la vie des jeunes tels que
    1. l'alcool
    2. le tabac
    3. la drogue
    4. la violence
    5. la pression des examens
- comprendre les questions possibles sur ce thème
- suivre les conversations du Parcours Audio

## Accent Français

# PARCOURS ORAL

**CIARÁN**

### La vie des jeunes

**40** Comme la plupart des jeunes en Irlande je bois de l'alcool. Même si j'aime prendre un pot avec mes copains le week-end, je sais que l'alcool est dangereux pour la santé. Si on boit trop, l'alcool est mauvais pour le foie. **En Irlande, le pub est un lieu de rencontre, l'alcool est devenu incontournable en soirée** et on ne peut plus s'en passer. Quand on est invité chez des amis il y a toujours des boissons alcoolisées. **Mes amis n'arrivent plus à faire la fête sans ça ! Certains se forcent même à trop boire pour frimer.** Je n'aime pas le fait que l'alcool paralyse les sens, fasse vomir et qu'il puisse donner une image négative de la personne que vous êtes. **En plus, c'est vrai que l'alcool peut rendre violent** et transformer le plus gentil des jeunes en un monstre agressif qui insulte et frappe tous ceux qui l'entourent. Chaque week-end à Cork, il y a des bagarres violentes à la sortie des boîtes de nuit. **Je suis conscient que mes parents veillent tard parce qu'ils s'inquiètent.** Je sais qu'ils me font confiance mais **je leur envoie un sms quand même pour dire que tout va bien.** En plus, comme je l'ai déjà dit, moi je suis très sportif donc ce n'est pas possible de garder la forme si on boit trop d'alcool. C'est pour cela aussi que je déteste la drogue. **Je n'y connais pas grand-chose mais je sais que toutes sortes de drogues sont facilement disponibles à Cork.** C'est vrai que trop de jeunes se droguent. Je trouve que c'est tellement bête ! **Se pourrir la vie en une soirée, c'est vraiment dommage.** Honnêtement, je ne comprends pas pourquoi malgré les risques connus, certains continuent à se droguer et se détruire la vie. La toxicomanie déchire nos sociétés, engendre la criminalité et répand des maladies. **C'est pour cette raison qu'il faudrait augmenter les peines de prison des revendeurs et des trafiquants à mon avis.**

**41** Moi, je déteste le tabac. Mon grand-père et mon oncle fumaient, mon père fume aussi. Mais moi, je ne suivrai pas leur exemple ! Je sais que pas mal de jeunes fument parce qu'ils pensent que c'est « cool ». Je trouve ça vraiment ridicule. L'interdiction de fumer dans les lieux publics me plaît ! Par contre, mes amis fumeurs se plaignent tous. **Ils pensent que ce n'est pas marrant d'être obligé de fumer dehors.** Mais moi, je pense que c'est juste car je ne veux pas respirer leur fumée.

Pour parler d'autre chose, je crois qu'il y a vraiment trop de pression chez les jeunes en Irlande à cause du Bac. C'est vraiment absurde à mon avis qu'il faille presque six cents points pour faire certaines filières. **Moi, je passe quasiment tout mon temps à bosser et ce n'est pas drôle ! Je pense qu'un système de contrôle continu serait mieux.** En plus, il me semble que ce serait moins fatigant de passer la moitié des examens en cinquième année. Comme ça, il y aurait moins de stress en sixième.

### Quelques expressions intéressantes utilisées par Ciarán

| | |
|---|---|
| En Irlande, le pub est un lieu de rencontre. | In Ireland the pub is a meeting place. |
| L'alcool est devenu incontournable en soirée. | Alcohol has become essential at parties. |
| Mes amis n'arrivent plus à faire la fête sans ça ! | My friends can't manage to have a party without it. |
| Certains se forcent même à trop boire pour frimer. | Some people force themselves to drink too much to fit in. |
| En plus, c'est vrai que l'alcool peut rendre violent. | What's more, it's true that alcohol can make you violent. |
| Je suis conscient que mes parents veillent tard parce qu'ils s'inquiètent. | I am conscious that my parents wait up late because they worry. |

| | |
|---|---|
| Je leur envoie un sms quand même pour dire que tout va bien. | *I send them a text all the same to tell them that all is fine.* |
| Je n'y connais pas grand-chose mais je sais que toutes sortes de drogues sont facilement disponibles à Cork. | *I don't know a lot about it but I do know that all sorts of drugs are easily available in Cork.* |
| Se pourrir la vie en une soirée, c'est vraiment dommage. | *Destroying your life in one evening, it's a real pity.* |
| C'est pour cette raison qu'il faudrait augmenter les peines de prison des revendeurs et des trafiquants à mon avis. | *It's for that reason that they should increase the prison sentences of drug dealers and traffickers in my opinion.* |
| Ils pensent que ce n'est pas marrant d'être obligé de fumer dehors. | *They think that it's not funny to have to smoke outside.* |
| Moi, je passe quasiment tout mon temps à bosser et ce n'est pas drôle ! | *I spend almost all my time working and it's not funny.* |
| Je pense qu'un système de contrôle continu serait mieux. | *I think that a system of continuous assessment would be better.* |

## La vie courante — TARA

Moi, j'ai moins de dix-huit ans donc je ne bois pas. Mais je dois dire que la plupart de mes amis boivent même s'ils n'ont pas dix-huit ans. Il y a beaucoup de pubs à Galway ou même à Salthill qui servent les jeunes. En fait, beaucoup de mes amis cherchent à boire le plus possible, le plus rapidement, pour avoir un maximum d'effet. **La biture express est très répandue parmi mes amis.** Je déteste quand ils boivent trop. Ils parlent d'alcool-plaisir ou d'alcool-lubrifiant social mais **je n'arriverai jamais à comprendre pourquoi ils consomment autant.** L'alcool paralyse les sens et rend malade. Mes amis font n'importe quoi quand ils sont ivres. Je sais qu'il y a même des jeunes qui conduisent sous l'emprise de l'alcool. **Ici à Salthill, on n'a pas de transports publics tard le soir donc la conduite en état d'ivresse est un vrai problème.** À mon avis, le gouvernement doit faire des campagnes de prévention dans les écoles rurales. **On doit montrer aux jeunes les dangers de l'alcool au volant.** J'aurai dix-huit ans bientôt mais je crois que je ne vais pas commencer à boire. J'ai déjà vu trop de problèmes liés à la consommation de boissons alcoolisées. En plus, **je trouve que le prix de l'alcool et la gueule de bois du lendemain n'en valent vraiment pas la peine.**

Je ne fume pas non plus. J'ai essayé il y a deux ans **et j'ai même continué à fumer un moment.** Mais j'ai vite renoncé à la cigarette. **J'avais une mauvaise haleine, les dents jaunes et je commençais à tousser** et en plus j'étais toujours fauchée ! Donc je me suis dit que j'étais vraiment trop bête ! Et puis un jour j'ai arrêté juste comme ça. **Au début j'ai eu du mal à m'en passer mais petit à petit, cela est devenu plus facile.** Qu'est-ce que je suis contente maintenant que je ne fume plus ! C'est vraiment une sale habitude.

La drogue ne m'intéresse pas du tout. **Bien sûr, elle est facilement disponible si on en veut.** Mais moi je pense que c'est trop dangereux. Il n'y a rien de bon dans la drogue. **Je sais qu'on tombe assez vite dedans et que c'est une voie qui est très facile à emprunter. Mais ce n'est pas mon truc.** Je ne veux pas gâcher ma vie. Je me tiens le plus loin possible des stupéfiants. À mon avis, le gouvernement doit faire plus pour lutter contre les revendeurs de drogue. La drogue est liée à l'augmentation de la criminalité en Irlande. Tous les soirs à la télévision, on entend parler d'histoires horribles de revendeurs qui se massacrent les uns les autres, ou même qui tuent des innocents.

## Accent Français

En ce qui concerne la pression des examens, je dois dire que ça ne me touche pas trop. Je travaille assez dur donc je me sens bien préparée pour les examens. **Bien sûr, je veux réussir et je sais qu'il me faudra au moins 450 points alors je fais de mon mieux.** Je ne peux pas faire plus que ça ! Mes parents sont assez compréhensifs. Ils savent que je travaille dur à l'école et que je ne suis pas fainéante. Ils me soutiennent et sans eux j'aurais eu du mal à me débrouiller. Je ne pense pas qu'il faut changer le système des points. Ça marche bien et c'est anonyme. Il y a pas mal de trucs en Irlande qui sont corrompus mais le Bac et le système CAO sont justes à mon avis. Si on travaille, on obtiendra de bonnes notes, c'est assez simple comme ça je crois !

### Quelques expressions intéressantes utilisées par Tara

| | |
|---|---|
| La biture express est très répandue parmi mes amis. | Binge drinking is widespread amongst my friends. |
| Je n'arriverai jamais à comprendre pourquoi ils consomment autant. | I will never understand why they drink so much. |
| Ici à Salthill, on n'a pas de transports publics tard le soir donc la conduite en état d'ivresse est un vrai problème. | Here in Salthill we do not have public transport late at night so drink-driving is a real problem. |
| On doit montrer aux jeunes les dangers de l'alcool au volant. | We must show young people the dangers of drink-driving. |
| Je trouve que le prix de l'alcool et la gueule de bois du lendemain n'en valent vraiment pas la peine. | I think that the price of alcohol and the hangover the next day are not worth the bother. |
| Et j'ai même continué à fumer un moment. | And I even continued to smoke for a while. |
| J'avais une mauvaise haleine, les dents jaunes et je commençais à tousser. | I had bad breath, yellow teeth and I was beginning to cough. |
| Au début j'ai eu du mal à m'en passer mais petit à petit cela est devenu plus facile. | In the beginning I found it difficult to do without them but little by little it became easier. |
| Bien sûr, elle est facilement disponible si on en veut. | Of course they are easily available if you want them. |
| Je sais qu'on tombe assez vite dedans et que c'est une voie qui est très facile à emprunter. | I know that you can easily get mixed up with them and that it is a very easy path do go down. |
| Mais ce n'est pas mon truc. | But it is not my thing. |
| Bien sûr, je veux réussir et je sais qu'il me faudra au moins 450 points alors je fais de mon mieux. | Of course I want to succeed and I know that I will need at least 450 points so I'm doing my best. |

## Questions

1. Est-ce que les jeunes boivent beaucoup ?
2. Que boivent-ils ?
3. Est-ce que vous buvez de l'alcool ?
4. Pourquoi buvez-vous de l'alcool ?
5. Pourquoi ne buvez-vous pas d'alcool ?
6. Est-ce qu'il y a un problème avec l'alcool chez les jeunes ?
7. Quelles sont les conséquences de l'abus d'alcool ?
8. Quels sont les problèmes liés à l'alcool ?
9. Qu'est-ce que nous pouvons faire pour améliorer la situation ?
10. Est-ce que vous fumez ?
11. Pourquoi fumez-vous ?
12. Pourquoi ne fumez-vous pas ?
13. Pourquoi les jeunes continuent-ils à fumer ?
14. Qu'est-ce qu'on peut faire pour prévenir le tabagisme chez les jeunes ?
15. Est-ce qu'il y a beaucoup de pression avant Bac ?
16. Que pensez-vous du système des points ?
17. Qu'est-ce qu'on peut faire pour changer ce système ?
18. Devons-nous changer le système des points ?

## GRAMMAIRE

### Pour exprimer la condition

1. Si + [verbe au présent] et [verbe au futur] = exprime une possibilité. Il est fort possible que l'action se déroulera.

   **Si** on ne **fait** rien, ce problème **empirera**.   *If nothing is done, this problem will worsen.*

2. Si + [verbe au présent] et [verbe à l'impératif] = exprime aussi la possibilité.

   **Si** tu en **as** les moyens, **viens** en Irlande !   *If you have the money come to Ireland!*

3. Si + [verbe au présent] et [verbe au présent] = exprime une habitude.

   **S'**il **fait** mauvais, nous n'**allons** pas à la plage.   *If the weather is bad we don't go to the beach.*

4. Si + [verbe à l'imparfait] et [verbe au conditionnel] = exprime un événement ou une action qui ne pourrait pas nécessairement se réaliser.

   **Si** j'**avais** le temps, je **viendrais** te rendre visite.   *If I had the time I would visit you.*
   Je **viendrais** te rendre visite, **si** j'**avais** le temps.   *I would visit you if I had the time.*

# LA BOÎTE À MOTS !

## L'alcool

| | | | |
|---|---|---|---|
| boire un coup / un verre | to have a drink | un alcoolique | an alcoholic |
| une boisson alcoolisée | an alcoholic drink | un alcoolo (fam.) | an alcoholic |
| une boisson non-alcoolisée | a non-alcoholic drink | un saoulard / soûlard | a drunkard |
| boire avec modération | drink in moderation | les effets de l'alcool | the effects of alcohol |
| un buveur | a drinker | l'ivresse | drunkenness |
| faire une cure de désintoxication | to go to detox | chercher la bagarre | to look for a fight |
| boire modérément | to drink moderately | des bagarres | fights |
| boire comme un trou | to drink like a fish | des noctambules | night owls |
| devenir alcoolique | to become an alcoholic | des fêtards | party goers |
| être en état d'ivresse | to be drunk | la vie sociale | social life |
| être dépendant de | to be dependent on | les sodas alcoolisées | alcopops |
| faire des ravages | to do damage | les prémix | alcopops |
| avoir la gueule de bois | to have a hangover | une bière | a beer |
| boire un coup de trop | to drink too much | un panaché | a shandy |
| boire de l'alcool avec excès | to drink alcohol to excess | une pression | a draught beer |
| un ivrogne | a drunkard | le cidre | cider |

| | | | |
|---|---|---|---|
| le vin | wine | un alcootest | a breathalyser test |
| du vin rouge | red wine | un excès de vitesse | speeding |
| du vin blanc | white wine | la conduite en état d'ébriété | driving while drunk |
| du rosé | rosé | l'alcool au volant | drink driving |
| un accident de voiture | a road accident | une collision | a crash |

## Quelques verbes utiles

| | |
|---|---|
| s'enivrer / se saouler | to get drunk |
| boire | to drink |
| se battre | to fight or hit |
| blesser | to wound |
| endommager | to damage |
| crier | to shout |
| insulter | to insult |

## Pour parler de votre attitude face à l'alcool

| | |
|---|---|
| Moi, je bois de l'alcool mais toujours avec modération. | I drink but always in moderation. |
| Je bois un coup comme tout le monde. | I have a drink like everyone else. |
| Je ne suis pas du style à boire. | Drinking is not my thing. |
| Je ne supporte pas les boissons alcoolisées, je n'aime pas leur goût, bref je ne bois pas une goutte d'alcool. | Alcoholic drinks do not agree with me, I don't like their taste so I don't drink a drop of alcohol. |
| Comme je suis mineur(e), je ne bois pas. | As I am a minor I do not drink. |
| Depuis que j'ai dix-huit ans, je bois un peu mais toujours avec modération. | Since I turned 18 I drink a little but always in moderation. |
| C'est ridicule de se saouler. | It's ridiculous to get drunk. |
| Je ne bois pas car je n'aime pas le goût de l'alcool. | I do not drink because I do not like the taste of alcohol. |
| Mes parents ne veulent pas que je boive. | My parents do not want me to drink. |
| Je n'aime pas sortir avec mes amis quand ils boivent trop. | I don't like going out with my friends when they drink too much. |
| Moi, je ne bois que rarement surtout en ce moment à cause des examens. | I only drink the odd time, especially at the moment because of the exams. |
| Ce n'est pas possible d'étudier le lendemain si on boit trop. | It is not possible to study the next day if you drink too much. |
| Je n'aime pas avoir la gueule de bois donc c'est pour ça que je ne bois pas trop. | I don't like having a hangover so that's why I do not drink too much. |
| Je déteste quand quelqu'un gâche une bonne soirée à cause de l'alcool. | I hate when someone spoils a good night out because of alcohol. |
| Moi, je ne bois pas parce que je peux m'amuser à fond tout en gardant le contrôle de moi-même. | I don't drink because I can really enjoy myself while staying in control of myself. |

| | |
|---|---|
| Ce n'est pas évident de ne pas boire. | It's not easy not to drink. |
| Au lycée, c'est facile de passer pour une fille 'coincée' parce qu'on ne boit pas. | In school it's easy to be regarded as a boring girl because you don't drink. |
| Je n'arrive pas à m'amuser avec des gens ivres quand je suis sobre. | I can't enjoy myself with drunken people when I am sober. |
| Je n'ai besoin de rien pour devenir foufou / fofolle ! | I don't need anything to go crazy! |
| Je déteste voir mes amis quand ils sont ivres. | I hate seeing my friends when they are drunk. |
| Moi je ne bois pas, je danse et je me marre, c'est plus drôle. | I don't drink, I dance and I have a laugh, it's much more fun. |
| J'ai dix-huit ans et j'ai déjà essayé différentes boissons alcoolisées mais pour moi c'est dégoûtant, c'est tout ! | I am 18 and I have already tried various alcoholic beverages but for me it's disgusting, that's it really. |

## Pour parler du problème en général

| | |
|---|---|
| Je pense que l'alcoolisme chez les jeunes est un problème qu'il faut absolument résoudre. | I think that alcoholism among young people is a problem that must be solved. |
| L'alcool est à l'origine de trop de problèmes. | Alcohol is at the root of too many problems. |
| On a besoin de beaucoup plus de programmes éducatifs dans nos écoles. | We need many more educational programs in our schools. |
| Le nombre de jeunes qui se saoulent tous les week-ends augmente tout le temps. | The number of young people who get drunk every weekend keeps on rising. |
| Si on boit trop, on risque de compromettre sa vie familiale. | If you drink too much you risk compromising your family life. |
| Si on boit trop, on perd les « pédales », comme on dit. | If you drink too much, you 'lose it' as they say. |
| Il faut boire avec modération. | You have to drink in moderation. |
| L'alcool peut devenir comme une drogue si on en abuse. | Alcohol can become a drug if you abuse it. |
| Lorsqu'on boit trop on peut devenir agressif, voire violent. | When you drink too much you can become aggressive, even violent. |
| Quand on boit trop, on ne sait plus ce qu'on dit ni ce qu'on fait. | When you drink too much, you don't know what you say nor what you do. |
| La conduite en état d'ivresse doit être toujours condamnée. | Drink-driving must always be condemned. |
| C'est une bonne chose de montrer à la télévision les campagnes d'information sur les dangers de l'alcool. | It is a good thing to show information campaigns on TV about the dangers of alcohol. |
| Il est facile de constater qu'il y a une augmentation de la consommation l'alcool régulière chez les jeunes. | It is easy to see that there is an increase in regular consumption of alcohol among young people. |

## Accent Français

| | |
|---|---|
| Chaque année les jeunes paient un lourd tribut dû à l'alcool. | Every year young people pay a heavy price due to alcohol. |
| Les accidents de la route, les comportements violents et l'échec scolaire sont souvent les conséquences « du verre de trop ». | Road accidents, violent behaviour and school failure are often the consequences of a glass too many. |
| Malheureusement, boire un coup est « le passe-temps numéro un » chez certains jeunes. | Unfortunately, having a drink is the number one pastime amongst some young people. |
| Pourtant, sortir dans les bars et se saouler est un plaisir qui revient cher. | Yet, going out to bars and getting drunk is a pleasure that is very costly. |
| Une forte consommation d'alcool engendre aussi des comportements violents. | Over-consumption of alcohol also brings about violent behaviour. |
| J'ai lu que cinquante pour cent des crimes et délits sont commis sous l'emprise de l'alcool. | I have read that 50% of crimes and misdemeanours are committed under the effects of alcohol. |
| Aujourd'hui, il faut admettre / avouer qu'il n'y a pas une fête entre ados sans alcool. | Today you have to admit that a party without alcohol among teenagers is not a party. |
| Parmi beaucoup de jeunes, le fait de boire en lui-même n'est pas amusant, c'est être complètement ivre qui les intéresse. | Among a lot of young people the fun thing is not to drink but to be completely drunk. |
| Il ne fait aucun doute que l'alcool tue. | There is no doubt but that alcohol kills. |

## Pourquoi les jeunes boivent-ils ?

| | |
|---|---|
| Beaucoup de jeunes boivent parce qu'ils veulent s'intégrer dans un groupe. | A lot of young people drink because they want to belong to a group. |
| L'alcool, est vu un peu comme un rite initiatique, surtout pour les garçons. | Alcohol is seen a little like a rite of initiation, above all for boys. |
| Je crois qu'on boit parce qu'on veut faire comme les autres. | I think that you drink because you want to be like others. |
| Souvent ceux qui sont timides boivent pour se donner du courage. | Often those who are shy drink to give themselves courage. |
| Beaucoup de jeunes boivent parce que c'est à la mode. | Lots of young people drink because it is fashionable. |
| Les compagnies qui vendent de l'alcool font des campagnes publicitaires hors de prix et super alléchantes. | The companies that sell alcohol make really expensive ads that are very seductive. |
| Et puis, les timides pensent que l'alcool c'est bien pour se socialiser, se fondre dans le moule et faire comme les autres. | Shy people think that alcohol is good for socialising, for fitting into the mould and for being like the others. |
| Ils ne reconnaissent pas les dangers. | They do not recognise the dangers. |

| | |
|---|---|
| Beaucoup de jeunes pensent que l'alcool est un bon moyen de trouver la force d'aller draguer sur la piste de danse. | Many young people think that alcohol is a good way to gain courage, to go and chat people up on the dance floor. |
| Beaucoup boivent parce que c'est un bon moyen de fuir la dure réalité de l'existence. | Many people drink because it is a good means of fleeing the harsh reality of life. |
| Malheureusement, aujourd'hui, les jeunes boivent parce que les adultes le font aussi et ils pensent que c'est normal. | Unfortunately today, the young drink because adults do it as well and they think it is normal. |
| Beaucoup pensent qu'une soirée étudiante sans alcool n'est pas une vraie soirée. | Many think that a student party without alcohol is not a real student party. |
| Il est difficile de croire que l'alcool est censé être interdit à la vente aux moins de dix-huit ans. | It is difficult to believe that alcohol is meant to be banned for sale to under 18 year olds. |
| Aujourd'hui, on boit parce que c'est considéré comme une activité normale. | Today we drink because it is considered a normal activity. |
| C'est tellement à la mode de boire que ceux qui ne boivent pas sont considérés comme des ringards. | It is so fashionable to drink that those who do not drink are considered nerdy. |
| Il y en a même qui se vantent de boire seuls. | There are even those who boast about drinking on their own. |
| Bien que l'alcool soit interdit aux moins de dix-huit ans, il y a trop de pubs qui servent les mineurs quand même. | Even though alcohol is banned to under 18s there are too many pubs who serve minors all the same. |

## La pression des examens

| | |
|---|---|
| Les examens sont stressants. | The exams are stressful. |
| L'angoisse de l'échec se ressent sérieusement parmi beaucoup de jeunes. | The agony of failure is really felt among students. |
| Comme si la peur n'était pas suffisamment grande à l'approche des examens, les parents mettent une pression supplémentaire. | As if the fear was not big enough coming up to the exams, parents add extra pressure. |
| Pendant l'année du Bac il m'est presque impossible de me consacrer du temps. | During the year of the Leaving it's almost impossible to take some time for myself. |
| Il est impossible d'oublier que c'est notre avenir qui est en jeu ! | It is impossible to forget that it is our future that is at stake. |
| On a peur de ne pas réussir et aussi de décevoir nos parents. | We are afraid of not succeeding and of letting our parents down. |
| J'en ai marre d'entendre « Où en es-tu dans tes révisions ? » ou bien « Tu vas réussir, ne me déçois pas ! ». | I am sick of hearing 'how is the revision going?' or even 'you are going to do well, don't let me down!'. |
| Je sais que mes parents sont derrière moi, qu'ils me soutiennent. | I know that my parents are behind me and that they support me. |
| Mes parents veulent ce qu'il y a de mieux pour moi. | My parents want the best for me. |
| Le soi-disant système des points n'est pas du tout juste, à mon avis. | The so-called points system is not fair at all in my opinion. |
| Certaines filières sont trop difficiles à obtenir. | Some courses are too difficult to get. |

| | |
|---|---|
| Il me faudra au moins cinq cents points. Ce n'est pas une blague ! | I will need at least 500 points. It's no joke! |
| L'année prochaine je veux aller à la fac pour étudier la médecine. Les points sont presque impossibles à obtenir. | Next year I want to go to university to study medicine. The points are almost impossible to obtain. |
| Les écoles sont devenues des boîtes à Bac. | Schools have become cramming factories. |
| Le système crée trop de pression chez les jeunes. | The system creates too much pressure among young people. |
| Nous devons introduire un système de contrôle continu. | We must introduce a system of continuous assessment. |
| C'est ridicule qu'il faille presque six cents points pour faire médecine. | It is ridiculous that you need almost 600 points to do medicine. |
| Le système des points n'est pas juste. | The points system is not fair. |
| Il nous faut un système éducatif plus juste. | We need a fairer education system. |
| A mon avis, on n'investit pas assez dans l'éducation. | In my opinion we do not spend enough on education. |

## Le tabagisme

| | |
|---|---|
| fumer | to smoke |
| un fumeur / une fumeuse | a smoker |
| fumer par habitude | to smoke out of habit |
| tousser | to cough |
| devenir malade | to become sick |
| nuire | to harm |
| jaunir | to make / to become yellow |
| interdire | to ban |
| allumer | to light |
| éteindre | to put out |
| respirer | to breathe |

## Pour parler de votre attitude face au tabac

| | |
|---|---|
| Moi, personnellement, je déteste le tabac. | Personally I hate smoking. |
| Je suis très content(e) de n'avoir jamais fumé. | I am very happy that I have never smoked. |
| Je pense que c'est vraiment ridicule de gaspiller son argent pour des cigarettes. | I think that it is really ridiculous to waste your money on cigarettes. |
| Je ne fume jamais de cigarettes car ça ne me dit rien. J'ai peur de devenir dépendant(e). | I never smoke because I have no interest in it. I am afraid of becoming addicted. |
| Je déteste le tabac, en plus, c'est très mauvais pour les non-fumeurs qui doivent respirer la fumée. | I hate smoking, moreover, it is very bad for non-smokers who must breathe in the smoke. |
| Je déteste l'odeur du tabac. Ça rend les dents jaunes. | I hate the smell of cigarettes. It makes your teeth yellow. |

| | |
|---|---|
| Ça fait six mois que je ne fume plus. | I haven't smoked for six months. |
| Je ne fume plus. | I no longer smoke. |
| Je pense que les fumeurs ne respectent personne. | I think that smokers do not respect anyone. |
| Je connais beaucoup de jeunes de mon âge qui fument avec l'accord de leurs parents. | I know a lot of young people my age who smoke with the consent of their parents. |
| Il y a des parents qui leur paient même leurs clopes, parfois. | There are even parents who buy their cigs for them sometimes. |
| Moi, je suis assez sportif(ve) et je ne pourrais pas respirer correctement si je fumais. | I am rather sporty and I couldn't breathe properly if I smoked. |
| Je déteste la mauvaise haleine qu'on a à cause des cigarettes. | I hate the bad breath that one has because of cigarettes. |
| Les fumeurs sont assez égoïstes, à mon avis. | Smokers are selfish in my opinion. |
| C'est une bonne chose qu'on n'ait plus le droit de fumer dans les endroits publics. | It's a good thing that you no longer have the right to smoke in public places. |
| Je fume depuis quelques années. Je sais que c'est bête et je vais arrêter après les examens. | I have been smoking for a few years. I know it's stupid and I am going to stop after the exams. |
| Je suis fumeur / fumeuse, je pense que c'est une habitude stupide mais ça me relaxe quand je suis stressé(e). | I am a smoker, I think it's a stupid habit but it relaxes me when I am stressed. |
| Je pense que j'ai commencé à fumer pour avoir l'air plus adulte. | I think that I began smoking to act older. |
| Les cigarettes coûtent très cher et je ne veux pas jeter de l'argent par les fenêtres. | Cigarettes are very expensive and I do not want to throw money out the window. |
| Je ne peux pas me passer de cigarettes avant les examens. | I can't do without cigarettes before the exams. |
| Malheureusement, je suis accro maintenant. | Unfortunately, I am addicted now. |
| J'ai essayé quelques cigarettes et petit à petit cela est devenu une habitude. | I tried a few cigarettes and little by little it became a habit. |
| Je n'ai pas la volonté d'arrêter avant les examens. | I haven't got the will power to stop before the exams. |
| Je crois que j'étais vraiment bête d'avoir commencé à fumer car maintenant, j'ai du mal à m'en passer. | I believe that it is really stupid to have started to smoke because now, I find it difficult to do without them. |
| Il est absolument interdit de fumer à l'école. | Smoking is absolutely banned in school. |
| C'est vrai que certains fument dans les toilettes. | It's true that some people smoke in the toilets. |
| On risque d'être collés si on fume à l'école. | You risk getting a detention if you smoke in school. |

## Pour parler un peu des conséquences du tabagisme

| | |
|---|---|
| Le tabac nuit à la santé. | Smoking harms your health. |
| Il ne fait aucun doute que le tabac tue. | There is no doubt that smoking kills. |
| Le tabac aggrave les risques de développer un cancer. | Smoking increases the risk of developing cancer. |
| Un cancer sur trois est provoqué par le tabagisme. | One cancer in three is caused by smoking. |

Plus de quatre-vingt-cinq pour cent des cas de cancer du poumon sont liés au tabagisme.

More than 85% of cases of lung cancer are linked to smoking.

Beaucoup de cancers sont liés au tabagisme passif.

Many cancers are linked to passive smoking.

Le tabagisme passif est dangereux.

Passive smoking is dangerous.

L'odeur du tabac est désagréable.

The smell of tobacco is disagreeable.

On dit que fumer avec des amis, c'est sociable. Je pense que c'est faux, parce que le tabagisme est toujours mauvais pour les poumons.

They say that smoking with friends is sociable. I think that it's false because smoking is always bad for your lungs.

Le tabac peut provoquer :
- l'apparition de rides
- une haleine désagréable
- le jaunissement des dents
- un teint grisâtre
- le cancer des poumons
- le cancer de la gorge

Smoking can cause:
- the appearance of wrinkles
- bad breath
- yellowing of teeth
- greyish complexion
- lung cancer
- throat cancer

À cause du tabac, on :
- tousse tout le temps
- a du mal à respirer
- ne peut pas faire de sport
- n'a pas d'argent
- est toujours fauché
- gaspille de l'argent

Because of smoking you:
- cough all the time
- have difficulty breathing
- can't do sport
- don't have money
- are always broke
- waste money

## Pour parler du problème du tabac en général

Plus tôt on commence, plus vite on devient accro.

The earlier you start the quicker you become addicted.

La loi interdit la vente de cigarettes aux moins de dix-huit ans.

The law bans the sale of cigarettes to under 18s.

Mais en réalité, beaucoup de magasins n'appliquent pas la loi.

But in reality many shops do not apply the law.

Beaucoup de magasins vendent des cigarettes à des jeunes de moins de dix-huit ans.

Many shops sell cigarettes to young people who are under 18.

L'interdiction de fumer dans les lieux publics est une très bonne chose.

The ban on smoking in public places is a very good thing.

Nous devons lancer des campagnes de prévention pour sensibiliser les jeunes.

We have to launch prevention campaigns to raise awareness among young people.

Il faut augmenter le prix du paquet de cigarettes d'au moins un euro.

We need to increase the price of a packet of cigarettes by at least a euro.

Pour lutter contre ce fléau, il faudra sensibiliser les ados aux dangers du tabac.

To fight against this scourge we will have to make young people aware of the dangers of tobacco.

| | |
|---|---|
| Je crois que les ados sont bien conscients des dangers de la nicotine. | I think that teens are well aware of the dangers of nicotine. |
| Les fabricants encouragent les jeunes à fumer en parrainant des événements sportifs. | The manufacturers encourage young people by sponsoring sporting events. |
| Certains fabricants distribuent des cigarettes gratuites pour faire de la publicité. | Some manufacturers give out free cigarettes for publicity. |
| Je trouve ces méthodes dégoûtantes et inacceptables. | I find these methods disgusting and unacceptable. |

## Pourquoi commencer ?

| | |
|---|---|
| La tentation et la pression des copains sont souvent trop grandes pour résister à sa première cigarette. | The temptation and the pressure of the group are often too great to resist that first cigarette. |
| Ils commencent à fumer parce qu'ils veulent épater leurs camarades. | They begin to smoke because they want to impress their friends. |
| Peut-être qu'ils commencent à fumer pour aller à l'encontre des recommandations de leurs parents. | Perhaps they start to smoke in order to go against the wishes of their parents. |
| Beaucoup pensent que ça fait plus adulte et plus cool de fumer. Ils commencent par curiosité. | Many think that it is more adult and that it is cool to smoke. |
| Ils commencent à fumer à cause de la pression du groupe. | They begin to smoke because of the pressure of the group. |

## La drogue

| | |
|---|---|
| un(e) toxicomane / un(e) drogué(e) | a drug addict |
| un(e) accro | a drug addict |
| un(e) trafiquant(e) | a dealer |
| les drogues douces | soft drugs |
| les drogues dures | hard drugs |
| les aiguilles contaminées | infected needles |
| une cure de désintoxication | detox |
| une saisie | a drugs haul |
| la vente de drogues | the sale of drugs |
| la criminalité | crime |
| essayer la drogues | to try drugs |
| se piquer | to inject yourself |
| se droguer | to take drugs |
| se procurer de la drogue | to get hold of drugs |
| fournir de la drogue | to supply drugs |
| punir | to punish |
| faire la chasse aux trafiquants | to hunt down drug traffickers |
| condamner | to condemn |

## Pour parler de votre attitude face à la drogue

| | |
|---|---|
| Je déteste la drogue. | I hate drugs. |
| Je ne me suis jamais laissé(e) tomber là-dedans. | I never let myself get involved in it. |
| Je n'ai jamais été tenté(e) par la drogue. | I have never been tempted by drugs. |
| Je déteste perdre le contrôle de moi-même. | I hate losing control of myself. |
| La drogue c'est quelque chose qui ne me tentera jamais. | Drugs are something that will never tempt me. |
| Je sais que la drogue est mauvaise pour la santé et qu'elle détruit tout. | I know that drugs are bad for your health and that they destroy everything. |
| Il ne faut pas oublier que la drogue est un produit toxique qui mène à des actes violents. | You can't forget that drugs are poisonous products that lead to violent acts. |
| Il ne fait aucun doute que la drogue tue. | There is no doubt that drugs kill. |
| Je ne prendrai jamais de drogues. | I am never going to take drugs. |

## Pourquoi les jeunes se droguent-ils ?

Les jeunes se droguent parce qu'ils veulent :

- se sentir plus adultes
- se sentir plus indépendants
- être acceptés
- fuir la réalité
- prendre des risques et se rebeller
- satisfaire leur curiosité

Young people take drugs because they want to:

- feel more adult
- feel more independent
- be accepted
- escape from reality
- take risks and to rebel
- satisfy their curiosity

| | |
|---|---|
| Ils commencent à cause de la pression du groupe. | They begin because of peer pressure. |
| Ils commencent par curiosité. | They begin out of curiosity. |
| La drogue attire de plus en plus les jeunes. | Drugs are attracting young people more and more. |
| Ils pensent que la drogue permet de fuir la réalité et de trouver un bonheur imaginaire. | They think that drugs allow you to flee reality and to find an imaginary happiness. |
| La drogue est vraiment un fléau social qui provoque beaucoup d'ennuis. | Drugs are really a social scourge that cause many problems. |
| C'est lors des soirées que les jeunes ont le plus facilement accès à la drogue. | It is during parties that young people find drugs more easily. |
| L'un des plus gros problèmes de la jeunesse d'aujourd'hui est la drogue. | One of the biggest problems for young people today is drugs. |
| Ils commencent à consommer de façon régulière des drogues douces. | They begin to take soft drugs regularly. |
| C'est souvent par curiosité qu'on essaie. | It is often out of curiosity that one tries them. |

| | |
|---|---|
| On veut voir ce que ça fait, ce que ça produit comme sensation. | One wants to see what it does, what kind of feeling it produces. |
| Il y a aussi la pression des copains. | There is also the pressure of friends. |
| On fume de la drogue pour ne pas être rejeté du groupe. | One smokes drugs in order not to be rejected by the group. |
| On se drogue pour ne pas se retrouver tout seul. | One takes drugs in order not to find oneself alone. |
| Bien sûr, certains cherchent à oublier leurs problèmes familiaux. | Of course some of them are looking to forget their family problems. |
| Beaucoup de jeunes le font aussi par manque de volonté ou même pour se détendre. | Many young people also do it out of lack of will power or even to relax. |

## Pour parler du problème en général

| | |
|---|---|
| Je sais que la drogue est facilement disponible en Irlande. | I know that drugs are easily available in Ireland. |
| Le problème de la drogue est donc un véritable fléau pour la jeunesse. | The problem of drugs is therefore a real scourge for young people. |
| Malgré toutes les campagnes publicitaires, le problème de la drogue est toujours bien présent. | Despite all the campaigns, the problem of drugs is still there. |
| Fumer est aussi le premier pas qui peut mener aux drogues douces. | Smoking is also the first step that can lead to soft drugs. |
| Malgré les risques connus, certains continuent à se droguer et à se détruire la vie. | Despite the known risks, people are continuing to take drugs and to destroy their lives. |
| On commence avec les drogues douces et puis, petit à petit, ça devient une habitude. | One starts with soft drugs and then bit by bit, it becomes a habit. |
| Dès qu'on est accro, on a du mal à s'en passer. | As soon as you are an addict you find it difficult to do without it. |
| Pour ma part, je pense que la drogue est un problème sérieux. | For my part, I think that drugs are a serious problem. |
| C'est un problème contre lequel il faut lutter par tous les moyens. | It is a problem that we must fight against with every means possible. |
| Malheureusement, il est trop facile de se procurer de la drogue. | Unfortunately, it is too easy to get drugs. |
| La drogue coûte tellement cher qu'elle encourage la criminalité. | Drugs cost so much that they encourage crime. |
| Il est temps que le gouvernement s'intéresse à ce problème afin de le résoudre. | It is time that the government became interested in this problem in order to solve it. |
| Il est vrai que les jeunes sont plus influençables que les adultes. | It is true that the young are more easily influenced than adults. |
| Le problème de la drogue est lié à celui de la criminalité et bien sûr à la pauvreté. | The problem is that drugs are linked to crime and of course poverty. |
| Les accros sont obligés de voler afin d'acheter leur dose quotidienne. | The drug addicts are forced to steal in order to buy their daily dose. |

## Accent Français

| | |
|---|---|
| Il faut qu'on punisse les trafiquants plus sévèrement. | We must punish the traffickers more severely. |
| Il faut aider les personnes qui sont tombées dans la drogue. | We need to help people who have become involved with drugs. |
| Nous devons soigner les accros pour qu'ils retrouvent une vie saine. | We must take care of drug addicts in order for them to get back to a healthy life. |
| Je pense qu'il faut s'attaquer à la base du problème. | I think that we must attack the source of the problem. |
| Il faut faire la chasse aux trafiquants qui exploitent cet horrible commerce. | We must hunt down traffickers who are exploiting that business. |
| Nous devons cibler les quartiers pauvres afin de sensibiliser les jeunes aux dangers de la drogue. | We need to target the poor areas in order to make young people aware of the dangers of drugs. |

## La violence

| | | | |
|---|---|---|---|
| des bandes | gangs | un coup de couteau | a stabbing |
| des bandes de voyous | gangs of thugs | un crime violent | a violent crime |
| des voyous | thugs | un(e) criminel(le) | a criminal |
| l'escroquerie / l'arnaque | scamming | un(e) délinquant(e) | a delinquent |
| la délinquance juvénile | juvenile delinquency | un délit | a crime |
| la loi | the law | un enlèvement | a kidnapping |
| la périphérie des villes | the outskirts of towns | un escroc | a crook |
| la police | the police | un(e) faussaire | a forger / counterfeiter |
| le chantage | blackmail | un incendie criminel | arson |
| le chômage | unemployment | un massacre | a massacre |
| le larcin | petty theft | un méfait | a misdeed |
| le saccage | ransacking | un meurtre | a murder |
| le vol à l'étalage | shoplifting | un meurtrier | a murderer (m) |
| le vol à la tire | snatching a handbag | une meurtrière | a murderer (f) |
| les problèmes sociaux | social problems | un quartier dur | a tough area |
| un agresseur | an attacker | un tueur / une tueuse | a killer |
| un assassinat | a murder | une agression | an attack |
| un cambriolage | a burglary | une blessure | an injury |
| un(e) complice | an accomplice | des bagarres violentes | violent fights |
| un coup | a blow or a belt | des rixes à l'extérieur des pubs | brawls outside of pubs |

## Quelques adjectifs utiles

| | | | |
|---|---|---|---|
| criminel(le) | criminal | meurtrière | murderous (f) |
| de sang-froid | cold-blooded | provocateur | provocative (m) |
| gratuit(e) | gratuitous | provocatrice | provocative (f) |
| illégal(e) | illegal | sans pitié | merciless |
| impulsif(ve) | impulsive | sanguinaire | bloody |
| violent(e) | violent | effrayant(e) | frightening |
| meurtrier | murderous (m) | troublant(e) | disturbing |

## Quelques verbes et expressions utiles

| | |
|---|---|
| assassiner | to kill |
| cambrioler | to burgle |
| vandaliser les lieux publics | to vandalise public places |
| se battre avec quelqu'un | to fight with someone |
| réagir | to react |
| se sentir isolé | to feel isolated |
| incendier | to set on fire |
| empêcher de | to prevent from |
| se plaindre de | to complain about |
| assommer quelqu'un | to knock someone out |
| blesser | to wound |
| braquer une arme sur quelqu'un | to pull a gun on someone |
| chaparder | to pilfer |
| commettre un crime | to commit a crime |
| tuer | to kill |
| donner un coup de poing | to punch |
| donner un coup de pied | to kick |
| enlever | to kidnap |
| lacérer | to slash |
| malmener quelqu'un | to manhandle someone |
| poignarder | to stab |
| faire chanter | to blackmail |
| frapper | to hit |
| mettre le feu à | to set fire to |

## Pour parler du problème de la violence en général

| | |
|---|---|
| La violence est vraiment un grave problème en Irlande. | Violence is a serious problem in Ireland. |
| Chaque week-end, il y a des bagarres violentes à l'extérieur des boîtes de nuit. | Every weekend there are violent fights outside nightclubs. |
| Mes parents s'inquiètent parce qu'ils savent que c'est dangereux en ville. | My parents worry because they know that it is dangerous in town. |
| Des voyous rôdent dans les rues en bande. | Thugs roam the streets in gangs. |
| Ils cherchent la bagarre. | They look for fights. |
| La police ne peut pas les attraper et ils courent les rues en liberté. | The police cannot catch them and they run the streets freely. |
| Les causes et les conséquences de la violence sont complexes. | The causes and consequences of violence are complex. |

## Accent Français

| | |
|---|---|
| La violence est liée à la pauvreté. | *Violence is linked to poverty.* |
| Faute de travail les jeunes s'ennuient et ils cherchent la bagarre. | *Because of a lack of work the young get bored and they look for fights.* |
| Ils volent, attaquent les passants, vandalisent les maisons ainsi que les cabines téléphoniques. | *They steal, attack passers-by, vandalise houses as well as telephone boxes.* |
| Ils vandalisent tout qui se trouve sur leur chemin. | *They vandalise everything in their path.* |

## My Examination Technique

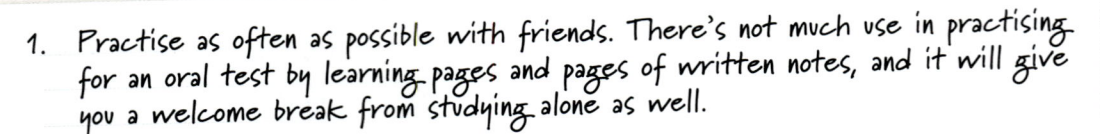

Scott Daly sat the Leaving Certificate in 2010 and got an A1 in French. His top two tips for the Oral are:

1. Practise as often as possible with friends. There's not much use in practising for an oral test by learning pages and pages of written notes, and it will give you a welcome break from studying alone as well.

2. Don't learn off long passages of prepared material. The examiner will pick up on it and quickly stop you if they feel you're just regurgitating learnt-off material. Instead have a store of nice expressions and vocabulary for each topic and answer the question at hand.

## Attention à la prononciation !
### La lettre e

The French 'e' is not accented in most cases. It is not accented in the following nine one-consonant words: ce, de, je, le, me, ne, que, se, te

It is generally not accented at the end of a word that is followed by other silent letters.

> une femme
> un homme
> ils parlent

The letter e is **accented** when it comes in front of a double consonant:

> je verrai
> le tennis
> j'aime le dessert.

The letter e in **verrai**, **tennis**, and **dessert** is accented.
Listen to the sound files and see if you can hear the difference.

## Sample Conversation

Now try role-playing the following conversation with a classmate. You can also download and listen to this file on folens.ie and folensonline.ie.

**Examiner:** Alors Sheila, est-ce qu'il y a beaucoup de pression cette année avec les examens ?

**Student:** Oui, bien sûr. Comme je le disais, l'année prochaine je compte aller à la fac pour étudier le droit. Il me faudra au moins 500 points, ce qui n'est pas du tout évident. Je travaille trop dur en ce moment et je suis vraiment submergée de boulot, surtout avec les examens oraux.

**Examiner:** Que faites-vous pour vous détendre Sheila ?

**Student:** Oh, comme tout le monde, j'aime sortir le week-end pour voir mes amis.

**Examiner:** Vous allez où normalement ?

**Student:** Il y a un pub dans le coin que j'aime beaucoup. Toute la bande y va le week-end.

**Examiner:** Est-ce que vous buvez de l'alcool ?

**Student:** J'ai dix-huit ans et comme tous mes amis j'aime boire un coup de temps en temps. Mais je bois toujours avec modération. Je crois que c'est ridicule de se saoûler.

**Examiner:** Et l'alcool chez les adolescents, est-ce un problème ?

**Student:** Oui je dois admettre qu'il y a un gros problème chez les ados. Malheureusement, boire trop est « le passe-temps numéro un » chez certains jeunes. Il faut dire que lorsqu'on boit trop, on peut devenir agressif voire violent. Pour beaucoup de jeunes, le fait de boire en lui-même n'est pas amusant, c'est être complètement ivre qui les intéresse.

**Examiner:** Qu'est-ce qu'on peut faire pour améliorer la situation ?

**Student:** Honnêtement, je ne sais pas ce qu'on peut faire. Peut-être qu'il faut lancer des campagnes d'information dans les écoles.

**Examiner:** Et Sheila, est-ce que vous fumez ?

**Student:** Non, Monsieur, j'ai horreur du tabac. Je déteste la mauvaise haleine qu'on a à cause des cigarettes. En plus, je suis très sportive. Alors ce n'est pas possible de faire du sport et fumer, à mon avis.

# PARCOURS AUDIO

## Et maintenant, j'écoute !

**Pour voir le texte de ces dialogues, allez page 214 !**

You will now hear an interview with Madame Magadou, an expert on the behaviour of young people. You will hear the interview **three** times: first right through, then in **three segments** with pauses, and finally right through again.

1. According to Madame Magadou, what has been increasing for ten years?
2. (i) What is the percentage of 17 year olds who admit to smoking every day?
   (ii) What is the average price of cigarettes?
3. (i) Why, according to Madame Magadou, do young people drink alcohol?
   (ii) What is the first function of alcohol?

# UNITÉ 14

## TRIAL LEAVING CERTIFICATE
## LISTENING COMPREHENSIONS

# LISTENING COMPREHENSION 1
## Questions

### SECTION 1   2 | 48-50

You will now hear three young people, Olivier, Valérie and Philippe, talking about their free time.

You will hear the material three times: first right through, then in three segments with pauses and finally right through again.

1. What types of book does Valérie read?

2. What position does Valérie play on her camogie team?

3. Why does Philippe not read the newspapers?

4. How often does Olivier go to the cinema?

### SECTION 2   2 | 51-54

You will now hear an interview with Emmanuelle Latraverse who has just returned from Afghanistan.

You will hear the material three times: first right through, then in four segments with pauses and finally right through again.

1. How long did Emmanuelle spend on the military base?

2. What does Emmanuelle say about how she felt when she first arrived?

3. Name two jobs that the fixer did for Emmanuelle.

4. What does Emmanuelle say about risk?

5. What, according to Emmanuelle, is the aim of a journalist?

## SECTION 3  🔊 55-57

You will now hear a telephone conversation between Céline and her friend, Eric.

You will hear the material three times: first right through, then in three segments with pauses and finally right through again.

**1.** What was Céline doing when the phone rang?
_____

**2.** Why did Eric want to speak to Céline?
_____

**3.** What did Eric ask of his boss?
_____

**4.** Name one reason Eric's boss gave for refusing his request.
_____

**5.** What does Eric plan on doing next?
_____

**6.** What does Céline advise him to do?
_____

## SECTION 4  🔊 58-61

You will now hear four people talking about how they plan on spending their holidays this year.

You will hear the material three times: first right through, then in four segments with pauses and finally right through again.

**1.** Why is Monsieur Denon planning on spending his holidays with relatives this year?
_____

**2.** What have his relatives just done to their farm?
_____

**3.** Where does Madame Louvrier wish to visit most?
_____

**4.** Name one point she makes about her travel agent.
_____

5. Give two reasons why Monsieur Bernard does not like going abroad.

   _____

   _____

6. Give two comments that Madame Martin makes about the métro.

   _____

## SECTION 5  62-64

**You will hear each of three news items twice.**

1. Where was the baby found?

   _____

2. What crime did this man commit?

   _____

3. How did this student cheat in the Bac?

   _____

4. What sentence did the two students receive?

   _____

# LISTENING COMPREHENSION 1

## SECTION 1   48–50

*Olivier :* Qu'est-ce que tu fais pendant tes loisirs ?

*Valérie :* Moi, j'adore lire. À mon avis, il n'y a rien de mieux qu'un bon livre. Je m'intéresse surtout aux histoires de jeunes. Je fais beaucoup de sport aussi. En été, je fais de la natation et un peu de volley. Je suis membre d'un club de camogie aussi. Je joue au milieu centre mais *je suis pas terrible*.

*Olivier :* Et toi Philippe, que fais-tu quand t'es libre ?

*Philippe :* Comme Valérie j'aime lire mais moi ce serait plutôt des romans policiers. Par contre, je ne lis jamais de journaux. Je crois qu'ils sont déprimants. C'est vrai qu'il n'y a que des histoires démoralisantes dedans. Je ne suis pas trop sportif mais je fais un peu d'équitation. Il y a un centre équestre qui n'est pas trop loin de chez moi. J'y vais au moins deux fois par mois. Et toi, Olivier ? Tu ne nous as pas dit ce que tu fais pendant tes loisirs.

*Olivier :* Moi, je fais un peu la même chose que vous deux. Cette année, à cause du Bac, je n'ai pas trop de temps libre. *C'est pas* marrant d'être toujours débordé de travail. En général, je vais au cinéma une fois par semaine. Mais ça dépend plutôt du film qu'on passe. J'adore les films de science fiction mais j'apprécie aussi les films comiques. Je déteste le sport et la lecture *n'est pas mon fort* !

## SECTION 2   51–54

*Announcer :* Emmanuelle Latraverse s'apprête à rentrer au Canada après avoir passé un mois à la base militaire de Kandahar. Je lui a parlé alors qu'elle faisait escale à Dubai.

*Announcer :* Vous vous étiez préparée avant de partir en Afghanistan ? Est-ce que c'était ce à quoi vous vous attendiez ?

*Emmanuelle :* Je pense qu'il n'y a rien qui puisse nous préparer à ce qu'on vit là-bas, à ce que l'on découvre, à ce que l'on apprend quand on débarque à Kandahar. En arrivant, j'ai été vraiment choquée par ce que j'ai vu.

*Announcer :* Qu'est-ce qui vous a le plus marquée ?

*Emmanuelle :* Je dirais, avec le recul, de voir à quel point tout a changé rapidement pendant que j'étais là-bas. Quand je suis arrivée à Kandahar, je parlais à notre *fixer*, c'est-à-dire le guide qui nous sert de chauffeur, d'interprète, et qui nous fournit des contacts. Dix jours après mon arrivée, il y a eu un attentat contre la prison, et on a été pris dans un tourbillon de violence pendant 10 à 12 jours.

*Announcer :* Êtes-vous quand même satisfaite de ce que vous avez pu écrire dans vos reportages ?

*Emmanuelle :* Oui, parce qu'on a beaucoup produit. On a été privilégiés et chanceux, par moments. C'est sûr que, comme journaliste, on a toujours le regret de ne pas avoir pu raconter toutes les histoires dont on a été témoin. Mais il y a une réalité : c'est tellement dangereux de sortir que chaque risque est pesé, calculé. À partir de la mi-juin, c'était trop dangereux. Je me dis que ce sera pour la prochaine fois.

| | |
|---|---|
| *Announcer :* | Seriez-vous donc prête à repartir ? |
| *Emmanuelle :* | L'expérience a été vraiment extraordinaire. Le but du journaliste, c'est de découvrir des choses, de les voir de nos propres yeux, d'essayer de les comprendre nous-mêmes et de les faire comprendre au grand public. De montrer aux gens ce que l'on a vu. C'est donc un privilège. Pour repartir, ça dépendra des circonstances. |

# SECTION 3

| | |
|---|---|
| *Eric :* | Allô Céline, comment ça va ? Je ne te dérange pas ? |
| *Céline :* | Pas du tout, j'étais en train de regarder la télévision. Qu'est-ce qui se passe ? |
| *Eric :* | Oh, c'est tout une histoire, tu as cinq minutes pour que je te raconte ? |
| *Céline :* | Mais oui, il n'y a rien de grave j'espère ? |
| *Eric :* | Rien de grave ? Oui et non, j'ai perdu mon boulot … |
| *Céline :* | Comment ? Mais qu'est-ce qui s'est passé ? |
| *Eric :* | Bah … Je me suis disputé avec le patron et cela a mal fini. |
| *Céline :* | Qu'est-ce que tu veux dire ? |
| *Eric :* | Tu sais, je lui ai demandé pour une augmentation de salaire, mais il a refusé. |
| *Céline :* | Mais pourquoi ? Cela fait cinq ans que tu bosses là ! Tu m'as dit que tout allait bien. |
| *Eric :* | Oui, mais il m'a dit qu'il n'avait pas d'argent et qu'il faut que j'accepte que la situation financière est très grave. |
| *Céline :* | Comment pas d'argent ? L'entreprise a fait de gros bénéfices cette année ! |
| *Eric :* | Je sais, je le lui ai dit … Je lui ai même fait remarquer qu'il vient de s'acheter une nouvelle voiture. |
| *Céline :* | Je le crois pas. Ce n'est pas vrai. |
| *Eric :* | Oui, mais à mon avis, il dit n'importe quoi. En plus, je crois qu'il ne m'aime pas. |
| *Céline :* | Qu'est-ce que tu vas faire maintenant ? |
| *Eric :* | Je ne sais pas. Peut-être que je vais prendre des vacances, je les ai méritées ! J'ai toujours voulu faire un tour du monde. Mais comme tu le sais, c'est vraiment très cher. |
| *Céline :* | Oui, tu as raison, mais il faut que tu trouves un autre travail aussi ! |
| *Eric :* | Oui, ne t'inquiète pas, j'ai un projet, je t'en parlerai. |

# SECTION 4
## Monsieur Denon

C'est année, j'ai été licencié. Alors, par économie, je pense passer le mois d'août chez des parents de ma femme. Ils habitent en Angleterre, à la campagne, dans une vieille ferme qu'ils viennent de restaurer. Nous comptons passer trois semaines chez eux. Ça va être excellent pour les enfants.

Ils ont besoin de respirer un peu et ils vont améliorer leur anglais. En plus, ma femme adore la campagne. Elle parle d'acheter une caravane et de camper. Le camping et le *caravaning*, comme on dit maintenant, c'est très agréable mais moi, j'aime le confort.

## Madame Louvier

Ce que j'adore, c'est sortir de mon pays ! N'importe où : en Angleterre, en Italie, en Allemagne, au Portugal ... Je crois que c'est l'Écosse que je voudrais voir le plus. Ce que j'aime faire, c'est aller à l'étranger en voyages organisés. Je trouve que c'est vraiment chouette de n'avoir aucun souci. Je connais bien mon agent de voyage. Il est très fiable. Il fait tout. Il retient ma place dans le train, dans l'avion et à l'hôtel. En fait, je ne m'occupe de rien !

## Monsieur Bernard

Moi, je déteste aller à l'étranger. Tout d'abord les étrangers ne parlent pas bien le français. Ça m'embête un peu quand même. Et la nourriture n'en parlons pas ! Et en plus, tout est très cher. À mon avis, c'est ridicule de sortir de l'Hexagone quand on a tout ce qu'il faut ici en France. La France c'est un pays qui est tellement varié. On a des montagnes, des rivières, des plages et on mange très bien ici. La France, c'est le meilleur pays au monde !

## Madame Martin

Moi, j'habite à la campagne donc pour me changer les idées un tout petit peu je visite les grandes villes. Cet été, je compte aller à Paris. J'ai hâte d'y être. Les monuments, les grands magasins c'est trop beau. J'adore même le métro, les escaliers roulants, les portillons automatiques, le bruit des rames dans les tunnels. C'est tellement excitant et puis tout simple, et ce n'est pas cher !

# SECTION 5

Un bébé retrouvé vivant dans une valise

Un bébé abandonné a été retrouvé en vie dans une valise, hier, à Châtelet. C'est une retraitée de quarante ans qui l'a découvert en promenant son chien. Une enquête a été ouverte.

Quinze ans pour avoir blessé un gendarme

Jean-Michel Garrau a été condamné hier, à quinze ans de réclusion par les Assises de Rouen. En janvier 2011, l'agriculteur avait poignardé un gendarme lors d'une visite des gendarmes à sa ferme.

Fraude au bac : quatre mois de prison

Prenant conscience de ses faiblesses à la veille du Bac, un lycéen parisien avait demandé à un copain étudiant de passer à sa place les épreuves de maths et de comptabilité de la série G2. Hier, les deux jeunes gens se sont retrouvés devant le tribunal correctionnel. Ils ont été condamnés tous les deux à quatre mois de prison.

# LISTENING COMPREHENSION 2
## Questions

### SECTION 1

You will now hear three young people, Jules, Luc and Sara, talking about the careers they would like to pursue in the future.

You will hear the material three times: first right through, then in three segments with pauses and finally right through again.

1. What does Jules admire about teachers working in disadvantaged areas?

2. What career does Luc wish to pursue?

3. According to Luc, what does he try to do every week?

4. Name one physical defect that Sara feels would prevent her from becoming a pilot.


### SECTION 2

You will now hear an interview with the well known actor Vincent Cassel. You will hear the material three times: first right through, then in four segments with pauses and finally right through again.

1. Where did Vincent grow up?

2. How does Vincent describe his younger brother?

3. What age was Vincent when he told his parents he wanted to become an actor?

4. What did they say to him about this choice of career?

5. What does Vincent's father do for a living?

6. Name one thing that Vincent feels is important.
   _____

7. What does Vincent say about being recognised outside of France?
   _____

## SECTION 3     2  72-74

You will now hear a conversation between Marie and her friend, Hamsa. The material will be played three times: first right through, then in three segments with pauses and finally right through again.

1. What is wrong with Hamsa?
   _____

2. Why does Marie say that she has no free time?
   _____

3. Where does Hamsa want to go?
   _____

4. Why does Marie say her father is going to kill her?
   _____

5. Why does Hamsa say that he does not like Stéphanie?
   _____

6. At what time is he going to phone Stéphanie?
   _____

## SECTION 4     2  75-78

You will now hear four French people, Ali, Marlène, Jérôme, and Laurence speak about their experience of going on strike in France. The material will be played three times: first right through, then in four segments with pauses and finally right through again.

1. Why did Ali and her friends go on strike?
   _____

2. What action did they take?
   _____

3. What did Marlène's father and his colleagues do in Paris?

4. Why is Jérôme against going on strike?

5. What action did the strikers take in Marseille?

6. What did Laurence take part in last week?

7. How did the crowd react?

# SECTION 5

**You will hear each of three news items twice.**

1. What will be the effect of this new law?

2. What age was the man who was killed?

3. Where was the policeman injured?

4. What nationality was the woman who died?

# LISTENING COMPREHENSION 2

## SECTION 1

**Speaker :** Jules, qu'est-ce que vous voudriez faire dans la vie ?

**Jules :** Moi, je voudrais bien devenir enseignant. Cette idée m'attire depuis longtemps. Tout d'abord j'admire les profs que je connais dans mon école, surtout les plus courageux qui travaillent très souvent dans des conditions difficiles et qui n'ont pas toujours tous les moyens financiers ou personnels pour tout mettre en œuvre.

---

**Speaker :** Et vous Luc, qu'est-ce que vous voulez faire après l'école ?

**Luc :** Alors moi, je voudrais devenir écrivain. Mais je sais que ça va être très difficile. Faire un livre, un roman ou une bande-dessinée, ce n'est pas toujours facile. Je pense que la première chose à faire, avant tout, même avant d'avoir une bonne orthographe, c'est de l'imaginer ! Personne ne peut commencer un texte sans avoir décidé de quoi il parlerait, comment il commencerait et comment il finirait. C'est pour ça que j'essaie d'écrire quelque chose une fois par semaine.

---

**Speaker :** Et vous Sara ?

**Sara :** Moi, je voudrais devenir pilote de chasse dans l'Armée de l'Air. Mais pour y entrer les conditions physiques sont primordiales. *C'est même pas la peine de s'embêter* à préparer le concours si on n'a pas 10/10 aux deux yeux, ou si on a une jambe légèrement plus courte que l'autre ... voire même des pulsations cardiaques trop rapides au repos. Alors, je fais de mon mieux pour garder la forme.

## SECTION 2

**Journaliste :** Pouvez-vous nous parler un peu de votre famille ?

**Vincent :** J'ai grandi dans le sud-ouest de la France au sein d'une famille très unie. J'ai un frère plus jeune que moi : Jacques. Il a vingt-trois ans et est plus cool que moi, il est très à l'aise et facile à vivre. Donc j'essaye d'être un peu comme lui et de suivre son exemple. Mon père adore la musique, il apprécie les Stones, les Beatles, les Eagles et les autres groupes du même genre. Il m'emmenait donc souvent à des concerts. A quinze ans, j'étais déjà intéressé par les spectacles de musique.

---

**Journaliste :** Donc vos parents n'étaient pas contre le fait que vous deveniez acteur ?

**Vincent :** Lorsque j'avais dix-sept ans et que je leur ai dit que je souhaitais choisir cette carrière, ils m'ont conseillé d'abord d'aller à l'université. Mais je n'y suis pas allé, j'ai essayé de faire d'autres choses : musique, télévision, tout ce qui avait un rapport de près ou de loin avec le métier d'acteur. Ils ont donc arrêté de me dire que je devais faire des études. Et ce n'est qu'après, que j'ai décidé de par moi-même de m'y inscrire. En tant que parents, ils étaient donc parfaits.

*Journaliste :* Mais à quel moment précis avez-vous décidé de devenir acteur ?

*Vincent :* Une troupe est venue dans mon école pour une audition quand j'avais quinze ans. C'est là que le métier d'acteur a commencé à m'intéresser. Mon père est psychiatre et ma mère secrétaire. Entre eux deux, je pense qu'ils couvrent toutes les gammes d'émotions. C'est l'avantage d'avoir une famille plutôt ouverte.

---

*Journaliste :* Est-ce que votre vie a beaucoup changé depuis que vous avez commencé à tourner des films ?

*Vincent :* C'est très passionnant. Mais je ne pense pas que cela me change en profondeur. Pour moi c'est très important de dire stop pour aller voir ma famille ou d'aller au resto avec mes amis. En dehors de la France, personne ne sait encore vraiment qui je suis dans la rue. Rien n'a changé à part le fait que mon travail est captivant. Il y a eu plusieurs mois où je n'avais aucun travail et j'étais assez frustré de ne pas pouvoir faire ce que j'aime. C'est extraordinaire d'avoir maintenant des opportunités !

# SECTION 3

*Hamsa :* Salut Marie, ça va ?

*Marie :* Oui, pas mal et toi ?

*Hamsa :* Bof ! J'ai plutôt mal au ventre ! Hier soir on a décidé de se faire une petite bouffe chez Paul et moi j'ai trop mangé ! Ça c'est super bien passé ! Pourquoi t'étais pas là ?

*Marie :* Oh tu sais, avec les examens qui approchent, je n'ai plus de temps libre. Il faut que je travaille d'arrache-pied. En plus, mes parents sont tellement stricts. Ils ne me laissent jamais sortir.

---

*Hamsa :* Oh les examens, n'en parlons pas ! Moi, j'ai rien fait. Y en a marre de l'école et tout ça ! Moi, j'ai envie de m'en aller ailleurs, au soleil !

*Marie :* Alors là, je suis partante. J'irais bien faire une petite virée en Tunisie. Ça te dirait, à toi ? En ce moment c'est vraiment métro, boulot, dodo. C'est pas marrant. Malheureusement, j'ai raté mon examen d'anglais. Mon père va me tuer. Il m'a payé des cours supplémentaires d'anglais en ville. Ça va être assez difficile de lui expliquer pourquoi j'ai raté encore une fois.

*Hamsa :* Oui, ça me semble être un bon plan ! Moi, j'adore la cuisine tunisienne ! Et j'ai entendu dire que les plages étaient super belles !

---

*Hamsa :* On pourrait proposer à Guillaume et à Stéphanie de venir avec nous ?

*Marie :* Moi, je ne m'entends pas trop bien avec Stéphanie. À mon avis, elle est un peu gâtée, mais quand même je leur passerai à tous les deux un coup de fil ce soir vers 9 heures. Si ça marche, on y va.

## SECTION 4

### Ali

Au lycée nous avons décidé de faire grève. À cause de la trop grande quantité de travail qu'il fallait abattre à la maison après les cours. Nous n'avions aucune vie sociale. À 10h30, au milieu des cours, tous les élèves de seconde ont quitté leur salle de classe et se sont installés sur le terrain de sports. Malheureusement, personne n'est sorti pour nous parler. Après deux heures, on a décidé de rentrer en cours. C'était tout à fait inutile.

---

### Marlène

En général, les grèves réussissent en France. Il est vrai que les grévistes font des choses extraordinaires. Mon père est agriculteur et il m'a raconté un voyage qu'il a fait à Paris avec des centaines de collègues. Ils ont effectivement interrompu la vie normale des Parisiens en laissant des tas de choux, de choux-fleurs et de raisins dans les grandes rues.

---

### Jérôme

Moi, je ne suis pas gréviste. Je crois que c'est inutile. Selon moi, on n'a pas le droit de perturber la vie quotidienne des autres. Il y avait une grève à Marseille il y a deux jours. Les poubelles n'étaient plus ramassées, les lycéens ont affronté la police, 4 000 stations-service sur les 12 500 que compte le territoire étaient à sec. C'est pas marrant.

---

### Laurence

Moi, je suis pompier et je suis pour la grève. La semaine dernière, je faisais partie d'une énorme manif à Paris. Nous avons buté sur un barrage de CRS qui voulait nous empêcher d'avancer vers la voie rapide. On s'est avancés en direction des CRS avec un petit camion miniature qui faisait retentir sa sirène. La foule, ravie, nous applaudissait avec des hourras. Sans qu'il y ait eu aucune violence de notre part, les CRS ont attaqué avec des gaz lacrymogènes. C'était horrible !

## SECTION 5

L'Espagne devient intraitable avec le tabac. Avec l'entrée en vigueur, dimanche 2 janvier, d'une loi anti-tabac parmi les plus strictes en Europe, les fumeurs espagnols découvrent la vie sans cigarette dans les lieux publics.

---

Un jeune homme de vingt et un ans est décédé, samedi après-midi, après avoir été blessé par un tir de riposte de policiers lancés à sa poursuite. Un fonctionnaire de police, âgé de trente et un ans, a reçu une dizaine de plombs à la cuisse et à l'épaule, tirés par le fuyard, pris d'une crise de démence.

Une mère de famille, de nationalité danoise est décédée, ce matin, à l'hôpital de la Pitié-Salpêtrière dans le XIIIe arrondissement de Paris après avoir été renversée, cette nuit, vers 1 heure du matin par le conducteur d'une voiture. Le chauffard a ensuite pris la fuite.

# LISTENING COMPREHENSION 3
## Questions

### SECTION 1  (2, 82–84)

You will now hear three people, Lucie, Stéphane and Anne, talking about their holidays.

You will hear the material three times: first right through, then in three segments with pauses and finally right through again.

1. Where is Lucie going on holidays?

2. What did Stéphane do for his holidays this year?

3. When is Anne going to La Rochelle?

4. With whom is she going to Ireland?

### SECTION 2  (2, 85–88)

You will now hear an interview with the French actor Mathieu Amalric. You will hear the material three times: first right through, then in four segments with pauses and finally right through again.

1. What age is Mathieu Amalric?

2. Name one point that Mathieu makes about being this age.

3. Name two ways in which Mathieu has changed on a professional level.

4. What does Mathieu say about actresses?

5. Why is it possible for the French to make different films?

**6.** What does Mathieu think is a good thing?

___

## SECTION 3

You will now hear a conversation between Laurence and her friend, Fabien.

You will hear the material three times: first right through, then in three segments with pauses and finally right through again.

**1.** How long has it been since they have seen one another?

**2.** Why is Fabien annoyed with his employees?

**3.** Why was Fabien unable to open his filing cabinet?

**4.** What annoys Fabien most about his secretary?

**5.** Where does Laurence suggest they go this evening?

## SECTION 4

Marc Bressan is a well known writer and diplomat. He has just published a new novel. You will now hear an interview with him.

You will hear the material three times: first right through, then in four segments with pauses and finally right through again.

**1.** According to the interviewer, when did Marc's latest book come out?

**2.** Name two reasons that Marc gives for not having written this book before now.

**3.** What age was Marc when he went to Algeria?

**4.** What was Marc told about Algeria before he went there?

**5.** What does Marc think should be done to heal the wounds?

**6.** What final point does Marc make about the war in Algeria?

## SECTION 5     96–97

**There are three news items. You will hear each one twice.**

**1.** What age was the boy who was arrested?

**2.** Describe what the boys did once they entered the school.

**3.** Why could the police not believe their eyes?

**4.** What is the speed limit in the area?

# LISTENING COMPREHENSION 3

## SECTION 1

### Lucie

Je travaille d'arrache-pied en ce moment, mais je compte prendre trois semaines de vacances en août au Royaume-Uni. Je prévois une petite semaine de voyage, et le reste du temps chez moi, car j'aurai le plaisir de passer beaucoup de temps avec mes enfants.

### Stéphane

Cet été, je ne suis pas parti en vacances mais c'est comme si j'y étais allé. J'ai mis en couleur presque toute ma maison et honnêtement, je me suis très bien amusé car j'adore le bricolage ! Après, j'étais fier de moi. Et comme l'été était très agréable cette année, que demander de plus ? Alors vive le soleil, vive les vacances, et vive la rentrée !

### Anne

Les vacances, j'adore les passer au bord de la mer. Mes parents ont une maison près de la Rochelle. Alors, je crois qu'on va y passer après les examens. Comme chaque année, je m'amuserai et je me baignerai. C'est un peu isolé là-bas mais au moins je pourrai garder le contact avec mes amis sur Internet. Puis, en juillet, je pense aller en Irlande avec les scouts pour y faire du camping.

## SECTION 2

*Interviewer :* Joyeux anniversaire à l'avance !

*Mathieu Amalric :* Ah, ça c'est gentil. Merci.

*Interviewer :* Ça vous fera quel âge ?

*Mathieu Amalric :* Quarante-cinq. Quarante-cinq ans, c'est un âge extraordinaire pour les hommes. On est encore très curieux. On a beaucoup à découvrir. On a de l'expérience mais elle n'est pas tout à fait de l'ordre de la sagesse.

*Interviewer :* Côté personnel, qu'est-ce que vous savez à quarante-cinq ans que vous ne saviez pas à trente-cinq ?

*Mathieu Amalric :* Côté professionnel, j'ai acquis une certaine confiance en dix ans au niveau de l'outil du cinéma. Je viens de terminer un long métrage en douze jours. Il y a dix ans, je n'aurais pas pu faire ça. Je prends des décisions avec plus d'assurance et plus rapidement aussi.

*Interviewer :* Et les actrices françaises ? Vous vous entendez bien avec elles ?

*Mathieu Amalric :* Je ne suis pas très actrices. Ce n'est pas ma tasse de thé. J'aime les gens parce qu'ils sont des gens d'abord et oui, des fois ils sont aussi des acteurs.

| | |
|---|---|
| *Interviewer :* | Pensez-vous que le cinéma français, lui, est un bon baromètre de la société française ? |
| *Mathieu Amalric :* | Grâce au système de financement du cinéma en France, il est possible de faire du cinéma différent. Et oui, souvent, ce cinéma reflète la société française. C'est une très bonne chose je pense. |

# SECTION 3

| | |
|---|---|
| *Laurence :* | Salut Fabien, ça fait assez longtemps qu'on s'est pas vus ! |
| *Fabien :* | Oui je sais, ça fait au moins trois semaines qu'on s'est pas parlés ! Je suis trop occupé en ce moment. Je travaille trop. |
| *Laurence :* | Pourquoi bosses-tu tellement ? |
| *Fabien :* | Oh tu sais, il est impossible de trouver des employés convenables. Presque tous arrivent en retard au bureau. Moi je suis le patron, et j'arrive toujours à l'heure et même en avance. |

---

| | |
|---|---|
| *Laurence :* | Oh Fabien tu exagères quand même. J'ai déjà rencontré tes employés, ils ont l'air très sympas ! |
| *Fabien :* | Non, j'exagère pas. Prends ce matin par exemple. Je suis arrivé au bureau quelques minutes avant l'heure. J'ai essayé d'ouvrir mon classeur mais c'était impossible de trouver la clé. Ma secrétaire, Marie-Claire, l'avait emportée chez elle je suppose. En plus, elle avait laissé son bureau en désordre. Son ordinateur disparait littéralement sous les papiers ! |

---

| | |
|---|---|
| *Laurence :* | Alors, qu'est-ce que tu vas faire ? |
| *Fabien :* | Oh je ne sais pas. Honnêtement, je commence à en avoir assez. Ce qui m'embête le plus, c'est le fait qu'elle fait trop de bruit. Quand elle est seule, elle chante à tue-tête, elle claque les portes et elle fait marcher son iPod à fond. Les voisins du dessus commencent à se plaindre. Tu sais, elle ne travaille ici que depuis trois jours. Je dois la virer je crois. |
| *Laurence :* | Oh pauvre Fabien. Pour te changer les idées, ça te dit d'aller au théâtre ce soir ? |
| *Fabien :* | Quelle bonne idée Laurence ! |

# SECTION 4

| | |
|---|---|
| *Interviewer :* | Vous avez sorti au mois d'août dernier *La Citerne*, un roman qui parle des deux dernières années (1960–1962) de la guerre d'Algérie. Pourquoi ce besoin de réveiller le passé ? |
| *Marc Bressan :* | Je pense que lorsqu'on a vécu des choses fortes, on ressent toujours le besoin de les raconter. J'ai donc voulu les consigner dans un document qui tienne la route. |

---

| | |
|---|---|
| *Interviewer :* | Pourquoi avoir attendu plus de quarante ans pour en parler ? Les circonstances s'y prêtent plus aujourd'hui ? |
| *Marc Bressan :* | Peut-être parce que j'étais occupé par d'autres sujets pendant toutes ces années, sans doute aussi |

| | |
|---|---|
| | parce que je ne voulais pas rouvrir un épisode douloureux de ma vie. Une période tâchée de sang, de vacarme et de carnages avec les conséquences que tout le monde sait. |
| *Interviewer :* | Votre livre retrace le quotidien d'un jeune appelé en Algérie de 1960 à 1962. Vous l'avez vous-même été à cette période. Avez-vous vécu cette expérience aussi mal que votre héros dans *La Citerne* ? |
| *Marc Bressan :* | J'ai vécu l'horreur. Elle était partout présente dans ce pays magnifique. Je n'oublierai jamais la violence et la douleur que j'ai vues. |
| | |
| *Interviewer :* | Racontez-nous votre propre expérience de jeune appelé en Algérie pendant deux ans. |
| *Marc Bressan :* | J'avais juste vingt ans à l'époque et j'étais comme des millions de jeunes gens mobilisés pour la même cause entre 1955 et 1962. C'est à la fin de mes années d'université que je suis parti effectuer mon service militaire. Ce service militaire était une ardente obligation en France depuis la Révolution. Comme beaucoup d'autres, je me suis retrouvé parachuté en Algérie, un pays dont je ne savais rien et dont je ne connaissais pas l'histoire, si ce n'est que ce vaste territoire faisait partie de la France depuis aussi longtemps que la Savoie, par exemple. C'est ce qui nous avait été enseigné. |
| | |
| *Interviewer :* | Que peut-on faire pour guérir ces blessures ? |
| *Marc Bressan :* | Il faut tout simplement raconter les choses comme elles se sont passées, aussi bien du côté algérien que du côté français. Je dois dire que la guerre d'Algérie est encore très présente dans les mémoires. |
| *Interviewer :* | Alors, merci Marc. |
| *Marc Bressan :* | Non c'est moi qui vous remercie. |

# SECTION 5

Trois gendarmes pour arrêter … un enfant de six ans

Trois fonctionnaires accompagnés du père de l'enfant se sont présentés vendredi dernier à l'école de Langeac (Haute-Loire) pour arrêter un jeune enfant.

---

Mardi matin vers 10 heures, alors que la récréation débute au collège Politzer de Dammarie-les-Lys, deux jeunes encagoulés d'environ 1,80 m pénètrent dans l'enceinte de l'établissement. Puis, ils foncent sur un élève de 4e et le frappent violemment à coups de poing et de pied.

---

Les policiers parisiens n'ont pas dû en croire leurs yeux. Un motard est passé devant leurs jumelles à 169 km/heure lors d'un contrôle routier. Le pilote roulait alors sur les quais de Bercy, dans le XIIe arrondissement de Paris, en direction du périphérique. Un endroit où la vitesse est limitée à 50 km/heure.

# UNITÉ 15

## LE DOCUMENT

# LE DOCUMENT

The Chief Examiner's reports of 2003, 2006 and 2010 were overwhelmingly positive about a well-chosen document. In fact, the Chief Examiner is emphatic in stressing the value of the document option:

> *Examiners who see the difference that a well-prepared document can make are very much in favour of this option and many suggested that it should be a compulsory part of the oral test. They noted that it provided an opportunity for candidates who were competent in the language to shine, as they could demonstrate knowledge of more complex structures and vocabulary. At the same time, it allowed other candidates who were not as competent in the language the opportunity to prepare to a certain extent in advance, and thus they were less nervous in the examination room and were more comfortable at speaking French when it came to a discussion of their document. Some examiners felt that the confidence level of these candidates increased after they had spoken about their document.*

However, despite the fact that most examiners felt that the document helped students to achieve higher marks, the choice remains relatively unpopular. In 2010, only about half of all students chose to take a document into the oral examination. If you are considering the document, you need to be aware that you may choose to bring in a photo, illustration or text. This is not assessed separately but the candidate's competency in discussing it will be taken into account in the final mark. Candidates should not bring a solid object.

No book could or should attempt to prescribe what document students should bring into the examination. The best advice is that you should work on something that interests you and that will lead to supplementary questions. Keeping this in mind, you should really think long and hard about what you are going to take in to the examination. For instance, a picture of your favourite football player may not be a wise choice as it may not yield a great deal of supplementary questions. This sentiment is echoed by the Chief Examiner's reports which recommended that more thought should be given to the choice of document and more time to its preparation. According to the Chief Examiner, photos of individuals or pets did not always offer great scope for discussion and development. You do not have to talk about an aspect of French life but, having said this, the document can be an excellent means of exploring aspects of French culture.

According to the Chief Examiner's report, 'the more usual topics covered by the documents involved holidays, pastimes, sports, class exchanges, school tours, family, friends, concerts and weddings. Some of the more interesting ones mentioned by examiners dealt with subjects such as AIDS in Nigeria, orphans in the Ukraine, teenage pregnancy, racism, obesity, Bono as a musician and campaigner or the French writer Guy de Maupassant'.

Documents that are obviously put together at the last minute, and that are not well-prepared, are of little benefit to students.

To begin with, you need to have the necessary vocabulary. Once this is prepared, you need to be able to deal with the document in a more abstract sense. You must be aware that, just as in the general part of the conversation, examiners are not looking for a monologue, and will intervene in the conversation in order to look for an authentic response.

## Vocabulaire pour introduire un document

| | |
|---|---|
| C'est une photo tirée d'un magazine / de la couverture d'un magazine / d'un journal / d'une publicité / d'un tableau … | It is a photo taken from a magazine / from the cover of a magazine / from a newspaper / from an ad / of a painting … |
| C'est une photo en noir et blanc / en couleur. | It is a black and white / colour photo. |
| J'ai trouvé cet article sur Internet / dans un journal. | I found this article on the internet / in a newspaper. |
| Ce qui est apparaît / sur la photo c'est … | What appears in the photo is … |

## Vocabulaire utile pour décrire une photo

| | |
|---|---|
| au premier plan | in the foreground |
| en arrière-plan | in the background |
| à côté de / d'/ du / de la / de l' / des | next to |
| au centre, au milieu | in the centre / middle |
| au second plan | in the middle distance |
| en haut / en bas de l'image | at the top / at the bottom of the picture |
| dans le coin supérieur droit | in the top right-hand corner |
| dans le coin inférieur droit | in the bottom right-hand corner |
| dans le coin supérieur gauche | in the top left-hand corner |
| dans le coin inférieur gauche | in the bottom left-hand corner |
| sur le côté droit | on the right-hand side |
| sur le côté gauche | on the left-hand side |
| dans la partie supérieure droite / gauche | in the upper right / left part |
| dans la partie inférieure droite / gauche | in the lower right / left part |
| juste au centre de l'image | right in the middle of the image |
| dans les coins | in the corners |
| de chaque côté | on each side |
| des deux côtés | on both sides |
| le cadre | the frame |
| juste à côté de / d' / du / de la / de l' / des … il y a … | just next to … there is / there are… |
| comme vous pouvez le voir, il y a … | as you can see, there is / there are… |
| je ne sais pas si vous pouvez voir mais il y a … | I don't know if you can see but there is / there are… |
| au premier plan, on peut voir / on voit… | in the foreground, we can see / we see… |
| face à face | face to face |
| ils sont côte à côte | they are side by side |
| net(te) / trouble | in / out of focus |

| | |
|---|---|
| la photo est nette / la photo n'est pas nette | *the photos is in focus / the photo is out of focus* |
| gros plan | *close-up* |
| en gros plan on peut voir | *in close-up we can see* |
| vu en gros plan | *seen in close-up* |
| à mi-chemin | *half way along* |
| à mi-hauteur en partant du bas | *half way up* |
| à mi-hauteur en partant du haut | *half way down* |
| à mi-distance entre x et y | *half way between x and y* |
| le but du photographe est / était de (+inf) … | *the aim of the photographer is / was to (+inf)…* |

## Quelques prépositions utiles

| | |
|---|---|
| devant | *in front of* |
| au-dessus de / d' / du / de la / de l' / des | *on top of* |
| sous | *below* |
| au-delà de / d' / du / de la / de l' / des | *beyond* |
| derrière | *behind* |
| dans | *in* |
| sur | *on* |
| sous | *under* |
| en dessous de / d' / du / de la / de l' / des | *underneath* |

## Vocabulaire utile pour identifier le type de scène

| | |
|---|---|
| il s'agit de / d' … | *it is about / it is* |
| ça se trouve / c'est … | *it is situated* |
| une scène campagnarde | *a country scene* |
| un paysage urbain | *an urban setting* |
| à l'intérieur / à l'extérieur | *inside / outside* |
| une vue | *a view* |
| c'est une vue de Dublin | *it is a view of Dublin* |
| c'est pris / vu de devant | *it is a front view* |
| c'est pris / vu de derrière | *it is a rear view* |
| c'est une vue aérienne | *it is an aerial view* |
| c'est une vue de la mer | *it is a sea view* |
| c'est une vue des montagnes | *it is a mountain view* |

| | |
|---|---|
| c'est une vue de la nature | it is a view of nature |
| ses traits | his / her features |
| c'est une vue de profil d'un homme | it is a profile shot of a man |
| on peut voir le contour de son visage | you can see the outline of his or her face |
| Je pense que l'expression sur son visage est intéressante. | I think that the expression on his or her face is interesting. |

## Vocabulaire utile pour décrire un dessin

| | |
|---|---|
| un dessin humoristique | a humorous drawing |
| un dessin satirique | a satirical drawing |
| une caricature | a caricature |
| Le dessinateur veut qu'on voie … | The artist wants us to see… |
| Le dessin se passe en ville. | The drawing is of a town setting. |
| Dans la bulle on peut lire … | In the thought balloon we can read… |
| Le fait qu'il y a une bulle avec un point d'interrogation indique que le personnage est déconcerté. | The fact that there is a thought balloon with a question mark indicates that the person is puzzled |
| une bulle | a speech bubble |
| le clou de l'histoire | the punch line |
| C'est une publicité qui a pour but de persuader les gens d'acheter des cigarettes | It is an ad whose goal is to persuade people to buy cigarettes. |
| L'image est une publicité pour les téléphones portables. | The image is an ad for mobile phones. |
| À mon avis, l'image parle d'elle-même. | The image speaks for itself. |
| Il y a un slogan en dessous de l'image. | There is a slogan underneath the picture. |
| C'est une image puissante qui nous fait réfléchir. | It is a powerful image that makes us think. |
| J'adore l'aspect humoristique de cette image. | I love the funny side of this image. |
| Selon moi, c'est un symbole de / d' … | In my view it is a symbol of … |
| Je trouve que cela donne une impression de … | I find that it conveys an impression of … |
| À mon avis, le titre est très bien choisi. | In my opinion the title is really well chosen. |
| Je pense que l'intitulé de l'image est tout à fait adapté. | I think that the title of the image fits very nicely. |
| En majuscule(s) on peut voir … | In capitals you can see … |
| En minuscule(s) on peut voir … | In small letters you can see … |

## Quelques expressions utiles pour décrire les couleurs

| | |
|---|---|
| couleurs froides (par exemple, le vert et le bleu) / couleurs chaudes (par exemple, le rouge et le jaune) | cool colours (for example green and blue) / warm colours (for example red and yellow) |
| Les couleurs sont saisissantes. | The colours are striking. |

| | |
|---|---|
| des couleurs soutenues | *deep colours* |
| des couleurs vives | *vivid colours* |
| des couleurs atténuées | *subdued colours* |
| des couleurs douces | *soft colours* |
| des couleurs claires | *light colours* |
| des couleurs sombres | *dark colours* |
| des couleurs attrayantes | *attractive colours* |
| des couleurs éclatantes | *striking colours* |
| une touche de rouge | *a splash of red* |
| une image monochrome | *a monochrome image* |
| des tons chauds | *warm tones* |
| bien éclairé(e) | *well lit* |
| brillant(e) | *bright* |
| faiblement éclairé(e) | *poorly lit* |

## Some questions that the examiner could ask in order to begin talking about the document:

1. Je vois que vous avez apporté un document. Alors, de quoi s'agit-il ?
2. Nous allons maintenant passer à votre document si vous voulez bien.
3. Et maintenant, parlez-moi un peu du document que vous avez préparé.
4. Tout d'abord / Premièrement / En premier lieu … dites-moi pourquoi vous avez choisi ce document / cette photo / cette carte postale / cet article …

## Some possible answers that could allow you to introduce your document:

1. Et bien en fait, comme j'ai fait l'année de Transition et que c'était vraiment une expérience formidable, j'ai voulu en parler aujourd'hui. C'est pour cette raison que j'ai préparé cette affiche avec différentes photos.
2. Oui, bien sûr. J'ai préparé un document sur mes vacances en famille en Bretagne l'année dernière car c'était mon premier séjour en France. Je voudrais discuter un peu de la culture et de la nourriture françaises.
3. Ah oui, mon document. Et bien, c'est très simple. J'adore la lecture et depuis l'année dernière, j'essaie de lire en français. Mon prof m'a donné l'adresse d'une librairie qui vend des livres en français et mon but est d'en acheter un environ tous les deux mois. Celui que j'ai apporté aujourd'hui est très amusant. C'est l'histoire de / d' …

Finally, remember to give a good deal of time to your choice of document. It can be a very good idea to ask friends and family what they would ask you about your chosen document. If you find that there are not many areas of discussion arising from your document, it may be time to reconsider your choice.

# UNITÉ 16

## TRANSCRIPTS

# UNITÉ 2 : MA FAMILLE ET MOI

## LUCIE

Moi, je m'appelle Lucie. Je viens d'avoir dix-huit ans, le 3 avril. Nous sommes six dans ma famille : mes parents Kevin et Lisa, et mes trois frères. Moi, je suis la seule fille dans ma famille. Je dois dire que j'adore ça car je ne dois pas partager ma chambre ! Je m'entends assez bien avec mes frères. Bien sûr, on se dispute de temps en temps. Par exemple, l'autre jour j'ai *piqué* quelques CDs à mon frère cadet, Alain. Il était vraiment furieux ! Mon père travaille comme chirurgien ici à Waterford. Il est assez grand. Il a les yeux marron et les cheveux grisonnants. À mon avis, mon père travaille trop. Il se rend à son cabinet très tôt le matin et il rentre tard le soir. Souvent, il ramène du travail à la maison. Ma mère déteste quand il fait ça. Nous habitons à Ardmore. J'adore l'endroit où j'habite car c'est au bord de la mer. En plus, il y a pas mal de choses à faire, surtout quand il fait beau.

---

## RAYMOND

Moi, c'est Raymond. J'habite à Limerick. J'ai dix-sept ans et j'en aurai 18 dans deux semaines. La date de mon anniversaire c'est le 20 mars. Je suis né en mille neuf cent quatre-vingt-quinze.

Alors cette année, comme je serai majeur, j'aurais voulu marquer le coup avec une grande fête mais hélas, cela ne va pas être possible. Malheureusement, mon anniversaire tombe en plein milieu des épreuves orales et j'ai trop de boulot à faire. Donc, j'ai décidé de fêter mon anniversaire plus tard, après les examens oraux. Je pense que je vais aller en ville avec mes amis. J'adore être avec eux. Nous sommes cinq dans ma famille. Il y a mon père Liam, ma mère Joanne et mes deux sœurs Lisa et Emma. Mon père travaille à temps complet dans une entreprise. Ma mère est femme au foyer. Je m'entends très bien avec mes parents même s'ils peuvent être un peu stricts quand il s'agit de sortir avec mes amis. À mon avis, ils s'inquiètent trop pour mes examens. Je comprends qu'ils veulent que je réussisse. Je les respecte et j'aime le fait que je peux leur parler de n'importe quoi ! Mes sœurs sont plus âgées que moi. Elles ont vingt-trois et vingt-deux ans. Moi je suis le bébé de ma famille et tout le monde me gâte ! J'habite à Castletroy en banlieue de Limerick et je dois dire que j'adore mon quartier. Il y a beaucoup de choses à faire. Je suis très sportif mais cette année les études sont ma priorité donc j'ai dû arrêter de jouer au rugby.

---

## CÉCILE

Moi, je m'appelle Cécile. J'ai dix-neuf ans. J'habite à Donegal dans le nord-ouest de l'Irlande. Je dois dire que j'aime bien l'endroit où j'habite. Il y a pas mal de choses à faire; il y a un cinéma, des magasins pour faire du shopping et des complexes sportifs. Le week-end, il y a deux ou trois pubs dans le coin que j'aime beaucoup. Nous sommes cinq dans ma famille. Il y a ma mère, mon père, ma sœur aînée et mon frère. Mon père est français et il travaille comme cuisinier ici à Donegal. Ma mère est irlandaise. Nous habitons un pavillon en banlieue. Mon frère s'appelle Richard et il est le cadet. Ma sœur Aileen est l'aînée. Je m'entends très bien avec eux. Ils sont tous les deux compréhensifs et faciles à vivre. En ce moment, je suis en train de redoubler mon bac. Je travaille d'arrache-pied et je suis assez stressée. Je n'ai pas trop de passe-temps. En fait, je fais que dalle en dehors de mes études en ce moment. Mais quand je suis libre, j'adore jouer sur l'ordinateur. Quand je peux, je surfe sur Internet le soir dans ma chambre. J'aime consulter des sites intéressants et tchater avec mes amis sur MSN.

# UNITÉ 3 : MA MAISON ET MON QUARTIER

**1** 21-23

| | |
|---|---|
| *Marie :* | Salut, Luc. |
| *Luc :* | Salut, Marie. |
| *Marie :* | Alors, comment ça va ? |
| *Luc :* | Bof, ça pourrait aller mieux en fait. Je m'ennuie trop. J'en ai marre de cette ville. |
| *Marie :* | Ah bah, pourquoi tu dis ça ? Je croyais que t'étais super content ici ! |
| *Luc :* | Oh ça va mais il n'y a pas grand-chose à faire ici pour les jeunes. Par exemple, on n'a pas de cinéma. Hier soir, j'aurais voulu aller au cinéma pour voir le nouveau Harry Potter. |
| *Marie :* | Ah c'est pour ça. Mais quand même tu as plein de trucs pour faire du sport ici qui sont excellents. |
| *Luc :* | Ouais mais tu sais moi, je déteste le sport et je suis trop nul en plus. Alors, les installations sportives ça m'est un peu égal, quoi ! Je préférerais faire les magasins. Ce serait bien si on avait des grands magasins comme les Galeries Lafayette. |

---

| | |
|---|---|
| *Luc :* | Tu habites ici depuis combien de temps, Marie ? |
| *Marie :* | Bah … on a emménagé ici il y a deux ans. Et tu sais Luc, je déteste ma maison. |
| *Luc :* | Pourquoi ? |
| *Marie :* | Tu vas penser que je râle trop mais je pense que ma maison est vraiment trop petite. Il n'y a que trois chambres pour cinq personnes et donc je dois partager ma chambre avec ma sœur. Qu'est-ce qu'elle est embêtante ! Elle fouille dans mes affaires dès que je ne suis pas là et quand j'emprunte ses vêtements, elle me crie tout le temps dessus. Ça m'énerve trop. En plus, notre cuisine ça fait un peu minable quoi. Dans mon ancienne maison, on avait une très grande cuisine à l'américaine. C'était carrément mieux. |
| *Luc :* | Mais pourquoi êtes-vous venus ici alors ? |

---

| | |
|---|---|
| *Marie :* | Mon père a été muté et on a dû déménager. |
| *Luc :* | Ah OK. Et il fait quoi dans la vie ton père ? |
| *Marie :* | Il travaille comme comptable dans une banque. |
| *Luc :* | Écoute Marie, je ne sais pas quoi te dire. Je vais à un concert vendredi soir, ça te dit de venir ? Tu sais au niveau musique on a pas mal de choix ici. Ce n'est pas mal surtout en ce qui concerne la musique. |
| *Marie :* | Ah cool, j'adore la musique en plus. Tu sais qui va jouer ? |
| *Luc :* | Un groupe anglais super cool. Ils s'appellent *Kasabian*. |
| *Marie :* | Oh j'adore *Kasabian* ! Je viens de télécharger 'Vlad the Impaler' sur iTunes. C'est trop *bon* ! Qui est en première partie ? |
| *Luc :* | *Cœur de Pirate* qui sont super cool aussi ! Moi, j'adore Béatrice Martin, elle trop belle en plus. |

# UNITÉ 4 : AU QUOTIDIEN

**1** (31-33)

*Rémi :* Ah Lucie ! Te voilà enfin ! C'est à cette heure-ci que tu arrives ?

*Lucie :* Salut Rémi. Je suis vraiment désolée mais tu sais je suis toujours à la bourre le matin.

*Rémi :* Oui je sais, mais je ne comprends pas pourquoi tu te stresses comme ça !

*Lucie :* Oh moi, je suis vraiment une couche-tard donc je m'endors trop tard. C'est pour ça que je suis toujours en retard.

---

*Rémi :* Moi, je me lève vers sept heures moins le quart. Ça me permet de traîner un petit peu. J'ai même le temps de faire mes devoirs avant de quitter la maison.

*Lucie :* Oui mais écoute Rémi, toi tu as une voiture et moi je dois venir à l'école en bus.

*Rémi :* Oui je sais mais si tu te levais plus tôt je pourrais t'emmener en voiture.

*Lucie :* OK je vais faire des efforts pour me lever plus tôt. Et toi Rémi, tu as beaucoup de cours aujourd'hui ?

*Rémi :* En fait, non. Je viens de vérifier le tableau des profs absents et il semble que Monsieur Le Mer et Monsieur Cassain ne soient pas là aujourd'hui.

*Lucie :* Oui je sais. Je crois que Monsieur Cassain est malade mais j'ai entendu dire que Monsieur Le Mer était à l'étranger.

---

*Rémi :* Tu as quelque chose de prévu ce soir après les cours ? Est-ce que ça te dirait d'aller au théâtre ?

*Lucie :* Ah j'aimerais bien venir Rémi mais je ne peux pas, j'ai trop de devoirs. Une fois chez moi, j'en ai pour au moins quatre heures de révision. Je n'aurai même pas le temps de regarder mes feuilletons favoris.

*Rémi :* Oh pauvre Lucie et pauvre de moi ! Tu n'es pas la seule dans cette galère cette année. J'en ai marre d'étudier comme un forcené. Nous devons faire quelque chose ce week-end.

*Lucie :* OK ça marche !

*Rémi :* Allez dépêche-toi, on a cours dans cinq minutes !

*Lucie :* Oui, t'as raison !

# UNITÉ 5 : MON WEEK-END

**1** 41-43

| | |
|---|---|
| *Léa :* | Allô ! Philipe? Salut ! C'est Léa ! |
| *Philipe :* | Bonjour, Léa ! Ça va ? |
| *Léa :* | Très bien, Philipe. Je te téléphone pour savoir si tu as des trucs prévus pour ce week-end. |
| *Philipe :* | Ce week-end, je pensais simplement me reposer. Tu sais Léa, ça fait longtemps que je travaille trop. J'ai fini les examens blancs il y a deux jours et j'ai besoin de quelques jours de repos. |

---

| | |
|---|---|
| *Léa :* | Bien sûr, Philipe. Mais écoute, moi aussi je viens de finir les examens et je suis crevée. Alors, je me demandais si ça te dirait d'aller en boîte avec moi vendredi soir. |
| *Philipe :* | Vendredi soir je ne peux pas. J'ai un match le lendemain et il faut que je sois en pleine forme. Mais alors pourquoi pas samedi soir ? |
| *Léa :* | Oui, bien sûr. En fait samedi m'irait mieux parce que vendredi après l'école je dois aller voir ma grand-mère. Elle est malade. |
| *Philipe :* | Ah bon ? Je ne savais pas. Est-ce que c'est grave ? |
| *Léa :* | Pas trop, mais elle est plutôt âgée et elle habite toute seule. |

---

| | |
|---|---|
| *Philipe :* | Je vois. Alors est-ce que tu peux m'envoyer un texto dès que tu sais ce qu'on va faire ? |
| *Léa :* | Ok ça marche ! Est-ce que tu as quelque chose après ton match ? |
| *Philipe :* | D'habitude, on va en ville le samedi après-midi pour prendre un café ou faire les magasins mais là on n'a rien prévu. Pourquoi ? |
| *Léa :* | Bah moi je pense que je serai en ville vers 5 heures. Si tu veux, on peut manger ensemble avant d'aller en boîte. |
| *Philipe :* | Bonne idée, Léa. |

# UNITÉ 6 : LA VIE SCOLAIRE

| | |
|---|---|
| *Stéphanie :* | Salut Paul. Ça va ? |
| *Paul :* | Stéphanie ! Salut. Comment vas-tu ? J'espère que la rentrée n'était pas trop dure. |
| *Stéphanie :* | Ah bah, je saute une classe en fait, je passe directement de la seconde à la terminale. Et ouais, ça ne rigole plus maintenant ! J'ai une nouvelle prof de chimie. Elle a l'air sympa, par contre, le prof de maths, a l'air hyper sévère. Mais bon, j'espère que je vais m'habituer. |
| *Paul :* | Oh il ne faut pas se plaindre. Il ne nous reste qu'un an et en plus ils viennent de construire une nouvelle cantine. On y mange bien et ce n'est pas trop cher. |

---

| | |
|---|---|
| *Stéphanie :* | Oui, c'est vrai. Mais les salles de classes sont trop minables et le gymnase est trop ancien. En plus, on a trop de devoirs. Tous les soirs en rentrant, c'est boulot, boulot, boulot ! |
| *Paul :* | Mais ça vaudra le coup. Tu verras. Qu'est-ce que tu comptes faire l'année prochaine ? |
| *Stéphanie :* | Moi, je voudrais faire médecine à la fac donc il me faudra au moins cinq cent cinquante points. C'est carrément impossible à mon avis. |

---

| | |
|---|---|
| *Paul :* | Mais tu es hyper intelligente toi et en plus tu bosses très dur, Stéphanie. |
| *Stéphanie :* | Ah, je ne veux même pas en parler ! Je supporte très mal la pression des examens. Et toi Paul, est-ce que tu sais ce que tu veux faire l'année prochaine ? |
| *Paul :* | Oui Stéphanie. Je voudrais bien faire une licence de lettres. |
| *Stéphanie :* | Oh je ne savais pas. Comment ça se fait que tu veuilles faire ça ? |
| *Paul :* | Bah en fait Stéphanie, je suis assez doué pour les langues vivantes. J'adore le français et je voudrais m'améliorer. |

# UNITÉ 7 : MES PASSE-TEMPS

## CÉCILE

Moi, j'ai pas mal de passe-temps. Je ne peux pas rester inactive. Je suis très sportive. Pour moi le sport est un moyen primordial de me défouler, de supporter la pression des examens et de rester en bonne santé. Mon sport préféré c'est le tennis. Cette année je suis entrée directement dans le tableau des meilleurs de mon club et j'ai remporté le tournoi. Après ce match, j'ai arraché la place de numéro 1 à mon ami. Mes amis disent que j'ai une vraie soif de victoire et je crois que c'est vrai !

J'adore la musique aussi. Je ne joue pas d'instrument mais j'aime aller à des concerts. À Dublin, il y a toujours un bon concert le week-end. S'il y a un bon DJ, j'adore aller en boîte avec mes amis. Pour moi danser c'est vraiment un excellent moyen de se défouler. Je ne suis pas ce qu'on appelle un rat de bibliothèque mais j'aime quand même la lecture. Mon auteur préféré est Marian Keyes. Ses livres sont un peu à l'eau de rose mais ils me plaisent quand même.

---

## FRED

Moi, j'ai un tas de passe-temps. J'adore la natation, la télévision, le cinéma et ainsi de suite. Mais ce que je préfère, c'est voir mes amis. J'adore être avec eux. On va partout ensemble et, honnêtement, je n'aurais pas pu supporter la pression de cette année s'ils n'avaient pas été là pour me remonter le moral. Souvent le week-end, on se retrouve avec toute la bande et on va au cinéma. J'adore ça. Je suis vraiment cinéphile et après un bon film, j'adore aller au café avec mes amis pour parler du film qu'on a vu. Pour garder la forme, je fais de la natation. Je vais au gymnase chaque matin et je fais environ vingt longueurs de piscine. J'ai appris à nager il y a trois ans.

Je trouve que la natation c'est un super moyen de se détendre. En plus, ça me permet de garder la forme. Et comme ça, je suis beaucoup plus énergique. En été, je fais de la voile. Mes parents m'ont acheté un petit bateau pour mon anniversaire. C'est un dériveur Laser 1 et je commence à m'entraîner, à faire des régates. Mais en Irlande parfois, la météo m'oblige à rester à quai. En général, je n'aime pas trop lire mais par contre j'adore les bandes dessinées et les magazines. Ça me fait souvent bien rigoler. Je ne joue pas au foot mais j'adore visiter les sites Web de la Fifa. C'est un bon exercice pour les muscles de l'index qui appuient sur la souris ! Même si j'habite au centre-ville, j'aime observer la nature autour de moi et j'essaie de comprendre comment les choses se produisent.

---

## PATRICK

Moi, je suis un sacré rat de bibliothèque. Je suis toujours en train de lire quelque chose. J'adore les romans d'espionnage et tous les livres documentaires sur les voitures, les sports, les animaux et les armures m'intéressent beaucoup. J'adore les livres d'horreur de Stephen King.

J'admire la puissance de son imagination et la profondeur des sentiments qu'il peut susciter. J'aime aussi faire du lèche-vitrine, mais je préfère pouvoir acheter des vêtements quand j'en ai les moyens. Côté sport, j'aime marcher, courir, nager et je pratique régulièrement l'aïkido. J'aime aussi voir ma copine. Elle s'appelle Mary et elle est naturelle, joviale, fidèle à elle-même, compréhensive, tendre, et attentive aux autres. À mon avis, elle est parfaite ! On s'entend vraiment bien. Elle est en première année dans une fac de commerce. On se voit tous les week-ends.

# UNITÉ 8 : LES GRANDES VACANCES ET LA FRANCE

| | |
|---|---|
| *Camille :* | Eh, c'est toi Maxime ? |
| *Maxime :* | Oh, salut Camille, comment tu vas ? |
| *Camille :* | Ça va bien et toi ? Ça faisait longtemps qu'on ne s'était pas vus. Presque deux mois je crois. |
| *Maxime :* | Ouais t'as raison. À cause de mes examens je n'ai pas trop eu le temps de sortir. |
| *Camille :* | Mais Maxime, ça y est ! C'est fini ! Les examens sont terminés ! Est-ce que tu as des projets pour cet été ? |

_____

| | |
|---|---|
| *Maxime :* | Oui, beaucoup de projets. Je vais en Espagne avec des amis. On a loué un bel appart à Puerto Banus. On sera dix dans un appartement pour quatre personnes. Ça va être fou. Mais ça coûte dans les 500 euros pour y aller et moi je suis complètement fauché. |
| *Camille :* | Alors tu vas chercher un petit boulot ? |
| *Maxime :* | J'essaie partout. J'ai posé ma candidature dans tous les magasins du quartier mais, pour l'instant, je n'ai eu aucune réponse. Je ne sais pas quoi faire du tout parce que je n'ai vraiment plus de sous. Et toi Camille, tu as des projets pour cet été ? |
| *Camille :* | Nous, on va au Canada avec ma famille. |
| *Maxime :* | Ah, qu'est-ce que vous allez faire au Canada ? |

_____

| | |
|---|---|
| *Camille :* | Ah, plein de trucs. J'ai toujours eu envie d'y aller. J'adore la vie en plein air et il y a tellement de très beaux paysages au Canada. En plus, ce pays a une culture très riche et très variée. |
| *Maxime :* | Est-ce que tu pars aussi à l'étranger avec des amis ? |
| *Camille :* | Oui, on va faire un voyage InterRail. J'ai hâte de partir comme ça avec le sac à dos. L'idée de découvrir l'Europe par le train me tente. Ce n'est pas cher et je crois que ça va être très intéressant. |
| *Maxime :* | Ah ça va être cool alors ! En tout cas, après le Bac, je crois qu'on aura tous besoin d'une pause. |
| *Camille :* | Ouais, t'as raison. Moi je suis vraiment crevée et je crois que je mérite vraiment une petite pause. J'en ai ras le bol d'entendre parler du Bac sans arrêt ! |
| *Maxime :* | Oui, c'est casse-pied. |

# UNITÉ 9 : LA VIE DES JEUNES (1)

| | |
|---|---|
| *Interviewer :* | Nous avons le plaisir de nous entretenir avec Catherine Lavelle qui vient de publier un nouveau livre sur la vie des jeunes aujourd'hui. |
| *Interviewer :* | Trouvez-vous que la jeunesse a changé ? Si oui, en quoi ? |
| *Catherine Lavelle :* | Oui, les jeunes ont changé. Ils sont beaucoup plus évolués que les jeunes d'il y a une vingtaine d'années. La situation de la jeunesse en France est inséparable de la transformation de l'entrée dans la vie active, des évolutions de la vie familiale et des changements de relations entre les générations induits par l'allongement de la durée de vie. |
| *Interviewer:* | Peut-on parler de rupture entre les générations ? |
| *Catherine Lavelle :* | Oui, bien sûr. Le monde s'est complètement transformé ces dix dernières années. Prenons l'exemple des nouvelles technologies. Maintenant, Internet fait partie de la vie des jeunes. Pour eux c'est tout à fait normal d'utiliser Internet comme moyen principal de communication. Ils ont des téléphones portables et des iPods. Les jeunes d'aujourd'hui sont beaucoup plus expressifs. À mon avis, à cause des nouvelles technologies, leur mentalité a changé. |
| *Interviewer :* | Est-ce que vous avez noté d'autres différences entre les générations ? |
| *Catherine Lavelle :* | Oui. Prenons l'exemple de la nourriture. Les enfants ne mangent plus aussi bien qu'avant. On estime que 3% des jeunes seront affectés par un trouble de l'alimentation avant l'âge de 20 ans. Les ados ne prennent plus le temps de manger équilibré. La bonne vieille formule de trois repas par jour a été remplacée par le fast-food ou bien un sandwich du self. |
| *Interviewer :* | Vous avez dit que la jeunesse actuelle est beaucoup plus expressive. Comment les jeunes s'expriment-ils ? |
| *Catherine Lavelle :* | Tout d'abord, il faut dire que les jeunes s'expriment par leurs habitudes vestimentaires. Le vêtement peut être considéré comme un langage. Muet bien sûr, mais langage tout de même, puisqu'il en dit long sur celui qui le porte. En ce sens, l'habit fait partie de la construction de l'identité des jeunes. Mais à regarder la foule d'adolescents qui se dirige vers des magasins comme Zara, une sorte d'uniformisation est bien visible. |
| *Interviewer :* | Alors le vêtement, traduction ou trahison de soi ? |
| *Catherine Lavelle :* | Le microcosme de la cour de récréation à l'école est régi selon des règles très dures. Un élève peut être rejeté par ses camarades parce qu'il n'est manifestement pas dans le coup. En effet, pour éviter l'exclusion, il faut se fondre dans le groupe, appartenir à une tribu. Les jeunes ne veulent surtout pas porter d'uniforme imposé par l'école, cependant, ils sont tous bel et bien identiques. Ils sont tous en uniforme ! Pour eux, le rattachement à une communauté apparaît comme essentiel. Trouver un style, c'est trouver un clan. |

# UNITÉ 10 : L'IRLANDE : LA SITUATION ACTUELLE (1)

## Unité 10 Prononciation

L'Irlande va mal. Durement frappée par une double crise, financière et immobilière, le fringant « Tigre Celtique » du début des années 2000 n'est plus que l'ombre de lui-même : son PIB s'est effondré de 7% en 2009, le déficit atteint 32%, le chômage touche 14% de la population, et la récession ne semble pas terminée.

*Interviewer :* Alors, ce soir nous avons le plaisir de parler avec Eléonore Girard, sociologue. Eléonore vous avez passé deux ans en Irlande. Dans votre nouveau livre qui s'intitule « l'Irlande, Histoire d'un pays moderne », vous avez dit que l'Irlande avait subi des changements fulgurants.

*Eléonore :* Tout le monde connaît l'Irlande des dépliants touristiques. Un beau pays, aux vertes prairies, dont l'atmosphère est imprégnée de poésie et de littérature. À mon avis, l'Irlande dispose vraiment de tout cela mais c'est aussi un pays unique en Europe.

*Interviewer :* De quelle façon ?

*Eléonore :* Il s'agit d'un pays pauvre qui est devenu riche par le dynamisme et le courage de sa population.

*Interviewer :* Oui, mais l'économie irlandaise a subi de plein fouet les effets de la crise économique qui a touché tous les pays européens en 2008.

*Eléonore :* Bien sûr, l'Irlande a été touchée par cette crise mondiale mais moi je reste pourtant optimiste quant à l'économie irlandaise.

*Interviewer :* Quels sont les plus grands problèmes sociaux en Irlande ?

*Eléonore :* Le système de santé en Irlande est toujours malheureusement l'un des pires d'Europe. Les Irlandais eux-mêmes considèrent le délai d'attente au niveau des examens médicaux comme quelque chose qui est très inquiétant.

*Interviewer :* Y a-t-il d'autres problèmes ?

*Eléonore :* Oui. Pendant les années du Tigre Celtique, il y a eu un flux migratoire. Maintenant, il y a des problèmes d'intégration.

*Interviewer :* Est-ce qu'il y a des problèmes de racisme liés à ces difficultés d'intégration ?

*Eléonore :* Oui, certainement, mais pas comme en France. Par exemple, on n'a pas vu d'émeutes à la française en Irlande. Mais il est évident que le gouvernement devrait faire plus pour intégrer les nouveaux venus.

*Interviewer :* Mais comment peuvent-ils faire ça ?

*Eléonore :* Il faut commencer dans les écoles. Ils devront enseigner aux jeunes qu'il est important de protéger le patrimoine culturel tout en restant tolérant envers les nouveaux venus. Il est important d'enseigner aux enfants qu'il est honteux d'être fermé sur soi-même.

*Interviewer :* Merci Eléonore de nous avoir parlé de ce pays très intéressant.

# UNITÉ 11 : L'ENVIRONNEMENT

**Interviewer :** Alors, aujourd'hui, nous avons le plaisir d'accueillir Madame Hélène Jaffé. Hélène vient d'établir une nouvelle organisation en France qui lutte pour la protection de l'environnement.

Alors Hélène, est-ce que vous pensez que c'est vraiment possible de sauver la planète ?

**Hélène :** Oui, absolument ! Si tout le monde s'y mettait, il suffirait de peu de choses pour protéger l'environnement, économiser l'énergie et « soulager » notre planète. Il ne s'agit pas là de privation ni de choses contraignantes ou difficiles à faire, mais de simples petits gestes du quotidien, qui, réalisés par des millions de personnes, auraient un impact loin d'être négligeable sur notre planète !

**Interviewer :** Est-ce que vous pouvez nous donner des exemples concrets ?

**Hélène :** Oui, bien sûr. Il y a beaucoup d'exemples de petites attentions particulières à apprendre qui deviennent vite de bonnes habitudes. Par exemple, lorsque vous quittez une pièce ou votre maison, vérifiez bien que toutes les lumières sont éteintes, de même lorsque vous les allumez le matin, n'oubliez pas de les éteindre dès qu'il fait suffisamment jour. Beaucoup avouent laisser les lumières allumées, la télé ou la radio, pourtant les éteindre serait non seulement bon pour l'écologie mais aussi appréciable pour la facture d'électricité !

**Interviewer :** Est-ce que vous pourriez nous donner un autre conseil ?

**Hélène :** Oui, prenons le cas d'un robinet qui coule à la maison. Quelques gouttes qui coulent semblent infimes mais lorsqu'on laisse traîner les choses il n'est pas rare d'atteindre des litres d'eau perdus au bout de quelques semaines … De même lorsque vous vous lavez les dents ou vous vous rasez par exemple, ne laissez pas l'eau couler pour rien. Ouvrez le robinet lorsque vous désirez vous rincer, tout simplement.

**Interviewer :** Est-ce que vous pensez qu'il est toujours nécessaire de trier le plastique et le papier ?

**Hélène :** Oui, bien entendu ! Il faut trier le plastique, le papier et le verre car ils peuvent être recyclés ! C'est simple, moins de pollution égale moins de déforestation. La nature est protégée lorsque l'on réutilise ces matériaux, il serait donc dommage de les perdre alors qu'ils peuvent être encore utiles !

**Interviewer :** Pourriez-vous nous donner quelques conseils pour l'utilisation d'un véhicule de façon éco-responsable ?

**Hélène :** La première chose qu'on peut faire c'est conduire plus lentement – on entend parfois dire que la meilleure chose que vous pouvez faire pour aider l'environnement avec votre voiture est de cesser de la conduire ! Toutefois, cette option n'est pas toujours réaliste, une alternative serait donc de conduire plus lentement. La plupart des voitures ont de meilleures performances à des vitesses allant de 80 à 100km/h.

# UNITÉ 12 : L'IRLANDE : LA SITUATION ACTUELLE (2)

## Unité 12 Prononciation

j'ai bu, la boue, le bout, au bout, début, j'ai marqué deux buts, j'ai beaucoup d'amis, la bûche, la bouche, la rue, la roue, dessus, dessous

*Interviewer :* Alors, Monsieur Allain, pourriez-vous nous donner quelques conseils sur les points de discussion à aborder avec les Irlandais lors d'une première rencontre ?

*Monsieur Allain :* Lors d'une première rencontre, on peut discuter de plusieurs sujets, notamment la littérature, la musique, l'histoire de l'Irlande ainsi que le sport (surtout les jeux gaéliques). Les points de discussion pourraient porter sur l'Irlande depuis l'avènement du Tigre Celtique. Les Irlandais sont en général très fiers de leur culture, ainsi vous vous ferez des amis si vous parlez de ce qui vous a séduit depuis que vous êtes arrivé sur l'île d'émeraude.

---

*Interviewer :* Alors, Monsieur Allain, on entend beaucoup parler d'une augmentation de la criminalité en Irlande. Est-ce que c'est vrai ?

*Monsieur Allain :* Oui et non. Les Irlandais ont des raisons bien justifiées de s'inquiéter de la montée de l'insécurité dans les villes. Il ne se passe pas un jour, en effet, sans que la presse quotidienne ne relate, à la Une, des affaires de criminalité ou de citoyens agressés. Dans beaucoup de grandes villes en Irlande, il y a des bandes armées qui se mettent, pour une raison ou une autre, à terroriser la population dans certains quartiers. À Dublin, dans certains endroits, des bus sont attaqués par des bandes de malfaiteurs armés de couteaux, qui délestent les passagers de tous leurs objets de valeur. Mais en comparaison avec les autres pays d'Europe, il faut dire que l'Irlande n'a pas beaucoup de criminalité.

---

*Interviewer :* Pourriez-vous nous parler un peu des Irlandais eux-mêmes ?

*Monsieur Allain :* L'humour compte beaucoup si l'on veut briser la glace et gagner la confiance des autres. Les Irlandais l'utilisent comme mécanisme de défense, autodégradant ou ironique. Il est également entendu que ' plus on vous insulte et plus on vous aime '. *Slagging* ou la critique, comme on appelle cet échange d'insultes et de taquineries, veut refléter la solidité d'une relation entre ceux qui participent à cet échange sans connotation péjorative. En revanche, si vous faites l'objet d'un match de *slagging*, vous vous ferez vraiment respecter si vos répliques sont aussi bonnes que les attaques dont vous faites l'objet, le tout dans un esprit d'amitié et sans que cela ne devienne trop personnel.

*Interviewer :* Y a-t-il une grande différence entre la vie urbaine et la vie à la campagne ?

*Monsieur Allain :* Oh oui. En Irlande les gens des petits villages sont habituellement très traditionnels. L'agriculture reste très importante. Malheureusement, les jeunes ont du mal à trouver un emploi et par conséquent ils sont contraints de quitter la campagne pour les villes.

# UNITÉ 13 : LA VIE DES JEUNES (2)

**Interviewer :** Aujourd'hui, sur *Radio Ado,* nous avons le plaisir d'accueillir Madame Magadou qui vient de publier un livre sur les mauvaises habitudes des jeunes. Madame Magadou, pourquoi les jeunes continuent-ils à fumer ?

**Madame Magadou :** Alors ça c'est une question à laquelle il est fort difficile de répondre. Mais une chose est sûre, depuis une dizaine d'années, nous observons que la consommation de cigarettes chez les jeunes est en constante augmentation.

---

**Interviewer :** À quel âge les jeunes commencent-ils à fumer ?

**Madame Magadou :** Nous avons remarqué que la consommation de tabac commence de plus en plus tôt. En France en 2010, à l'âge de dix-sept ans plus de sept jeunes sur dix ont déjà goûté au tabac et plus de 33% déclarent fumer quotidiennement. 19,6 % des jeunes qui fument quotidiennement ont commencé avant douze ans. D'autre part, le prix moyen d'un paquet de 20 cigarettes est passé de 3,20 euros à 5,30 euros.

---

**Interviewer :** En ce qui concerne l'alcool, est-ce qu'il y a un portrait type de l'adolescent à risque ?

**Madame Magadou :** Il n'existe pas de portrait type de l'adolescent susceptible de consommer de l'alcool avec excès. Mais il faut dire que le souci d'intégration dans un groupe reste très important chez les jeunes. En plus, il faut noter que boire est avant tout un acte festif. C'est la première norme et la plus importante dans la population étudiante. La fonction de l'alcool est avant tout sociale. On le voit particulièrement au sein d'un groupe où chaque individu doit être dans le même état d'ébriété que ses amis pour être admis. La consommation festive du week-end en est un exemple.

**Interviewer :** Merci, Madame Magadou.

# VERBS

## REGULAR VERBS

These verb tables are not exhaustive. Regular verbs can be divided into three groupings which end in –ER, –IR and –RE.

Look at these examples:

| ER | | | |
|---|---|---|---|
| **PRÉSENT DE L'INDICATIF** | **PRÉSENT DU SUBJONCTIF** | **IMPARFAIT** | **CONDITIONNEL** |
| *(present tense)* | *(present subjunctive)* | *(imperfect)* | *(conditional)* |
| Je donne | que je donne | Je donnais | Je donnerais |
| Tu donnes | que tu donnes | Tu donnais | Tu donnerais |
| Il donne | qu'il donne | Il donnait | Il donnerait |
| Elle donne | qu'elle donne | Elle donnait | Elle donnerait |
| Nous donnons | que nous donnions | Nous donnions | Nous donnerions |
| Vous donnez | que vous donniez | Vous donniez | Vous donneriez |
| Ils donnent | qu'ils donnent | Ils donnaient | Ils donneraient |
| Elles donnent | qu'elles donnent | Elles donnaient | Elles donneraient |

| **FUTUR SIMPLE** | **IMPÉRATIF** | **PASSÉ SIMPLE** | **PARTICIPES** |
|---|---|---|---|
| *(future tense)* | *(imperative)* | *(past historical)* | *(participles)* |
| Je donnerai | Donne | Je donnai | Present = donnant |
| Tu donneras | Donnons | Tu donnas | Past = donné |
| Il donnera | Donnez | Il donna | |
| Elle donnera | | Elle donna | |
| Nous donnerons | | Nous donnâmes | |
| Vous donnerez | | Vous donnâtes | |
| Ils donneront | | Ils donnèrent | |
| Elles donneront | | Elles donnèrent | |

## IR

| PRÉSENT DE L'INDICATIF (present tense) | PRÉSENT DU SUBJONCTIF (present subjunctive) | IMPARFAIT (imperfect) | CONDITIONNEL (conditional) |
|---|---|---|---|
| Je finis | que je finisse | Je finissais | Je finirais |
| Tu finis | que tu finisses | Tu finissais | Tu finirais |
| Il finit | qu'il finisse | Il finissait | Il finirait |
| Elle finit | qu'elle finisse | Elle finissait | Elle finirait |
| Nous finissons | que nous finissions | Nous finissions | Nous finirions |
| Vous finissez | que vous finissiez | Vous finissiez | Vous finiriez |
| Ils finissent | qu'ils finissent | Ils finissaient | Ils finiraient |
| Elles finissent | qu'elles finissent | Elles finissaient | Elles finiraient |

| FUTUR SIMPLE (future tense) | IMPÉRATIF (imperative) | PASSÉ SIMPLE (past historical) | PARTICIPES (participles) |
|---|---|---|---|
| Je finirai | Finis | Je finis | Present = finissant |
| Tu finiras | Finissons | Tu finis | Past = fini |
| Il finira | Finissez | Il finit | |
| Elle finira | | Elle finit | |
| Nous finirons | | Nous finîmes | |
| Vous finirez | | Vous finîtes | |
| Ils finiront | | Ils finirent | |
| Elles finiront | | Elles finirent | |

## RE

| PRÉSENT DE L'INDICATIF (present tense) | PRÉSENT DU SUBJONCTIF (present subjunctive) | IMPARFAIT (imperfect) | CONDITIONNEL (conditional) |
|---|---|---|---|
| Je vends | que je vende | Je vendais | Je vendrais |
| Tu vends | que tu vendes | Tu vendais | Tu vendrais |
| Il vend | qu'il vende | Il vendait | Il vendrait |
| Elle vend | qu'elle vende | Elle vendait | Elle vendrait |
| Nous vendons | que nous vendions | Nous vendions | Nous vendrions |
| Vous vendez | que vous vendiez | Vous vendiez | Vous vendriez |
| Ils vendent | qu'ils vendent | Ils vendaient | Ils vendraient |
| Elles vendent | qu'elles vendent | Elles vendaient | Elles vendraient |

| FUTUR SIMPLE (future tense) | IMPÉRATIF (imperative) | PASSÉ SIMPLE (past historical) | PARTICIPES (participles) |
|---|---|---|---|
| Je vendrai | Vends | Je vendis | Present = vendant |
| Tu vendras | Vendons | Tu vendis | Past = vendu |
| Il vendra | Vendez | Il vendit | |
| Elle vendra | | Elle vendit | |
| Nous vendrons | | Nous vendîmes | |
| Vous vendrez | | Vous vendîtes | |
| Ils vendront | | Ils vendirent | |
| Elles vendront | | Elles vendirent | |

# IRREGULAR VERBS

## ALLER

| PRÉSENT DE L'INDICATIF<br>(present tense) | IMPARFAIT<br>(imperfect) | FUTUR SIMPLE<br>(future tense) | CONDITIONNEL<br>(conditional tense) | PRÉSENT DU SUBJONCTIF<br>(present subjunctive) |
|---|---|---|---|---|
| Je vais | J'allais | J'irai | J'irais | que j'aille |
| Tu vas | Tu allais | Tu iras | Tu irais | que tu ailles |
| Il va | Il allait | Il ira | Il irait | qu'il aille |
| Elle va | Elle allait | Elle ira | Elle irait | qu'elle aille |
| Nous allons | Nous allions | Nous irons | Nous irions | que nous allions |
| Vous allez | Vous alliez | Vous irez | Vous iriez | que vous alliez |
| Ils vont | Ils allaient | Ils iront | Ils iraient | qu'ils aillent |
| Elles vont | Elles allaient | Elles iront | Elles iraient | qu'elles aillent |

**PARTICIPES**
*(participles)*
*present* = **allant**
*past* = **allé(e)(s)**

## AVOIR

| PRÉSENT DE L'INDICATIF<br>(present tense) | IMPARFAIT<br>(imperfect) | FUTUR SIMPLE<br>(future tense) | CONDITIONNEL<br>(conditional tense) | PRÉSENT DU SUBJONCTIF<br>(present subjunctive) |
|---|---|---|---|---|
| J'ai | J'avais | J'aurai | J'aurais | que j'aie |
| Tu as | Tu avais | Tu auras | Tu aurais | que tu aies |
| Il a | Il avait | Il aura | Il aurait | qu'il ait |
| Elle a | Elle avait | Elle aura | Elle aurait | qu'elle ait |
| Nous avons | Nous avions | Nous aurons | Nous aurions | que nous ayons |
| Vous avez | Vous aviez | Vous aurez | Vous auriez | que vous ayez |
| Ils ont | Ils avaient | Ils auront | Ils auraient | qu'ils aient |
| Elles ont | Elles avaient | Elles auront | Elles auraient | qu'elles aient |

**PARTICIPES**
*(participles)*
*present* = **ayant**
*past* = **eu**

## BOIRE

| PRÉSENT DE L'INDICATIF<br>(present tense) | IMPARFAIT<br>(imperfect) | FUTUR SIMPLE<br>(future tense) | CONDITIONNEL<br>(conditional tense) | PRÉSENT DU SUBJONCTIF<br>(present subjunctive) |
|---|---|---|---|---|
| Je bois | Je buvais | Je boirai | Je boirais | que je boive |
| Tu bois | Tu buvais | Tu boiras | Tu boirais | que tu boives |
| Il boit | Il buvait | Il boira | Il boirait | qu'il boive |
| Elle boit | Elle buvait | Elle boira | Elle boirait | qu'elle boive |
| Nous buvons | Nous buvions | Nous boirons | Nous boirions | que nous buvions |
| Vous buvez | Vous buviez | Vous boirez | Vous boiriez | que vous buviez |
| Ils boivent | Ils buvaient | Ils boiront | Ils boiraient | qu'ils boivent |
| Elles boivent | Elles buvaient | Elles boiront | Elles boiraient | qu'elles boivent |

**PARTICIPES**
*(participles)*
*present* = **buvant**
*past* = **bu**

## COURIR

| PRÉSENT DE L'INDICATIF (present tense) | IMPARFAIT (imperfect) | FUTUR SIMPLE (future tense) | CONDITIONNEL (conditional tense) | PRÉSENT DU SUBJONCTIF (present subjunctive) |
|---|---|---|---|---|
| Je cours | Je courais | Je courrai | Je courrais | que je coure |
| Tu cours | Tu courais | Tu courras | Tu courrais | que tu coures |
| Il court | Il courait | Il courra | Il courrait | qu'i coure |
| Elle court | Elle courait | Elle courra | Elle courrait | qu'elle coure |
| Nous courons | Nous courions | Nous courrons | Nous courrions | que nous courions |
| Vous courez | Vous couriez | Vous courrez | Vous courriez | que vous couriez |
| Ils courent | Ils couraient | Ils courront | Ils courraient | qu'ils courent |
| Elles courent | Elles couraient | Elles courront | Elles courraient | qu'elles courent |

**PARTICIPES**
*(participles)*
*present* = courant
*past* = couru

## CROIRE

| PRÉSENT DE L'INDICATIF (present tense) | IMPARFAIT (imperfect) | FUTUR SIMPLE (future tense) | CONDITIONNEL (conditional tense) | PRÉSENT DU SUBJONCTIF (present subjunctive) |
|---|---|---|---|---|
| Je crois | Je croyais | Je croirai | Je croirais | que je croie |
| Tu crois | Tu croyais | Tu croiras | Tu croirais | que tu croies |
| Il croit | Il croyait | Il croira | Il croirait | qu'il croie |
| Elle croit | Elle croyait | Elle croira | Elle croirait | qu'elle croie |
| Nous croyons | Nous croyions | Nous croirons | Nous croirions | que nous croyions |
| Vous croyez | Vous croyiez | Vous croirez | Vous croiriez | que vous croyiez |
| Ils croient | Ils croyaient | Ils croiront | Ils croiraient | qu'ils croient |
| Elles croient | Elles croyaient | Elles croiront | Elles croiraient | qu'elles croient |

**PARTICIPES**
*(participles)*
*present* = croyant
*past* = cru

## DEVOIR

| PRÉSENT DE L'INDICATIF (present tense) | IMPARFAIT (imperfect) | FUTUR SIMPLE (future tense) | CONDITIONNEL (conditional tense) | PRÉSENT DU SUBJONCTIF (present subjunctive) |
|---|---|---|---|---|
| Je dois | Je devais | Je devrai | Je devrais | que je doive |
| Tu dois | Tu devais | Tu devras | Tu devrais | que tu doives |
| Il doit | Il devait | Il devra | Il devrait | qu'il doive |
| Elle doit | Elle devait | Elle devra | Elle devrait | qu'elle doive |
| Nous devons | Nous devions | Nous devrons | Nous devrions | que nous devions |
| Vous devez | Vous deviez | Vous devrez | Vous devriez | que vous deviez |
| Ils doivent | Ils devaient | Ils devront | Ils devraient | qu'ils doivent |
| Elles doivent | Elles devaient | Elles devront | Elles devraient | qu'elles doivent |

**PARTICIPES**
*(participles)*
*present* = devant
*past* = dû

## DIRE

| PRÉSENT DE L'INDICATIF | IMPARFAIT | FUTUR SIMPLE | CONDITIONNEL | PRÉSENT DU SUBJONCTIF |
|---|---|---|---|---|
| (present tense) | (imperfect) | (future tense) | (conditional tense) | (present subjunctive) |
| Je dis | Je disais | Je dirai | Je dirais | que je dise |
| Tu dis | Tu disais | Tu diras | Tu dirais | que tu dises |
| Il dit | Il disait | Il dira | Il dirait | qu'il dise |
| Elle dit | Elle disait | Elle dira | Elle dirait | qu'elle dise |
| Nous disons | Nous disions | Nous dirons | Nous dirions | que nous disions |
| Vous dites | Vous disiez | Vous direz | Vous diriez | que vous disiez |
| Ils disent | Ils disaient | Ils diront | Ils diraient | qu'ils disent |
| Elles disent | Elles disaient | Elles diront | Elles diraient | qu'elles disent |

**PARTICIPES**
(participles)
*present* = disant
*past* = dit

## ÉCRIRE

| PRÉSENT DE L'INDICATIF | IMPARFAIT | FUTUR SIMPLE | CONDITIONNEL | PRÉSENT DU SUBJONCTIF |
|---|---|---|---|---|
| (present tense) | (imperfect) | (future tense) | (conditional tense) | (present subjunctive) |
| J'écris | J'écrivais | J'écrirai | J'écrirais | que j'écrive |
| Tu écris | Tu écrivais | Tu écriras | Tu écrirais | que tu écrives |
| Il écrit | Il écrivait | Il écrira | Il écrirait | qu'il écrive |
| Elle écrit | Elle écrivait | Elle écrira | Elle écrirait | qu'elle écrive |
| Nous écrivons | Nous écrivions | Nous écrirons | Nous écririons | que nous écrivions |
| Vous écrivez | Vous écriviez | Vous écrirez | Vous écririez | que vous écriviez |
| Ils écrivent | Ils écrivaient | Ils écriront | Ils écriraient | qu'ils écrivent |
| Elles écrivent | Elles écrivaient | Elles écriront | Elles écriraient | qu'elles écrivent |

**PARTICIPES**
(participles)
*present* = écrivant
*past* = écrit

## ENVOYER

| PRÉSENT DE L'INDICATIF | IMPARFAIT | FUTUR SIMPLE | CONDITIONNEL | PRÉSENT DU SUBJONCTIF |
|---|---|---|---|---|
| (present tense) | (imperfect) | (future tense) | (conditional tense) | (present subjunctive) |
| J'envoie | J'envoyais | J'enverrai | J'enverrais | que j'envoie |
| Tu envoies | Tu envoyais | Tu enverras | Tu enverrais | que tu envoies |
| Il envoie | Il envoyait | Il enverra | Il enverrait | qu'il envoie |
| Elle envoie | Elle envoyait | Elle enverra | Elle enverrait | qu'elle envoie |
| Nous envoyons | Nous envoyions | Nous enverrons | Nous enverrions | que nous envoyions |
| Vous envoyez | Vous envoyiez | Vous enverrez | Vous enverriez | que vous envoyiez |
| Ils envoient | Ils envoyaient | Ils enverront | Ils enverraient | qu'ils envoient |
| Elles envoient | Elles envoyaient | Elles enverront | Elles enverraient | qu'elles envoient |

**PARTICIPES**
(participles)
*present* = envoyant
*past* = envoyé

*Accent Français*

*J'étais jolie quand j'étais en vacances*

I am     I was     I will     I would

## ÊTRE

| PRÉSENT DE L'INDICATIF (present tense) | IMPARFAIT (imperfect) | FUTUR SIMPLE (future tense) | CONDITIONNEL (conditional tense) | PRÉSENT DU SUBJONCTIF (present subjunctive) |
|---|---|---|---|---|
| Je suis | J'étais | Je serai | Je serais | que je sois |
| Tu es | Tu étais | Tu seras | Tu serais | que tu sois |
| Il est | Il était | Il sera | Il serait | qu'il soit |
| Elle est | Elle était | Elle sera | Elle serait | qu'elle soit |
| Nous sommes | Nous étions | Nous serons | Nous serions | que nous soyons |
| Vous êtes | Vous étiez | Vous serez | Vous seriez | que vous soyons |
| Ils sont | Ils étaient | Ils seront | Ils seraient | qu'ils soient |
| Elles sont | Elles étaient | Elles seront | Elles seraient | qu'elles soient |

**PARTICIPES**
*(participles)*

*present* = etant

*past* = été

## FAIRE

| PRÉSENT DE L'INDICATIF (present tense) | IMPARFAIT (imperfect) | FUTUR SIMPLE (future tense) | CONDITIONNEL (conditional tense) | PRÉSENT DU SUBJONCTIF (present subjunctive) |
|---|---|---|---|---|
| Je fais | Je faisais | Je ferai | Je ferais | que je fasse |
| Tu fais | Tu faisais | Tu feras | Tu ferais | que tu fasses |
| Il fait | Il faisait | Il fera | Il ferait | qu'il fasse |
| Elle fait | Elle faisait | Elle fera | Elle ferait | qu'elle fasse |
| Nous faisons | Nous faisions | Nous ferons | Nous ferions | que nous fassions |
| Vous faites | Vous faisiez | Vous ferez | Vous feriez | que vous fassiez |
| Ils font | Ils faisaient | Ils feront | Ils feraient | qu'ils fassent |
| Elles font | Elles faisaient | Elles feront | Elles feraient | qu'elles fassent |

**PARTICIPES**
*(participles)*

*present* = faisant

*past* = fait

## LIRE

| PRÉSENT DE L'INDICATIF (present tense) | IMPARFAIT (imperfect) | FUTUR SIMPLE (future tense) | CONDITIONNEL (conditional tense) | PRÉSENT DU SUBJONCTIF (present subjunctive) |
|---|---|---|---|---|
| Je lis | Je lisais | Je lirai | Je lirais | que je lise |
| Tu lis | Tu lisais | Tu liras | Tu lirais | que tu lises |
| Il lit | Il lisait | Il lira | Il lirait | qu'il lise |
| Elle lit | Elle lisait | Elle lira | Elle lirait | qu'elle lise |
| Nous lisons | Nous lisions | Nous lirons | Nous lirions | que nous lisions |
| Vous lisez | Vous lisiez | Vous lirez | Vous liriez | que vous lisiez |
| Ils lisent | Ils lisaient | Ils liront | Ils liraient | qu'ils lisent |
| Elles lisent | Elles lisaient | Elles liront | Elles liraient | qu'elles lisent |

**PARTICIPES**
*(participles)*

*present* = lisant

*past* = lu

## METTRE

| PRÉSENT DE L'INDICATIF | IMPARFAIT | FUTUR SIMPLE | CONDITIONNEL | PRÉSENT DU SUBJONCTIF |
|---|---|---|---|---|
| *(present tense)* | *(imperfect)* | *(future tense)* | *(conditional tense)* | *(present subjunctive)* |
| Je mets | Je mettais | Je mettrai | Je mettrais | que je mette |
| Tu mets | Tu mettais | Tu mettras | Tu mettrais | que tu mettes |
| Il met | Il mettait | Il mettra | Il mettrait | qu'il mette |
| Elle met | Elle mettait | Elle mettra | Elle mettrait | qu'elle mette |
| Nous mettons | Nous mettions | Nous mettrons | Nous mettrions | que nous mettions |
| Vous mettez | Vous mettiez | Vous mettrez | Vous mettriez | que vous mettiez |
| Ils mettent | Ils mettaient | Ils mettront | Ils mettraient | qu'ils mettent |
| Elles mettent | Elles mettaient | Elles mettront | Elles mettraient | qu'elles mettent |

**PARTICIPES**
*(participles)*
*present* = mettant
*past* = mis

## PLAIRE

| PRÉSENT DE L'INDICATIF | IMPARFAIT | FUTUR SIMPLE | CONDITIONNEL | PRÉSENT DU SUBJONCTIF |
|---|---|---|---|---|
| *(present tense)* | *(imperfect)* | *(future tense)* | *(conditional tense)* | *(present subjunctive)* |
| Je plais | Je plaisais | Je plairai | Je plairais | que je plaise |
| Tu plais | Tu plaisais | Tu plairas | Tu plairais | que tu plaises |
| Il plaît | Il plaisait | Il plaira | Il plairait | qu'il plaise |
| Elle plaît | Elle plaisait | Elle plaira | Elle plairait | qu'elle plaise |
| Nous plaisons | Nous plaisions | Nous plairons | Nous plairions | que nous plaisions |
| Vous plaisez | Vous plaisiez | Vous plairez | Vous plairiez | que vous plaisiez |
| Ils plaisent | Ils plaisaient | Ils plairont | Ils plairaient | qu'ils plaisent |
| Elles plaisent | Elles plaisaient | Elles plairont | Elles plairaient | qu'elles plaisent |

**PARTICIPES**
*(participles)*
*present* = plaisant
*past* = plu

## POUVOIR

| PRÉSENT DE L'INDICATIF | IMPARFAIT | FUTUR SIMPLE | CONDITIONNEL | PRÉSENT DU SUBJONCTIF |
|---|---|---|---|---|
| *(present tense)* | *(imperfect)* | *(future tense)* | *(conditional tense)* | *(present subjunctive)* |
| Je peux | Je pouvais | Je pourrai | Je pourrais | que je puisse |
| Tu peux | Tu pouvais | Tu pourras | Tu pourrais | que tu puisses |
| Il peut | Il pouvait | Il pourra | Il pourrait | qu'il puisse |
| Elle peut | Elle pouvait | Elle pourra | Elle pourrait | qu'elle puisse |
| Nous pouvons | Nous pouvions | Nous pourrons | Nous pourrions | que nous puissions |
| Vous pouvez | Vous pouviez | Vous pourrez | Vous pourriez | que vous puissiez |
| Ils peuvent | Ils pouvaient | Ils pourront | Ils pourraient | qu'ils puissent |
| Elles peuvent | Elles pouvaient | Elles pourront | Elles pourraient | qu'elles puissent |

**PARTICIPES**
*(participles)*
*present* = pouvant
*past* = pu

## PRENDRE

| PRÉSENT DE L'INDICATIF (present tense) | IMPARFAIT (imperfect) | FUTUR SIMPLE (future tense) | CONDITIONNEL (conditional tense) | PRÉSENT DU SUBJONCTIF (present subjunctive) |
|---|---|---|---|---|
| Je prends | Je prenais | Je prendrai | Je prendrais | que je prenne |
| Tu prends | Tu prenais | Tu prendras | Tu prendrais | que tu prennes |
| Il prend | Il prenait | Il prendra | Il prendrait | qu'il prenne |
| Elle prend | Elle prenait | Elle prendra | Elle prendrait | qu'elle prenne |
| Nous prenons | Nous prenions | Nous prendrons | Nous prendrions | que nous prenions |
| Vous prenez | Vous preniez | Vous prendrez | Vous prendriez | que vous preniez |
| Ils prennent | Ils prenaient | Ils prendront | Ils prendraient | qu'ils prennent |
| Elles prennent | Elles prenaient | Elles prendront | Elles prendraient | qu'elles prennent |

**PARTICIPES**
(participles)
present = **prenant**
past = **pris**

## SAVOIR

| PRÉSENT DE L'INDICATIF (present tense) | IMPARFAIT (imperfect) | FUTUR SIMPLE (future tense) | CONDITIONNEL (conditional tense) | PRÉSENT DU SUBJONCTIF (present subjunctive) |
|---|---|---|---|---|
| Je sais | Je savais | Je saurai | Je saurais | que je sache |
| Tu sais | Tu savais | Tu sauras | Tu saurais | que tu saches |
| Il sait | Il savait | Il saura | Il saurait | qu'il sache |
| Elle sait | Elle savait | Elle saura | Elle saurait | qu'elle sache |
| Nous savons | Nous savions | Nous saurons | Nous saurions | que nous sachions |
| Vous savez | Vous saviez | Vous saurez | Vous sauriez | que vous sachiez |
| Ils savent | Ils savaient | Ils sauront | Ils sauraient | qu'ils sachent |
| Elles savent | Elles savaient | Elles sauront | Elles sauraient | qu'elles sachent |

**PARTICIPES**
(participles)
present = **sachant**
past = **su**

## SUIVRE

| PRÉSENT DE L'INDICATIF (present tense) | IMPARFAIT (imperfect) | FUTUR SIMPLE (future tense) | CONDITIONNEL (conditional tense) | PRÉSENT DU SUBJONCTIF (present subjunctive) |
|---|---|---|---|---|
| Je suis | Je suivais | Je suivrai | Je suivrais | que je suive |
| Tu suis | Tu suivais | Tu suivras | Tu suivrais | que tu suives |
| Il suit | Il suivait | Il suivra | Il suivrait | qu'il suive |
| Elle suit | Elle suivait | Elle suivra | Elle suivrait | qu'elle suive |
| Nous suivons | Nous suivions | Nous suivrons | Nous suivrions | que nous suivions |
| Vous suivez | Vous suiviez | Vous suivrez | Vous suivriez | que vous suiviez |
| Ils suivent | Ils suivaient | Ils suivront | Ils suivraient | qu'ils suivent |
| Elles suivent | Elles suivaient | Elles suivront | Elles suivraient | qu'elles suivent |

**PARTICIPES**
(participles)
present = **suivant**
past = **suivi**

## TENIR

| PRÉSENT DE L'INDICATIF (present tense) | IMPARFAIT (imperfect) | FUTUR SIMPLE (future tense) | CONDITIONNEL (conditional tense) | PRÉSENT DU SUBJONCTIF (present subjunctive) |
|---|---|---|---|---|
| Je tiens | Je tenais | Je tiendrai | Je tiendrais | que je tienne |
| Tu tiens | Tu tenais | Tu tiendras | Tu tiendrais | que tu tiennes |
| Il tient | Il tenait | Il tiendra | Il tiendrait | qu'il tienne |
| Elle tient | Elle tenait | Elle tiendra | Elle tiendrait | qu'elle tienne |
| Nous tenons | Nous tenions | Nous tiendrons | Nous tiendrions | que nous tenions |
| Vous tenez | Vous teniez | Vous tiendrez | Vous tiendriez | que vous teniez |
| Ils tiennent | Ils tenaient | Ils tiendront | Ils tiendraient | qu'ils tiennent |
| Elles tiennent | Elles tenaient | Elles tiendront | Elles tiendraient | qu'elles tiennent |

**PARTICIPES**
*(participles)*

*present* = tenant

*past* = tenu

## VIVRE

| PRÉSENT DE L'INDICATIF (present tense) | IMPARFAIT (imperfect) | FUTUR SIMPLE (future tense) | CONDITIONNEL (conditional tense) | PRÉSENT DU SUBJONCTIF (present subjunctive) |
|---|---|---|---|---|
| Je vis | Je vivais | Je vivrai | Je vivrais | que je vive |
| Tu vis | Tu vivais | Tu vivras | Tu vivrais | que tu vives |
| Il vit | Il vivait | Il vivra | Il vivrait | qu'il vive |
| Elle vit | Elle vivait | Elle vivra | Elle vivrait | qu'elle vive |
| Nous vivons | Nous vivions | Nous vivrons | Nous vivrions | que nous vivions |
| Vous vivez | Vous viviez | Vous vivrez | Vous vivriez | que vous viviez |
| Ils vivent | Ils vivaient | Ils vivront | Ils vivraient | qu'ils vivent |
| Elles vivent | Elles vivaient | Elles vivront | Elles vivraient | qu'elles vivent |

**PARTICIPES**
*(participles)*

*present* = vivant

*past* = vécu

## VOIR

| PRÉSENT DE L'INDICATIF (present tense) | IMPARFAIT (imperfect) | FUTUR SIMPLE (future tense) | CONDITIONNEL (conditional tense) | PRÉSENT DU SUBJONCTIF (present subjunctive) |
|---|---|---|---|---|
| Je vois | Je voyais | Je verrai | Je verrais | que je voie |
| Tu vois | Tu voyais | Tu verras | Tu verrais | que tu voies |
| Il voit | Il voyait | Il verra | Il verrait | qu'il voie |
| Elle voit | Elle voyait | Elle verra | Elle verrait | qu'elle voie |
| Nous voyons | Nous voyions | Nous verrons | Nous verrions | que nous voyions |
| Vous voyez | Vous voyiez | Vous verrez | Vous verriez | que vous voyiez |
| Ils voient | Ils voyaient | Ils verront | Ils verraient | qu'ils voient |
| Elles voient | Elles voyaient | Elles verront | Elles verraient | qu'elles voient |

**PARTICIPES**
*(participles)*

*present* = voyant

*past* = vu

## VOULOIR

| PRÉSENT DE L'INDICATIF (present tense) | IMPARFAIT (imperfect) | FUTUR SIMPLE (future tense) | CONDITIONNEL (conditional tense) | PRÉSENT DU SUBJONCTIF (present subjunctive) |
|---|---|---|---|---|
| Je veux | Je voulais | Je voudrai | Je voudrais | que je veuille |
| Tu veux | Tu voulais | Tu voudras | Tu voudrais | que tu veuilles |
| Il veut | Il voulait | Il voudra | Il voudrait | qu'il veuille |
| Elle veut | Elle voulait | Elle voudra | Elle voudrait | qu'elle veuille |
| Nous voulons | Nous voulions | Nous voudrons | Nous voudrions | que nous voulions |
| Vous voulez | Vous vouliez | Vous voudrez | Vous voudriez | que vous vouliez |
| Ils veulent | Ils voulaient | Ils voudront | Ils voudraient | qu'ils veuillent |
| Elles veulent | Elles voulaient | Elles voudront | Elles voudraient | qu'elles veuillent |

**PARTICIPES**
*(participles)*
*present* = **voulant**
*past* = **voulu**

---

Imparfait
- ais
- ais
- ait
- ions
- iez
- aient

Future Simple
- ai
- as
- a
- ons
- ez
- ont

Conditional
- ais
- ais
- ait
- ions
- iez
- aient